《窗外》（1973）© 郁正春

林青霞（1973）© 郁正春

《雲河》（1974）© 聯邦影業

《純純的愛》（1974）© 中影公司

聯邦影業公司出品
導演・作曲 劉家昌
出品人：沙榮峰
監製：張陶然
策劃：張九蔭
製片：劉仁錕
秦祥林・胡錦 領銜主演
林青霞・岳陽 領銜主演
煙雨
翁倩玉・谷名倫 領銜主演
魏蘇 盧碧雲 蔣光超 周仲廉 高怡文 高怡萍 葛小寶 谷音 羅江 孫情 孟元
聯合主演
MISTY DRIZZLE
康家珍・裘煙良
包國良・尤雅
客串
本片插曲唱片
歌林
唱片公司發行
KOLIN

《煙雨》（1975）© 聯邦影業

《我是一沙鷗》（1975）© 江日昇

《明天二十歲》（1976）© 謝震隆攝影

《明天二十歲》（1976）© 謝震隆攝影

Lin Ching Hsia looks prettier after travelling from Europe. Our eyes seem sparkling in front of her. What a charming girl of her!
As stars become famous, they know how to show their good points. Lin's fashion is more attractive. She puts on the garment bought from Europe that shows the dream of an innocent girl.
Lin has natural beauty. She always denies about her love. She just lets us guess who her future partner will be.

《銀色世界》1977年第87期

巨星★巨片
奔向彩虹
瓊瑤繼我是一片雲後親自監製・瓊瑤原著小說改編
林青霞・秦祥林領銜主演・旅美大導演高山嵐執導

《奔向彩虹》（1977）© 怡人傳播有限公司

《銀色世界》1976年第75期

銀色世界
published in Hong Kong.
CINEMaRT
1976 ● MARCH
三月號 ● 第75期
3

《銀色世界》1978年第101期

銀色世界
香港出版
● 本期要目 ●
銀色世界新人特輯
101
CINEMaRT
第101期

《銀色世界》1977年第86期

mark

這個系列標記的是一些人、一些事件與活動。

mark 69 永遠的林青霞

The Last Star of The East: Brigitte Lin Ching Hsia and Her Films

作者：鉄屋彰子(Akiko Tetsuya)
譯者：栗筱雯
責任編輯：楊郁慧
美術設計：謝富智
校對：張家彰（渣渣）
法律顧問：全理法律事務所董安丹律師
出版者：大塊文化出版股份有限公司
台北市105南京東路四段25號11樓
www.locuspublishing.com

讀者服務專線：0800-006689
TEL：(02) 87123898　FAX：(02) 87123897
郵撥帳號：18955675　戶名：大塊文化出版股份有限公司

總經銷：大和書報圖書股份有限公司　地址：台北縣五股工業區五工五路2號
TEL：(02) 8990-2588 (代表號)　FAX：(02) 2290-1658
製版：瑞豐實業股份有限公司
初版一刷：2008年 6 月

定價：新台幣 450 元
Printed in Taiwan

BRIGITTE LIN CHING HSIA AND HER FILMS

THE LAST STAR OF THE EAST

永遠的林青霞

林青霞等——口述
鉄屋彰子——採訪撰稿
栗筱雯 譯

目錄

四、徐克專訪

《暗戀桃花源》（1992）© 群聲出版有限公司

前言

頭一次和林青霞合作，當時我只是個演員，而她可是大明星。天差地遠。她人很親切，微笑說聲『哈囉』，然後大家就開工了。

——鄭伊健，與林青霞合演電影《追男仔》（1993）

林青霞是最後的、末代的電影明星。在她之後，只有男演員和女演員罷了。

——曾志偉，電影《絕代雙驕／正宗絕代雙驕》（1992）導演

從一九七三年的銀幕處女作到一九九四年的最後一部（到目前爲止）電影作品，林青霞以超級明星之姿縱橫港臺影壇。這位超級明星的名氣到底有多大？她是全球華人圈家喻戶曉的女演員。她的名字象徵中國女性的美。甚至有許多人說，她是亞洲影壇的「女神」。若和好萊塢明星比較，林青霞受歡

迎的程度媲美茱莉亞・蘿勃茲（Julia Roberts），她純淨的形象直追奧黛麗・赫本（Audrey Hepburn），她的冷豔令人想起葛莉絲・凱莉（Grace Kelly）或英格麗・褒曼（Ingrid Bergman），她的魅力不亞於瑪琳・黛德麗（Marlene Dietrich），她的偶像地位一如伊麗莎白・泰勒（Elizabeth Taylor）。在她的一百部電影作品之中，她演過各種角色，從天眞無邪的女孩、優雅的女神、成熟的女人，到武功高強的劍客。林青霞從影至今沒有拍過任何電視劇，這在華人明星之中相當罕見。正因爲如此，她可說是純粹的電影明星。

我很高興自己是林青霞的忠實影迷。我曉得有些人，特別是學者與知識分子，可能會輕視那些仰慕名流明星的人，因爲英文裡的「迷」（fan）這個字是從「狂熱入迷」（fanatic）衍生而來的。我也許有那麼點兒狂熱吧，因爲我是日本人，英文對我來說是外語，我卻決心用英文寫一本談林青霞的書；不過，我這影迷既不具傷害力，也不會歇斯底里。我對於「迷」的定義，並不是盲目的仰慕者而已。一個眞正的仰慕者，必須對心目中的偶像一心一意、忠實、眞心誠意、支持而且奉獻心力。這偶像近在眼前，卻又遙不可及。仰慕者感覺自己與偶像產生連結時，偶像便成爲指引仰慕者前往喜樂世界的星辰。縱然，偶像有時候的確可能帶給人極大的悲傷、絕望或焦慮，但影迷還是能從偶像身上得到靈感、活力、喜悅、快樂、希望和情感上的滿足。只要一想到心目中的偶像，就能忘卻現實生活中的不愉快。這就像沈迷上癮，然而，眞正的迷是不需要任何藥物的。從理想的角度而言，仰慕某人所得到的收穫，也可能是有建設性、有創意的成果——甚至成爲一分回饋給偶像的禮物。以我爲例，我把我的「影迷能量」加以引導，寫成了這本書，全書的主題就是我的偶像：林青霞。

如果你已認得她的名字、她的臉孔、她的電影，那麼這是你必讀的一本書。當然啦，我也歡迎任何對本書心懷好奇的人展頁一讀，繼而對林青霞其人與作品產生興趣。身為林青霞的忠實影迷，我投注了時間、精力、金錢，盡我所能取得與她有關的資料，因為我想貢獻一己之力以助釐清事實。其他著作、雜誌與網站的相關資訊常有大量的謬誤。在我眼中，此事純屬個人任務，我滿懷熱情要完成這件大事。

一開始，最大的難題是如何見到林青霞本人。該怎麼說服她接受採訪呢？訪問不到她，寫這本書就沒有意義了。人人都說，要訪問林青霞根本不可能，因為她是超級巨星，且相當重視隱私。我在香港或臺灣影壇全無人脈，不過我沒有放棄。我不但不放棄，更決心要儘量多看她的作品、收集她的資料，直到我終於見到她的那一天為止。我知道這會耗掉很多時間，但總有一天願望會成真的，因為我覺得我和她很有緣。我也相信祈禱的力量。我嘗試每一種可能的方法去接觸她，包括祈禱。我試了又試，祈禱又祈禱。兩年後，願望實現了。

一九九七年四月十一日，一個晴朗的香港午後，我坐在一間大客廳裡的白色長沙發上。在此之前我緊張了整整三天，因為我終於要採訪林青霞了。我從未這麼緊張過。我只是個住在洛杉磯、把影壇相關報導傳送給日本刊物發表的日本記者。即便二十年來我訪問過三百多個好萊塢明星、導演和製片人，對我來說，採訪到林青霞本人，有如美夢成真。

往後五年多的日子裡，我數度訪問林青霞。她極少接受訪問，嫁作人婦後尤然。我自認非常幸運，有幸與她對談二十多個小時。我完全不諳中文，也從未請人翻譯，而且堅持雙方以英語交談；因爲，我想爲任何可能的誤解負起全責。然而我承認，無人居中翻譯對她並不公平。倘若當初她以中文接受訪問，便能更深入表達她的觀點。

大多數時候，我只是問她從影拍片的事，請她談談她的想法。我在不同的時候問林青霞類似的問題，如此就能聽到更詳盡的細節。她的一百部電影，我看過九十部；其中有些沒附任何字幕，有些只有中文字幕。所以，我並未針對她的每一部電影逐一提問。我的主要目的並非編撰一分電影作品年表或從影紀錄，而是以她的電影作品爲主題，並用林青霞本人的話語傳達她的見解。我體認到，如果我對她的私事難以啓齒，便稱不上是個好記者。總之我嘗試了，但這麼做令我很難受。我必須承認，我略去許多問題沒問，這證明了當我坐在她面前的時候，多半只是個無可救藥的影迷。

我對林青霞人生的研究已變成一個我鍾愛的寫作計畫，不願劃下句點。我訪問了大約二十個人，包括她的好友、電影導演、合作演員，港臺兩地都有。一九九九年四月，我終於訪問到徐克（林青霞從影生涯的關鍵人物之一），在此之後我本應開始撰寫初稿。爲了讓本書在日本出版，我就內容部分請朋友提供意見。他們提供了寶貴的建議，對林青霞說了什麼卻不感興趣，比較想知道我如何成功訪問到一位華人巨星。雖然如此，我還是試著用日文動筆，進度十分緩慢。太慢了，慢到令我極爲挫折。有一天，我決定我該去做我眞正想做的事，不論結果如何。重要的是誠心誠意地寫一本有關林青霞的書，而不是擔心內容能否迎合廣大讀者；再者，讀者也不一定是香港電影的支持者。在我以自己眞正想用的方式寫完這本書以後，一定有辦法出版的。

所以，我決定用英文來寫，並以問答與獨白兩種形式呈現，因爲讀者比較有興趣的會是林青霞和其他受訪者的談話，而不是我個人對超級巨星的觀感。此外，我答應過林青霞，出書之前會先讓她過目，所以用英文寫作是最能避免雙方語意誤解的方法。這回我想依循自己的直覺。

在毫不知情的情況下從報章雜誌上讀到與自己有關的文章，各位知道那是什麼感覺嗎？我以前認爲那只會發生在公眾人物身上，像我這種小人物不會碰上的，可是我錯了。

> 日本影評人鉄屋彰子正在撰寫一本林青霞的傳記，預定二〇〇三年出版，屆時將是林青霞從影三十週年。由於鉄屋彰子以日文寫作，林青霞要求出版前需提供中文譯稿過目……
>
> ——《聯合報》，二〇〇二年七月五日

我確實在二〇〇二年七月去過臺灣，目的是爲本書裡的林青霞劇照取得使用許可。我在臺灣停留了三天半，就在我離臺那天，令我驚訝的是，《聯合報》登出一篇報導本書的文章。接著，香港與中國大陸的報紙也跟進報導，廣爲流傳。我從未與《聯合報》記者說過話，甚至沒找著願意出版本書的出版社。必定是我在臺灣見過的某人向《聯合報》透露了本書的訊息。我覺得那篇報導怪怪的，因爲文中對我個人的描述很正確，但其他訊息有誤。

突然間我明白了，那篇報導與我的作品

無關，而是在於本書主角——自婚後就過著低調生活的林青霞。然而，不論她如何堅稱自己只是平凡的家庭主婦，她永遠都是影壇的明星。只要她的電影仍存在這世上，她在我們心中便不僅僅是個家庭主婦而已。媒體會永遠受她吸引。我一直都很清楚自己寫作的題材是個巨星，但我常常忘記這一點，因爲林青霞爲人十分隨和。

打從我下定決心要寫一本林青霞的書開始，至今【二〇〇四年——譯注】已過了七年，寫完本書所費的時間比我預料中還要久。在這些年裡，我經歷許多希望與失落。一開始我打算在二〇〇〇年下半年出版本書；後來，我認爲二〇〇一年年底應可大功告成，然而完稿日期一延再延。由於我以英文寫作，速度怎麼也快不起來，還得仰賴朋友替我校對潤稿。此外，我自律不嚴也是拖稿原因。再者，我每檢查一回稿子，就得重頭校對一回。我本想在修改完畢後即刻出版，可是我發現，出版一本書和寫一本書根本是兩碼子事。我得尋找出版社，還得向電影公司徵求劇照使用權。我漸漸了解到，書籍出版的過程，從頭到尾都需要耐性、毅力與決心。

爲了這個寫作計畫，我錄製了長達五十小時的錄音帶，時間地點各異。我把錄音資料按主題編排，因此訪談內容並未按照時間順序呈現，另捨棄或濃縮了某些部分。然而本書的任何意見或內容若有冒犯之處，我該負起全責。謹此先行致歉。如有錯誤，還請各方指教。

林青霞花了許多時間與我相處，其實她大可不必這麼做。我非常感謝她的耐心相待與支持，也很感謝她的影壇同業諸多配合。在訪問過程中，我得知她的工作、她的思慮、同業對她的看法，在此與她所有的影迷分享。我盡了最大努力，把這本以林青霞爲主角的書寫得還算像樣、持平，希望各位讀來會有愉快且內容豐富的感受。另外，我認爲本書展現了她的眞性情，與各位在銀幕上所見相去甚遠。

本書是我的夢想，是我靈魂之所繫。在她尚未再度告別影壇之前，謹以本書爲各位呈現這位東方最後的巨星——林青霞。

鉄屋彰子

二〇〇四年十二月於洛杉磯

看進窗內——林青霞小傳

林青霞，一九五四年十一月三日出生於臺北縣三重鎮。父親是退伍軍人，後來開設診所和西藥房，母親則帶領工人組織家庭工廠。雙親皆爲山東省人，一九四九年移居臺灣。她有一兄一妹，如今都定居美國加州。（後來她得知還有一個姊姊在中國大陸。一九八〇年代晚期，她終於與姊姊見上一面。）

十七歲那年，林青霞和朋友走在臺北西門町鬧街上，有個星探上前與她們聊天，並說服林青霞的父母讓她進入演藝圈。雖然當時林青霞是個害羞的少女，雙親與哥哥也試著打消她從影的念頭，她仍心懷好奇，想要嘗試一下演戲的滋味。廣受讚揚的臺灣導演宋存壽在一支八釐米的試演片段中看到林青霞，宋導演與他的製片公司說服了林青霞的雙親，讓她出來演戲。一九七二年，林青霞成了宋存壽導演的電影《窗外》女主角。該片根據小說家瓊瑤的半自傳作品改編而成。遺憾的是，由於與原作者之間有版權糾紛，本片在臺遭禁。隔年《窗外》在香港與其他東南亞國家上映時，林青霞一夜成名。她的第二部電影是一九七四年劉家昌執導的《雲飄飄》，在臺灣與東南亞相當賣座。

這兩部電影使林青霞成爲臺港影壇的偶像。她主演了五十多部類似的文藝片，直到一九七九年底赴美「追尋靈魂」爲止。在這五十多部電影中，她經常與英俊小生秦漢、秦祥林合作演出。這三人加上林鳳嬌（後來嫁給成龍）在臺灣文藝愛情片領域稱王稱后；一九七〇年代晚期，四人有「二秦二林」之稱。

林青霞成名之後一直是無數花邊新聞的焦點，從影生涯中鬧得最大的緋聞皆起因於三角戀情：一次是她與秦漢及秦漢之妻，一次是她與雙秦。工作與私生活皆令她身心俱疲。一九七九年底，她移居美國加州，與哥哥妹妹爲伴，躲避記者。在美國，她學英文，試著過平常人的生活。秦祥林仍對她熱烈追求，數度赴美探望。他的堅持有了回報——一九八〇年九月，兩人在舊金山訂婚。然而，這樁婚約在一九八四年告吹。另一方面，她與秦漢（一九八二年註冊離婚）斷斷續續交往，前後長達二十年。

在美期間，林青霞主演電影《愛殺》（1981），由當時香港「新浪潮」派導演之一譚家明執導。票房雖不成功，卻有助於改變林青霞清純的螢幕形象。一九八一年三月她返回臺灣，挑戰自我，接演多種角色，從喜劇片、動作片到嚴肅的劇情片都有。然而她從影生涯中最重要的人物是「新浪潮」派領導者之一徐克，他不僅是導演也是製片人。徐克說服林青霞出飾一九八三年電影《新蜀山劍俠傳》中瑤池仙堡女堡主一角。這對搭檔陸續合作，推出六部電影：《我愛夜來香》

（1983）、《刀馬旦》（1986）、《驚魂記》（1989）、《笑傲江湖之東方不敗》（1992，有時作《笑傲江湖II》）、《新龍門客棧》（1992），還有《東方不敗之風雲再起》（1993，有時作《笑傲江湖III》）。

一九八四年，林青霞遷居香港，放慢拍片速度，一年拍一到兩部作品。她在《滾滾紅塵》（1990）中飾演住在中國大陸日軍佔領區的小說家；她的演出贏得影評讚揚，並獲第二十七屆金馬獎影后。她在《笑傲江湖之東方不敗》飾演爲了練功不惜變爲女兒身的男人，廣受東南亞觀眾歡迎。突然間，林青霞置身於古裝動作片的大量生產熱潮之中。當年她一片接一片接演類似角色的情況重新上演。在這些古裝作品中，《白髮魔女傳》（1993）公認是這個時期香港影壇的最佳作品之一。

林青霞拍完她的第一百部電影後，就在電影事業第二春如日中天之際，於舊金山嫁給思捷（Esprit）服飾公司亞洲區總裁兼執行長邢李㷧。婚禮於一九九四年六月舉行。一年半後，她生下大女兒愛林，二〇〇一年再生二女兒言愛。林青霞從未公開宣布息影，然而，除非出現爲她量身打造的好劇本，她不會重返銀幕。婚後她一直保持低調，在香港享受家庭生活，遠離五光十色的影壇。

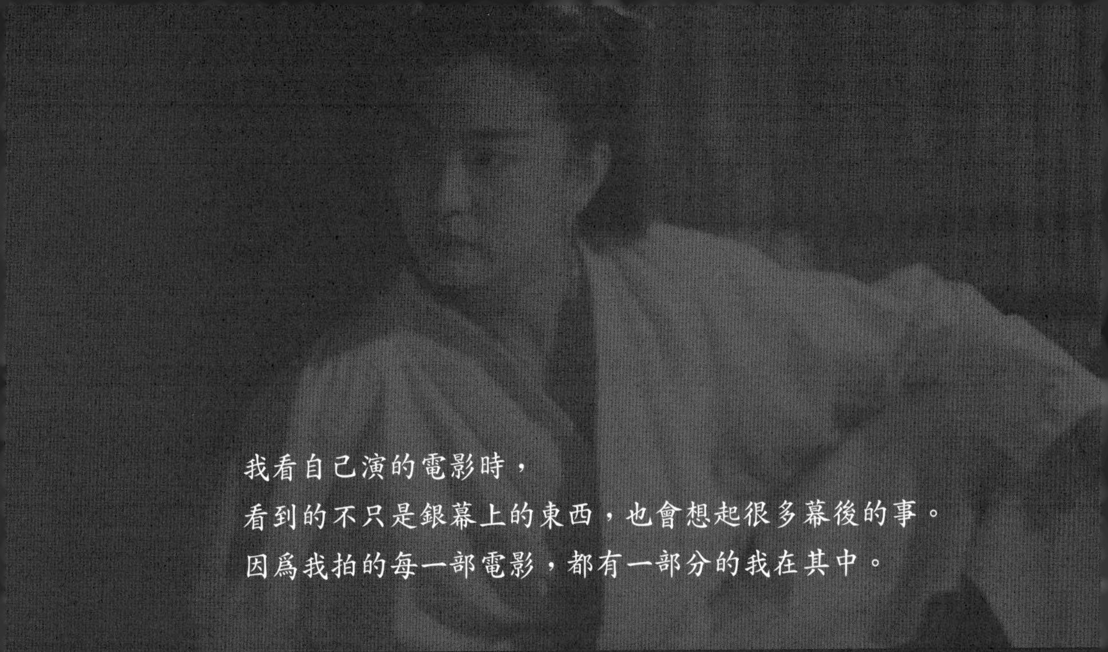

我看自己演的電影時，
看到的不只是銀幕上的東西，也會想起很多幕後的事。
因爲我拍的每一部電影，都有一部分的我在其中。

一、她的作品

1 一切全在王家衛腦子裡

林青霞○
鐵屋彰子◎

【我首次訪問林青霞時，她穿著橘色五分袖針織夏衫和白色棉質長褲，高䠷苗條。她細緻的肌膚很明亮，近乎透明。她本人比銀幕上更加美麗。我們握手打招呼，接著我把小型錄音機放在她面前。】

◎：非常感謝你的配合。這次訪問我想用英文描寫你，因爲世界上有很多不懂中文的人，對你和你的作品很感興趣。除了美國人和歐洲人以外，還有東亞的年輕一代華人。

○：他們對我的作品有興趣？

◎：你看過這篇報導嗎？【我出示一九九六年九—十月的《電影評論》（*Film Comment*）雜誌。】

○：我翻過。

◎：這本雜誌不只影迷會看，專業人士也會看。登上這本雜誌的封面可謂大事一樁，不過文中關於你的描述還是有明顯的錯誤。

○：就連華人圈也有回應。《世界日報》報導了這件事，說國際影壇注意到我。

◎：我也讀了那篇報導。所以我才跑了一趟書店去找那本雜誌。我覺得很不錯，買了兩本；一本工作上用，一本當作收藏。

《重慶森林》（1994）

○：【林青霞翻閱那本《電影評論》雜誌】我跟你說一件事。兩天前，我先生的幾個日本朋友到我們家作客，我以前沒見過他們。客廳茶几上擺著這本雜誌。過了一會兒，有個客人拿起雜誌，問我：「這個人是你嗎？」【林青霞指著《電影評論》雜誌刊登的《重慶森林》劇照。】我說沒錯。他差點兒跳起來，說：「我好喜歡《重慶森林》，但我不曉得片中那個戴假髮的女郎就是我朋友的老婆。」

◎：對方知道你是個大明星嗎？

○：他不知道我是誰。實在很好玩！很多外國人非常喜歡《重慶森林》。即使他們見過我本人，卻不曉得我就是那部電影的演員之一，因爲我在片中戴了假髮和墨鏡。有一次，我和我先生去紐約看Esprit拍海報。我們進了攝影棚，有個美國人，應該是攝影助理之類的，他聽說我演過《重慶森林》，特別來到我面前，上上下下盯著我瞧。他說：「眞的是你演的？我好喜歡好喜歡《重慶森林》。」

◎：我覺得你的下巴線條很容易認出來。《重慶森林》拍攝過程一定很辛苦吧，因爲我知道導演王家衛手上沒有劇本，他只在每天開工前寫下對白交給你們。而且你的戲多半是在深夜拍的。

○：一開始我的角色不是那樣子的。他們本來要我演一個過氣的大明星。這角色本來並沒有戴假髮和墨鏡，那兩樣道具是用在另一場戲。後來，王家衛認爲我那副裝扮看起來很酷、很突出，就要我一直戴著。連我自己也是到很後來才知道，我的角色已經變了。

◎：不清楚自己到底扮演什麼角色的情況下，表演起來一定很困難吧。

○：我喜歡有明確的劇本。只有王家衛知道劇情會朝哪裡走，也只有他知道，我的表演有沒有按著劇情走。拍王家衛的戲時，所有事情都在他腦子裡。

◎：他告訴你們怎麼做？

○：他會說明整個情境。我們要在毫無準備的情況下，把戲演出來。

◎：就像即興表演。

○：他不喜歡演員爲自己的角色做準備。

◎：你在片中好冷酷喔。

○：你這麼覺得嗎？他要我表現出「殺手的冷酷」。

◎：塔倫提諾（Quentin Tarantino），也就是《黑色追緝令》（1994）的導演，很喜歡

《重慶森林》（1994）© from Chung King Express by the courtesy of Block 2 Pictures Inc.

你一邊說「Are you sure you wanna do it?」、一邊打開冰箱的那場戲。他很欣賞你在《重慶森林》的演出。我本人喜歡的是「砰、砰、砰」開槍的那場戲。眞的好酷。那場戲裡，你在大街上槍殺了幾個印度人，然後跑進地鐵站。

○：那場開槍的戲呀！當天是我的殺青日，直到那一天我才明白我演的是殺手。

◎：那是你頭一回搭地鐵嗎？

○：我搭過幾次地鐵。在地鐵、街上和重慶大廈的戲，全是未經許可拍攝的，難度很高。我們在重慶大廈裡面拍戲，那棟大樓非常特別——各路人馬混居其中，擠滿了當地人和觀光客。有一回我們在裡頭拍戲，有個傢伙突然冒出來大吼大叫，還出手推人。我還以爲他是臨時演員哩！我以爲這個場面是劇情的一部分，所以我繼續演我的。後來我才明白是怎麼一回事，嚇得半死。

◎：你喜歡這種游擊式的拍戲方式嗎？

○：這種方式令我很緊張。我喜歡事前準備好。我喜歡先看劇本再演戲。跟王家衛合作，你得準備面對臨時發生的狀況，而且你不知道會發生什麼狀況。你只管往外景地點報到、臨場表演就是了。我花了很大功夫去調適。

還好電影拍出來效果很好。其實就是讓自己投入當時的狀況裡，讓攝影機去補捉。你記得機場那場戲嗎？那也是一次「拍完就閃」的狀況。我們在大庭廣眾之下拍戲，機場內的人不曉得我們在做什麼。我走到航空公司櫃臺前，遞上一張像是機票的紙張。有人認出我，很好奇我在那兒做什麼。我在機場內走來走去，攝影機一直跟著我，我很擔心安全人員或警察會冒出來干涉。【大笑】拍完機場的戲之後，我便明白自己有能耐在這種環境拍電影。

《東邪西毒》（1994）

◎：談談《東邪西毒》如何？

○：這張照片並沒剪進電影裡。【她指著《電影評論》雜誌裡那張她躺在紅辣椒上的照片。】

◎：我曉得，那是片尾的一景。

○：噢，我在威尼斯影展觀賞《東邪西毒》時，沒看到那場戲。

◎：那是因爲你在威尼斯看到的是正式上映前的參展版本。你曉得有這本特刊嗎？【我出示《東邪西毒》的劇照集。】

○：哦，我沒看過。你在哪兒買的？

◎：香港旺角的信和中心。影迷都知道那裡。信和中心裡面有很多賣影碟、明星照片、雜誌的小店。總之，好玩的是，我在看《重慶森林》或《東邪西毒》時，看的次數越多……

○：你就越喜歡。

◎：沒錯。我發現越來越多有意思的地方。大體而言，我並不特別喜歡王家衛的電影，因爲情節有時很混亂。但我每看一回……

○：每看一回就得到一次不同的印象。這就

《東邪西毒》（1994）© 學者國際多媒體股份有限公司

像變魔術一樣，有一股魅力。很難用言語形容。以《東邪西毒》爲例，片中有八個角色，每一個人的戲分都很搶眼。但頭一回看這部電影時，不容易搞清楚整個故事的來龍去脈。好奇怪。

◎：我想，有很多場戲都給剪掉了吧。

○：我們在大陸開鏡之前，張國榮和其他人已經先在香港開工差不多一個月了。有一次我們在大陸出外景，才聽說整個劇情都改了，而且先前拍出來的東西全部作廢。張國榮爲此很沮喪。

◎：一切努力都白費了。一定很懊惱吧。

○：這種情況，對我們演員來說是很難受的，令大家士氣低落。因爲，你每一次站在攝影機前，心頭總懸著一個大問號：「這場戲派得上用場嗎？」我們必須不斷克服內心的障礙，拿出最佳表現。

【她再度翻閱那本《東邪西毒》劇照集。】你看，這張照片裡有王祖賢。她的戲都被剪掉了。【據魏紹恩撰寫的《四齣王家衛，洛杉磯》一書所述，本片剛開拍時，林青霞與王祖賢飾演一對姊妹。】

◎：說到這些照片，你和張國榮的這個鏡頭並沒有出現在片中。

○：這是洪金寶拍的。

◎：啊，是Sammo Hung。

○：洪金寶導那場戲，他是這部電影的武術指導。我非常欣賞他。我特別喜歡我在湖上練劍的那一段畫面。非常有爆發力，對這個角色來說很有效果。

◎：我喜歡張國榮和你在夢境裡的那場戲。感官效果很強。

○：我想，王家衛眞的非常、非常有天分。很少有人擁有他這等創造力。他有能耐把這種難忘的場面拍得光彩奪目。

【《東邪西毒》於一九九四年贏得第三十一屆金馬獎最佳攝影獎，《重慶森林》獲最佳男主角獎。《東》片在一九九五年第十四屆香港電影金像獎拿下最佳攝影、最佳服裝造型設計、最佳美術指導獎。《重》片則在同年包辦最佳影片、最佳導演、最佳男主角、最佳剪接獎。】

2 不愉快的臺灣時期（1972 - 84）

林青霞○
鐵屋彰子◎

《窗外》（1973）

◎：聽說你小時候常常哭。

○：我小時候很愛哭。【大笑】

◎：你那麼愛哭，有什麼原因嗎？

○：以前什麼事情都可能讓我掉眼淚。我生性害羞。我小時候很容易難爲情。再加上我非常多愁善感，常常爲一些芝麻小事而哭。

◎：過去的你很情緒化？

○：非常情緒化。小學時代，我生氣的時候常把東西往地上扔，班上同學連忙替我把東西撿起來並安撫我。有一天我又來這套，但是這回沒人理我。我慌了，等了又等，很怕到最後得由我自個兒撿起來。那很丟人。算我運氣好，有個要好的同學伸出援手。從那天起我再也不摔東西了。

◎：我在臺北訪問過你的高中同學陸玉清和張俐仁【一九九八年十月】，她們告訴我，高一剛開學時，她們看到你以爲你是國中生。她們說：「你走錯教室了，去國中部那邊的教室才對。」

○：不只她們兩個，全班同學都對我說：「你走錯教室了。」我剛上高中時，身材很瘦小。所以，我頭一回踏進教室那天，全班盯著我瞧，以爲我一定比她們小三歲。她們不敢相信我居然是高中生。

◎：後來你在高中三年內長到現在這麼高嗎【一六八公分】？

○：那幾年我的個子長得很快。其實，我拍完處女作《窗外》後還在長高呢。我發育得晚。

◎：楊琦先生發掘你的時候，你還在念高中嗎？

○：對。當時我高中【金陵女中】還沒畢業呢。

◎：畢業以後就演了《窗外》？

○：對。那時有好幾個星探在街頭找上我，包括製片兼演員郭清江先生。

◎：後來你也和他合作過。

○：對，那是好多年後的事了。【《槍口下的小百合》（1982）】

◎：先前一直有人找你進演藝圈，但你都沒答應，爲什麼呢？

○：第一，我來自非常保守的家庭，所以在高中沒畢業以前，是絕對不可能的。第二，雖然我對演戲很好奇，可是父母和我大部分的朋友都不怎麼支持。他們認爲我無法勝任，因爲我太害羞了。

◎：很多優秀的演員，骨子裡都是害羞的人。

○：你也這麼認爲嗎？聽說勞勃·狄尼洛和達斯汀·霍夫曼都很害羞，我認爲，害羞的人比較有魅力。

◎：因爲演戲的時候，你就化身爲另一個人，不是原來的自己了。

○：你說得很對。

◎：當初你取得令尊令堂的允許踏入這行，是不是花了很大功夫？

○：宋導的合夥人找我父母談了好幾回，父母就是不答應。有一天導演帶了一個山東籍的國大代表上門，說服我的父母。後來，我父母的朋友們也說了些拍電影的好處。終於，我父親答應讓我試一試。

◎：所以你這才開始拍電影。

○：爸媽只准我拍一部。

◎：在我看來，你的銀幕處女作《窗外》並不是一部單純的愛情文藝片。那是一個奇特的故事。你飾演一個高中生，對父母有所不滿。父母不了解你。只有老師【胡奇飾】了解你，於是你愛上了他。然而母親反對你和他結婚。接著母親介紹你父親的學生【秦漢飾】給你。你的老師去鄉下教書之後，你便嫁給秦漢。但你的婚姻並不幸福。劇情不斷起伏，有如雲霄飛車。當初你溶入角色的過程順利嗎？有辦法理解角色嗎？

○：拍電影，我完全沒有經驗。不過，女主角江雁容和我一樣很好強，所以演起來不算太難。由於宋導大力支持，我也全力以赴。

◎：結果這部電影沒在臺灣上映。

○：一直到現在都沒上映！這部片子是根據瓊瑤的第一本小說改編而成，那本小說很暢銷。電影拍完後，瓊瑤爲了版權問題，要求禁演。

◎：你會爲了這件事難過嗎？

○：一點也不會【大笑】。拍完《窗外》後，我比較擔心的是朋友、同學、老師會去電影院看我在銀幕上的吻戲。這部電影禁演之後我反而鬆了口氣。那是我的初吻呢。

◎：飾演老師的胡奇，是你這輩子親吻的第一個男人？

○：事實上最難的部分就是那場吻戲。好可怕。第一次拍那個鏡頭時，攝影機開始轉動，我像個木頭似的。胡奇人很好，他耐著性子引導我，他說你只要把眼睛閉上，嘴唇微微張開，頭維持在這個角度，這樣攝影機才拍得到你；剩下的交給我。眞的很好笑。

◎：張俐仁告訴我，拍那場吻戲時，你只要求她一個人離開。

林青霞與胡奇在《窗外》的吻戲（1973）© 郁正春

◯：她很生氣。我就是沒辦法在自己的朋友面前拍吻戲。劇本的初稿送到我家時，我母親和我把所有的吻戲統統刪掉了。

◎：你曉得導演手上有另一個版本嗎？

◯：你是指《窗外》嗎？有加長版？我想沒有吧。

◎：宋導說，一九九二年在香港重新上映的版本，比原始版本短。原版比港版LD至少多二十分鐘。臺北的國家電影資料館有原版，我在一九九八年看過原版。

◯：我都不知道耶。

◎：宋導告訴我之前，我也不知道。原版有一場戲，有個男孩在你家外頭等你。另外，開頭那場戲也比較長，畫面上全班同學正在談論後來會愛上你的那個老師。

◯：除了張俐仁【在戲中飾演女主角最好的朋友】以外，陸玉清和我妹妹也參加演出。

◎：你妹妹也有？教室那場戲嗎？

◯：就是那個講我閒話、眼睛眨個不停的女孩子。個兒高高的。那是我妹妹。

◎：你對那部片子有很多回憶嗎？

◯：我記得非常清楚。每個小細節都想得起來。其實我看自己演的電影時，看到的不只是銀幕上的劇情，同時也會想起很多幕後的事。就好比幕前有戲，幕後也同時上演一齣眞實生活中的戲。這有點兒像是把一個東西看成兩個影像，你懂吧？同時，我也會想起在同一部戲裡共

張俐仁（左）與林青霞（1973）© 郁正春

事的每一個人，我想知道戲拍完了之後他們過得如何……這一類的事。譬如胡奇，那個教我如何在攝影機前接吻的人，有一天他看電視的時候腦中風，就過世了。宋導得了帕金森氏症，已經退休。至於我呢，拍第一部電影後二十二年結了婚。這一段路，很漫長的。

聲名大噪卻鬱鬱寡歡

◎：拍完第一部電影後，你休息了好幾個月才拍下一部電影《雲飄飄》（1974）。那幾個月裡你都在做什麼？有去上課、準備考大學嗎？

〇：一開始，我父母打算讓我去體會拍電影是怎麼回事兒，然後就繼續唸書。《窗外》殺青後，我報名補習班補英文。

◎：你的第二部電影非常成功，接下來你主演很多浪漫文藝片，拍了五十幾部才休息。

〇：那幾年眞是瘋狂。我完全沒有浪漫的感覺。拍完第一部片子後，邵氏兄弟電影公司臺灣區經理馬先生找我談，提出一紙八年合約。我說：「八年！那太久了。我不想在拍電影上頭耗那麼多時間。」他說：「過幾年你就長大了，說不定我們可以安排一些比較性感的角色給你演。」話到這兒就談不下去了。他的提議眞把我嚇到了，從此雙方再也沒談過合約的事。你知道，當時是一九七三年，我才剛滿十八歲呢。沒有任何理由能說服我做準備去演什麼「性感的角色」。後來《雲飄飄》上門。這是我的第二部戲，導演劉家昌也想找我簽三年約，他還向我解釋，如果我跟他簽約，我會變成大明星。可是我沒簽。

《雲飄飄》在臺灣大賣四百萬，當時（1973年）是很高的票房紀錄。《雲飄飄》之後，製片人紛紛上門找我拍片，我母親坐在我身旁，和製片人談片約。當時片約一部接一部，所以我沒有跟任何公司簽基本演員約，一直都是自由演員。

◎：可是你和宋導演的公司**【香港八十年代電影公司】**簽了兩年片約。

○：這是《窗外》之後的事。我幾乎忘了這分最早簽下的片約。

◎：你母親是你的經紀人嗎？

○：你知道嗎，在那個年代，像我這樣的自由演員，是沒有什麼經紀人或代理人的。陪在女演員身邊的都是她的母親（所謂的「星媽」），幫她照管大小事情，與製片人交涉、與導演討論拍片事宜、閱讀劇本、挑選戲服和化妝，這些全靠星媽一人打理。我眞的、眞的很感謝我母親。倘若少了她的支持和保護，我是不會有今天的。

◎：如今一切都不一樣了。

○：現在的明星，個個都有專人替他們規畫。有經紀人、形象顧問，幫你把一切處理得穩穩當當。在我年輕的時候，根本沒有這回事。我記得當時我母親和我應付得很辛苦。因爲我們都是很傳統的人，常常碰上很多令我們難以應對的狀況，而對方都是比我們有經驗、有技巧的人。

再說，我覺得很對不起我母親，因爲她把所有時間都花在我身上，沒有辦法去

《雲飄飄》（1974）© 聯邦影業

過她自己的人生。她就像我的影子，一直陪伴著我。我們一起出門的時候，她會被影迷和媒體擠開。我回頭找她，她總站在一段距離之外，耐心等候。

◎：那些年裡，你自己打點電影裡要穿的衣服嗎？

○：對。除了古裝片，像是《古鏡幽魂》（1974），或是比較特殊的服裝，譬如需要量身訂做的戲服。我得準備自己飾演的角色要穿的行頭。有一回，導演叫我隔天備妥十一套戲服。當晚我就得選好衣服、鞋子和搭配的皮包。

◎：髮型怎麼辦？**【我逗著她玩兒問的】**

○：**【嘆了好大一口氣】**我留長髮。大家都喜歡我在文藝片裡的長髮造型，所以我一直保持這個長度。爲求變化，我會梳成高高的髻，或戴帽子。《愛殺》（1981）的美術指導張叔平是幫我做美術指導與服裝設計的第一人。他也替香港多部電影做整體視覺形象顧問。**【張叔平是香港數一數二的美術指導和服裝造型設計師。他也常與王家衛合作，擔任剪接師。】**

◎：在那些七〇年代的文藝片裡，你的角色多半個性堅強。我樂見你大多數時候詮釋的是意志堅定的人物。我認爲，把一部分自身特質投射到角色上的演員，會讓自己更值得信任。所以，我觀賞你的電影時，看得出你是個天性仁慈體貼的人。你先考慮別人才考慮自己。

○：我沒那麼好啦。我只是不喜歡處在不愉快的氣氛，不喜歡讓別人不舒服。事實上，我自己跟文藝片裡的角色很貼近，

林青霞以古裝造型拍攝《金玉良緣紅樓夢》試鏡照（1977）© 郁正春

因爲我和劇中角色一樣，都有很堅強的意志。我這人一向想要什麼就會盡全力去追求。而我無法忍受自己傷害別人。

◎：除了演戲，你是否也親自處理演藝事業的大小事情？

○：其實，我是靠著決心一路走下去的。我打定主意不肯服輸，要證明自己做得到。所以我接下挑戰，每天一點一滴學著怎麼處理事情。壓力從四面八方而來，樣樣都需要我投注時間和精力。我沒有時間留給自己，做每一件事情都跟工作有關，甚至沒有時間坐下來和家人朋友聊聊天。我有一種孤立的感覺。

◎：你有孤立的感覺？

○：你想想，那個時候我才高中畢業。單純、沒經驗。一切來得太快。從學生變成銀幕偶像，這轉變對我而言太快了，來不及理解到底發生了什麼事。我沒有時間讓自己成長，我需要專業的支援，需要有人能夠幫我應付一些狀況，給我一些好的建議。倘若當初我有時間做調整，會比較好過。不要那麼快成名就好了，你懂吧？現在時代不同了。今天的藝人受到良好的保護，他們有專業人士代爲規畫。

◎：你希望一直循序漸進，不要這麼突然。

○：走紅之後常常有大批記者採訪我。我生性害羞，應付媒體成爲我最頭痛的事。早期接受採訪時，我總據實以告。面對每一個問題，我開口照實回答，腦子裡想到什麼就說什麼。毫無技巧，這些訪問內容印成白紙黑字——有時會得罪人。漸漸地我學到教訓了。我學著保護自己，閉緊嘴巴。後來媒體對我很感冒。

◎：所以那時你不快樂。

○：非常不快樂。

◎：那些年裡你常常哭嗎？

○：我甚至哭不出來。我不快樂到連眼淚都流不出來。那時候我眞的、眞的很不快樂。我內心有一種麻木感，覺得自己像行屍走肉。我不讓自己被情感控制。所以我猜我的心就此封閉起來。我唯一在乎的是把每天的工作做完。

◎：當時你什麼也感受不到，是因爲你很麻木嗎？是不快樂還是痛苦的感覺？

○：痛苦、孤單。那段時間我很瘦。

◎：你那麼不快樂，所以胖不起來。

○：那時我才一百磅【譯注：約四十五・四公斤】。等到日子比較開心一點，體重增加到一百二十磅【譯注：約五十四・五公斤】。

◎：那段時期你的睡眠充足嗎？

○：睡眠？那些年裡，我一個星期只能躺幾個鐘頭。從這一個外景地點，拉到另一個外景地點，再到下一個外景地點，馬不停蹄。有時工作人員調整燈光的時候，我甚至站著、靠牆或趴在桌上都能睡著。我的身體年齡二十出頭，但心理上自覺像中年人。

◎：當時你沒想過退出影壇嗎？

○：片約源源不絕而來，很難推掉，在那段

日子裡，不拍戲的時候，我有一半的時間在推片約。他們不接受拒絕的。有些製片一次又一次長時間打擾我父母，直到我母親答應他們簽約爲止。有一回，某個製片花了好幾個鐘頭想說服我簽約，最後他對我說：「只有你救得了我。如果我沒把約簽成，我只有往【二樓的】窗外跳下去。」我哭了起來。他問：「你怎麼哭了？」我回答：「我太忙太累了，我沒時間，我不知道該怎麼辦。」

◎：他爲什麼非得自殺不可？

○：那個年代的製片人，往往事先沒知會就把我的名字放在演員陣容裡，片約就這樣賣掉了。因爲有我的演出，他們就可以先拿錢拍戲，所以，他們得讓我在片子裡露臉才行呀。

◎：所以你無法拒絕。

○：對一個高中畢業生而言，除了演戲，我還能做什麼？我唯一能做的就是演戲。那是我的人生。至少我是那麼想的。當時我沒弄懂到底爲什麼人生如此這般，等到過了三十歲，我才漸漸了解到，那些年裡我的挫折感和我要求太多有關。我總是要求完美——對自己、對別人都是如此。我到很後來才明白，完美的要求不一定能達成。你只能盡一己之力，剩下的交給老天爺。這樣一來，人也快樂多了。

◎：後來你找到了出路，在一九七九年底去了美國？

○：對。我想改變我的生活，所以我去美國躲了好長一段時間。我再也無法忍受。

就像是絃綳得太緊，隨時可能斷掉。我得離開，躲開每一個人，遠離電影圈，遠離記者，遠離影迷。對我而言，那是一次遲來已久的假期；我想休息，我想有思考的時間，尋求個人的成長。所以我斷個乾淨、一走了之。

◎：在那些臺灣文藝片裡，例如瓊瑤電影或其他通俗電影，你是否曾把片中角色與自身混在一塊？

○：有時也會。

◎：你喜歡自己在臺灣拍的文藝片嗎？

○：你認識小說家瓊瑤嗎？最好找機會和她聊聊。若要深入了解我的文藝片時期，她是很重要的人物。

◎：我沒見過她，但我看過一些你主演的瓊瑤電影。這裡有些VCD。【我給她看《奔向彩虹》（1977）、《一顆紅豆》（1979）、《金盞花》（1980）、《燃燒吧，火鳥》（1982）等，這些都是根據瓊瑤小說改編的電影。】你的處女作《窗外》是以她的半自傳改編而成的。她要求禁止該片在臺上映……

○：這部電影是根據她的第一本小說拍出來的，那本書很暢銷。三年後她籌組（香港）「巨星電影公司」時，便邀我與她合作，後來她跟我說，其實我很適合演《窗外》的女主角。

◎：你在她的公司所拍的第一部電影是《我是一片雲》（1977）。

○：對。

◎：你和瓊瑤處得如何？

《我是一片雲》（1977）© 怡人傳播有限公司

○：我們相處得很好。

◎：除了那些文藝片，你在二十二屆亞洲影展奪得影后頭銜，得獎作品是《八百壯士》（1976）。**【該片在一九七六年第十三屆金馬獎獲頒特別獎。】**

○：我很幸運。很多女演員都想演那個角色。

◎：幸運？我不這麼想。要演那個角色，你得在秋天練習游泳，練出好泳技。拍攝期間是冬天呢。

○：我飾演的角色是個勇敢的女童軍，她帶著一面國旗游泳渡河，送到對岸的軍隊。那是一部愛國電影。得在冬天下水拍攝。水溫很低。拍完那個鏡頭上岸的時候，我抖個不停，當時我覺得心跳要停止了、大聲喊叫。

◎：片中的敵軍是日本人。劇情與日軍侵華有關。

○：現在，你和我，一個日本人和一個中國人，卻坐在一起。

◎：你拍《八百壯士》的同時還軋了六部電影。我知道是哪六部，但不知你是否全記得呢？其中五部是《不一樣的愛／愛的蓓蕾》（1976）、《秋歌》（1976）、《金色的影子》（1976）、《海誓山盟》（1976）和《八百壯士》。我想第六部是《楓葉情》（1976）。

○：是哪六部電影並不重要。重要的是我曾經同時軋六部戲！

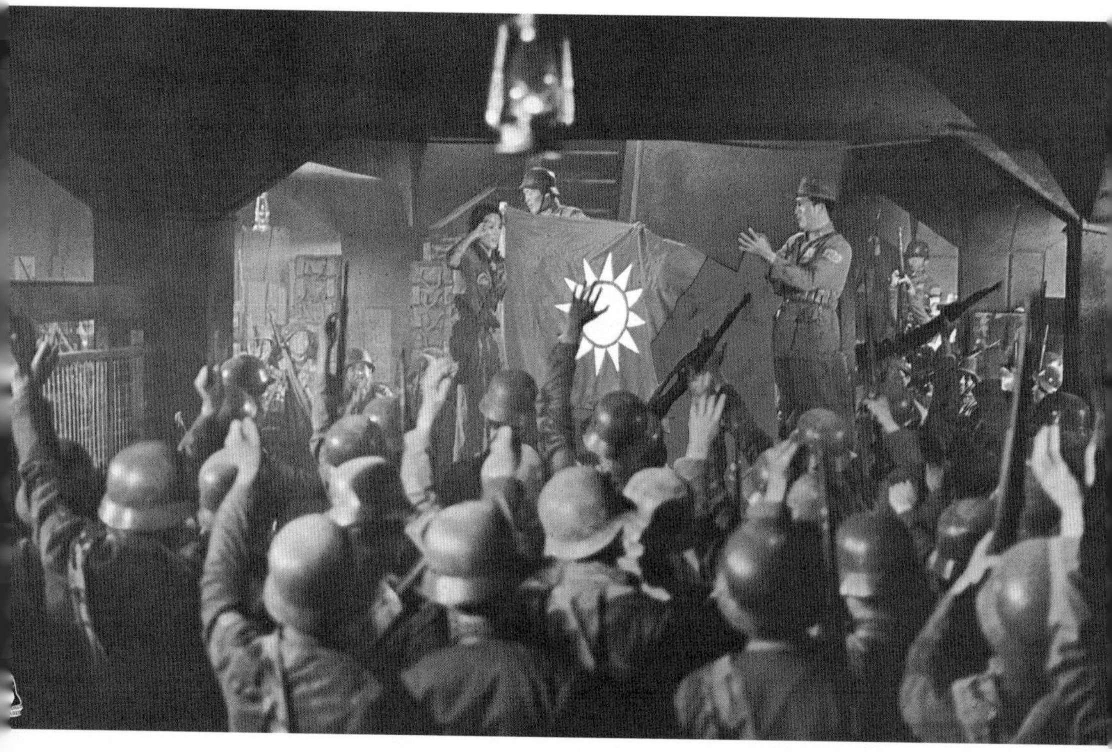

《八百壯士》（1976）© 中影公司

《金玉良緣紅樓夢》（1977）

◎：你拍過的所有電影中，自己最喜歡哪一部？

○：我拍了一百部電影耶！讓我想想……《金玉良緣紅樓夢》是我比較喜歡的作品之一。

◎：我好想看那部電影。我到處都找不到。邵氏公司沒發行錄影帶，而且據說本片在香港只有在電視上播過。我曉得幾年前臺灣金馬影展也放映過。**【天映娛樂公司已經於二〇〇五年發行DVD。】**不過我有兩個版本的電影原聲帶。一張是二手的黑膠唱片，另一張是CD版。

○：那部電影製作精良，可惜市面上看不到，看過的人不多。李翰祥導演導過很多出色的古裝片。現在再也沒人像他那樣拍古裝片了。他去世時我很難過。**【李翰祥是聲譽卓著的華人導演，得過許多獎項，拍過不少叫好叫座的電影。】**

◎：李導演於一九九六年十二月去世。我在一本香港雜誌裡看過喪禮照片，你和狄龍的妻子站在一起。**【狄龍是七〇年代香港動作片知名演員，主演吳宇森執導的《英雄本色》（1986）與《英雄本色續集》（1987）。】**

○：**【一臉驚訝】**你住洛杉磯對吧？可是我的每一件事情你都知道！

◎：大部分的事我知道，因爲我是你的忠實影迷嘛。我查過一些香港的中文報紙和雜誌。在我爲本書訪問金燕玲的時候，她告訴我，你在《金玉良緣紅樓夢》亮相的第一場戲令人印象深刻。

○：大家看到我以男孩扮相出場，大吃一驚。他們從沒想過我可以演男角。多年後我在《笑傲江湖之東方不敗》（1992）裡又演男角，這個角色愛上另一個男人。這也是我最愛的作品之一。我喜歡有挑戰性的角色。這兩部電影對我來說都很特別。

◎：在日本，《刀馬旦》（1986）的錄影帶發行後，你便成爲知名的「最靚反串角兒」。你扮男裝，眞的很酷。你爲何這麼擅長詮釋反串的角色？

○：我想主要是我的個性使然。我天生就不是充滿女人味又溫柔的類型。我的家族來自山東。山東人以硬脾氣出名，我外表看起來很柔弱，個性卻很強。

◎：《金玉良緣紅樓夢》取材自古典小說。

○：這部電影改編自古典名著。是一部了不起的小說。本片是大製作，有大量布景和服裝。拍古裝片，李翰祥講究細節是出了名的。對我來說，在此之前我沒拍過文學名著和古裝片，所以很有興趣一試。**【《金玉良緣紅樓夢》在一九七八年金馬獎獲得最佳美術設計獎。】**

◎：你頭一回演男角就是演賈寶玉。

○：對。

◎：一開始配給你的角色不是男孩子。選

角之初是由張艾嘉演賈寶玉，你則飾演女主角林黛玉，對吧？

○：李翰祥導演開拍《金玉良緣紅樓夢》時，他的構想是找甄珍演賈寶玉，我演林黛玉。【在林青霞嶄露頭角之前，甄珍是臺灣最紅的偶像女星。】

◎：那爲何後來是你去演寶玉？

○：因爲甄珍不演，李導演就請張艾嘉演這個角色。有一天，李導問我想不想和張艾嘉交換角色，問我是否願意飾演寶玉。我好驚訝。我說：「當然願意。我知道我演得來。但是您怎麼會這麼問？」他說，我有一種「玉樹臨風」的感覺。

尋找新形象

◎：你從美國回來後，在一九八一年到一九八四年間拍了很多動作片。也許你不想談那些作品吧。大部分是B級電影。

○：我從美國回來後拍的第一部電影是《新蜀山劍俠傳》（1983）。我是一九八二年回來的。

◎：其實呢，你從美國回來是一九八一年的事。香港有一本電影雜誌說你返臺後幾天就開始拍《中國女兵》（1981）。總之，你在許多一九八〇年代初期的臺灣動作片裡出現。你想忘掉那些作品嗎？

○：沒關係，不過我不喜歡那些電影。

◎：有一度你還受到臺灣黑道的某種威脅是

嗎？每個人都有同樣的遭遇，還是只有你碰上那種事？

○：每個出名的影星都碰過那種事！有一回，幾位製片人到我拍片的現場。每個人都揣著刀或槍。他們在討論我檔期的問題。如果製片人彼此吵了起來，就會出事。

◎：那是一九八二或八三年左右，在你去香港以前的事吧？

○：所以我才不得不離臺赴港。那時我好怕。

◎：遷居香港後，你的步伐慢了下來，一年只拍一、兩部片子。當時你不怎麼想拍片嗎？

○：對。當時沒有好劇本。片商也沒強迫我，香港人很實際，如果我真的不想拍戲，他們不會逼我。我推掉片約，對方也很明白。片商不會苦苦哀求，也不會脅迫我。

◎：在臺灣呢？

○：臺灣人很重人情，有時讓我窮於應付。

◎：你在一九八〇年代早期拍的電影，多半不怎麼樣。

○：對，沒錯。那些電影很賣座，卻不是好作品。我想，當時我不得不擺脫七〇年代的形象，所以在很多不同類型的電影中演出，如喜劇片、動作片和嚴肅的劇情片。**【據李天鐸所著《臺灣電影、社會與歷史》指出，林青霞自美返臺後拍的第一部電影《中國女兵》，在一九八一年臺北票房成績是第八名。隔年，林**

《中國女兵》(1981) © 中國電影製片廠

《長情萬縷》(1974) © 中影公司

青霞與導演朱延平首度合作的《紅粉兵團》是賣座亞軍，她爲瓊瑤的巨星電影公司拍的最後一部電影《燃燒吧！火鳥》排名第八。一九八三年，《迷你特攻隊》票房排名第四，《新蜀山劍俠傳》排名第五。一九八四年的《七隻狐狸／X陷阱》排名第五。】

◎：所以你搬去香港前才會接演《慧眼識英雄》（1982）、《紅粉遊俠》（1982）、《黑白珠》（1983）、《午夜蘭花》（1983）等電影。

○：對。從主演《君子好逑》（1984）【林嶺東執導】開始，1984-7年間，我一直待在香港。八七年十月起，我回臺灣住了一段時間，九〇年我又搬回香港。所以我有幾個明顯不同的時期。第一段是1972-9年的文藝片時期。第二段是1984-90年，尋找自己滿意的角色。第三段是1991-4年，拍武俠片。

【論及獲獎紀錄，《女朋友》（1975）在一九七五年第十二屆金馬獎與《長情萬縷》（1974）、《雲深不知處》並列優等劇情片。《女》片另獲最佳攝影獎與最佳女配角獎。《長》片贏得最佳導演獎與最佳男主角獎，《雲》片則抱走最佳男配角獎與最佳非歌劇影片音樂獎。《追球追求》（1976）是一九七七年第十四屆金馬獎五部優等劇情片之一，《成功嶺上》（1979）也在一九七九年第十六屆金馬獎優等劇情片之列。《碧血黃花》（1980）是一九八〇年第十七屆金馬獎優等劇情片之一，林青霞獲最佳女主角提名。】

3 尋找新角色的香港時期（1984 - 90）

林青霞○
鐵屋彰子◎

與成龍合作

◎：一九八四年，你到美國加州聖地牙哥進修？

○：對。

◎：你在當地上表演課嗎？

○：只是觀摩了一陣子。

◎：一九八五年你主演《警察故事》。當初片商是怎麼找上你的？是成龍的經紀人陳自強邀你參加該片演出的，對嗎？

○：他是一九八四年來找我的，電影在一九八五年才開拍。我拍《君子好逑》的時候，成龍和陳自強正爲《警察故事》進行前置作業，預定隔年開鏡。由於我沒有馬上答應，成龍還有點兒不高興哩。【大笑】後來我們比較熟了以後，有一回他告訴我：「青霞，只要我開口找人演我的電影，任誰都立刻答應的！」

◎：成龍不習慣別人拒絕他。

○：我沒有拒絕他。我只是在想，成龍的電影多半沒給演員多少發揮的空間，所以我要求先看劇本。等我讀過劇本，我便同意演出，因爲我認爲我可以演出一些名堂來。當時我並不曉得那部電影會變成我從影生涯中意義重大的作品。我指的不是表演，而是兩場有特技動作的戲。**【林青霞以《警察故事》獲得一九八六年第五屆香港電影金像獎最佳女主角提名。】**

◎：那些特技動作很危險嗎？

○：我不覺得拍成龍的戲眞的很危險，因爲成龍和他的特技班子很專業。他們可以評估某個特技動作會有多危險或其實很安全。所以我受到很好的照顧，沒有暴露在任何眞正的危險之中。

◎：當時你是自願演出特技場面嗎？還是成龍說服你親自上陣？

○：成龍和他的班底對特技動作非常在行，但我還是害怕，因爲我整個人必須被摔在玻璃上。我爲了那些個特技場面擔心了好幾天。上戲前一天，成龍大概是感覺到我很害怕，所以我們聊了一下。他告訴我：「明天我會幫你準備替身，如果到時候你不想，就不必親自上陣。不過，讓我告訴你一件事。如果你親自演出這些特技畫面，觀眾以後會記得你。你最好考慮一下。」我考慮過後，決定親自演出。

第一場特技動作，有個壞人抓起我過肩

《警察故事》(1985) © 1993 STAR TV Filmed Entertainment Limited. All Rights Reserved.

摔，把我往一張玻璃桌上扔去，玻璃桌碎裂，我摔在地上。那天我非常緊張。我一直告訴自己：「就這樣了。要相信這些人，一切會平安無事的。」後來當然還是出了狀況。第一次上鏡時，我覺得自己飛到半空中，腦海一片空白。我綳太緊了。感覺很恐怖。成龍上前來到我身邊說：「不行。攝影機抓不到你的臉。你一定要把臉轉向攝影機。記住，你是親自拍這場戲，而且要讓觀眾知道你是親自演出。」後來拍第二次的時候，我確定攝影機拍到我的臉了。可是你知道嗎，我的臀部摔出一片好大好大的瘀青。從來沒摔過這麼大一片。**【她用手比畫瘀青面積給我看。】**

◎：那是眞的玻璃還是假的？

○：即使那不是眞的玻璃，還是很危險。第二個特技場面安排在隔天。那場戲對方要將我整個人摔進玻璃櫥窗裡，一路撞破兩層玻璃。開拍前，成龍找了個特技演員爲我示範那串連續鏡頭的動作。不幸的是，他的臉被割傷，還流血呢！成龍一直說：「不要緊的，很安全。」那一刻我眞的嚇壞了。我很擔心，萬一我的臉割傷了怎麼辦，萬一留下疤痕怎麼辦？只是當時要抽腿已經來不及了。我眞心想在電影裡留下難忘的畫面，讓觀眾記得。於是我告訴成龍：「好。拍吧。」

◎：你就這麼拍成啦？

○：沒有。每當我聽見成龍喊「Action!」時，我的胃就痛得厲害，不得不蹲下來緩和胃痛。連蹲幾次之後，我對自己說：「無論如何，我只管演就是。萬一沒命就算了。交給老天爺吧。」接下來我只記住一件事：不管發生什麼狀況，萬一受了傷或怎麼樣，我一定得把臉對著鏡頭，讓攝影機看到我的臉。然後我就上場了。

◎：電影結尾集結了片中剪掉的畫面。日本版的錄影帶和ＬＤ裡，有個鏡頭是你在演出那場特技場面之前在胸前畫十字祈禱的模樣。你是基督徒嗎？

○：不是。其實是成龍要我那麼做的。那個鏡頭是事先計畫好的。

◎：所以那是演戲！

○：對，他要我那麼演的。在現實生活中，我害怕的時候從來不畫十字。我會像這樣子縮成一團。**【她當場表演給我看】**

◎：我還以為那是眞實反應哩。

○：成龍一向知道觀眾喜歡什麼。

◎：你拍第二個特技場面的時候有撞出瘀青嗎？

○：沒有，但我賺到了經驗。

◎：你成了摔倒專家。沒錯，那一段畫面的確令人難忘。

○：成龍告訴我，親自演出特技場面會讓觀眾記得我，這話他說得對極了。接下來幾年，我演出的特技場面多得很。我只跟他合作這部電影。

◎：不，你們在另一部戲裡也有合作——《迷你特攻隊》（1983）。

〇：噢……對。我忘了那部電影。他的戲分幾天就拍完了。

◎：他的戲分出現在影片的第一段，中段也有少許，還有最後一場動作戲。你的戲分連接其間。

【說明：近年發行的《警察故事》香港版VCD／DVD和日本版DVD片尾集結的花絮鏡頭，與原始的日本版（1986）有所不同：前者收錄了「玻璃桌特技篇」，卻沒有「玻璃櫥窗特技篇」。雖然如此，英國版（2001）的附錄部分有原始日本版的花絮鏡頭。本片在第五屆香港電影金像獎得到最佳影片獎、最佳動作指導獎，另入圍最佳導演、最佳女主角、最佳攝影、最佳剪接四個項目。】

《愛殺》（1981）

◎：一九八〇年你到美國，遠離臺灣。那段時間你主演了《愛殺》。導演是譚家明。他是香港「新浪潮」導演之一。全片在舊金山與洛杉磯拍攝。大家都認爲這是你很重要的作品。

〇：它對我來說的確是個轉捩點。因爲這部電影爲我早期的形象畫下句點。

◎：《愛殺》的角色有別於以往。電影的開頭與結尾，你赤腳走在沙漠裡。一定很熱吧。

〇：我耐得住熱，冷我就受不了。所以在《八百壯士》——一九七六年我得到亞洲影后的那部電影——我差點被冰冷的水凍壞。

◎：拍《愛殺》的時候，你認識了張叔平。

○：對。那是我頭一次見到張叔平。後來我們變成很好的朋友。他擔任電影美術指導和造型設計，在他的監督之下，我變的很有味道。首先，他把我的頭髮剪到及肩的長度，並搽上大紅色口紅，當時這對我來說是很大的改變。當我看到鏡中的自己——剪短的頭髮加上血盆大口——很不能接受。

對了，你可以去訪問叔平。你有意願嗎？**【我當然說好。她給了我張叔平的聯絡電話，還主動去電跟他提了採訪的事。】**他說沒問題，晚一點你可以跟他約時間。

◎：非常謝謝你的幫忙。回到《愛殺》這部片子吧。你在片中沒穿胸罩，是眞的嗎？

○：噢，導演和張叔平對這一點非常堅持。有一天，張叔平帶來一件紅色的絲質洋裝要我試穿。我進了試衣間換上。等我出了試衣間，他看著我問：「你爲什麼穿胸罩啊？」我很驚訝，問他：「你怎麼知道我有穿？看不出來啊。」他回答：「當然看得出來。胸罩破壞了這件衣服套在你身上的線條。你能不能把胸罩脫了？」我跟他說不行，我沒辦法在攝影機前不穿胸罩。他很堅持，可我不退讓。最後他說：「這樣好了，你穿這件洋裝，我們用拍立得相機給你照兩張相，一張穿胸罩拍，一張不穿胸罩拍。然後你再決定吧。」我看到拍出來的照片，看得出差別在哪裡。一張線條僵硬，另一張看起來有魅力多了，更柔和、更自在。於是我放棄了我的堅持。

◎：這是不是港臺第一部聘請美術指導負責

服裝設計和主要演員造型的電影？

○：我想是的。除了整體形象指導之外，這部電影還嘗試了很多新點子，使得這部片子比當時其他電影更受矚目。可惜劇情太過血腥暴力。

【張叔平擔任《愛殺》的副導演與美術設計。我認爲他的工作應該稱作「電影整體視覺設計師」（production designer），但香港電影圈沒有這項頭銜。以該工作的性質與目的而言，「美術設計」也許等同於電影的整體視覺設計師。《愛》片在一九八一年贏得第十八屆金馬獎最佳音效獎。】

《夢中人》（1986）

◎：區丁平也是香港「新浪潮」導演，你演出他執導的《夢中人》。你是立刻答應接演這部片子嗎？

○：不是。

◎：說服你的人是誰？告訴你應該接演的人是誰？

○：區丁平的朋友，梁李少霞女士，她本身也是製片人。你聽說過她嗎？

◎：聽過。這位女士在香港演藝圈舉足輕重，很有分量。

○：這部電影的劇情和一般電影不一樣，講的是輪迴，而且還是第一部讓兵馬俑在電影裡亮相的作品。我心想，跟周潤發合作應該是好事一樁。

◎：這是你首度與周潤發合作，也是唯一的一次。我在某篇文章裡讀到，你對片中與周潤發合演的激情戲不太滿意。

○：其實我不是對那場激情戲不滿意，我眞正不滿意的是我自己。我應該更放得開一些，這就是我最大的問題。那不僅僅是一場親熱戲而已，那場戲召喚出許許多多的情感，非常熱烈激昂。但我內在保守的一面抑制了我的表現。一方面，我很願意放手一試；另一方面，我認爲自己根本辦不到。我的內心掙扎不已。到最後，我只好告訴自己，周潤發是我能夠信任的人，我不用想東想西，只要全心投入，盡力而爲。可是結果還是不太好。不夠好。

◎：是不是因爲，那是你第一次眞的必須演一場成人級的激情戲？

○：對，演出前我緊張得不得了。張叔平告訴我，得放手去演，否則不三不四很難看。周潤發是個很專業的演員。我們在排那場戲的時候，他一直低聲問我：「我可以碰這裡嗎？我可以碰那裡嗎？」我說：「不行，這裡不行。那裡不行。」「我可以碰你的大腿內側嗎？」「不行，你的手可別伸過來。」擔任副導演的關錦鵬發現我跟周潤發對戲毫無進展，他便和張叔平在地板上示範怎麼演激情戲，他們從這一頭滾到另一頭。

◎：聽說那場戲拍了十七個鐘頭。

○：我不記得到底花了多長的時間。

◎：拍完這場戲之後，你們倆的嘴唇都腫了

《夢中人》（1986）

起來。

○：沒有腫起來啦，流血倒是有的。

◎：那時候你把頭髮剪得好短。是張叔平的主意嗎？

○：對。頭一回剪髮，是拍《愛殺》的時候。我把頭髮剪短了些。我拍的文藝片裡，頭髮從沒剪短過。永遠都是這麼長。**【她指著上臂中間的位置】**拍《愛殺》時，他把我的頭髮剪到這兒。**【指著肩膀】**拍《夢中人》時，他把我的頭髮剪得好短好短。

◎：張叔平曾要你不化妝上戲，是真的嗎？當時他是否已經取得你的信任？

○：不是完全沒化妝。演奏朝那段戲的時候，他建議，除了粉底和蜜粉以外，不畫眼影，不刷睫毛膏。眉筆和唇膏只能稍微帶一下。僅此而已。我很驚訝。竟然要求眼睛不上妝？你也曉得，眼睛就好比靈魂之窗呀。我告訴自己，他不可能是認真的。沒有女演員會不妝點一下眼睛就往攝影機前面站。我該如何是好？

◎：當時你怎麼應變？

○：拍那部戲的第一天，我帶著一個小小的化妝包。希望在張叔平沒注意到的時候，能在雙眼做點兒文章。結果運氣不好。他一直待在我旁邊。後來導演要我在攝影機前準備好。我眼看無計可施，於是抓了化妝包問張叔平：「我可不可以畫一下眼睛？一點點就好？」他說：「行行好，你可別畫。請你相信我。」他這話並非隨便說說而已——他的語氣彷彿在認眞懇求我，求我答應某件對他意義十分重大的事。他感動了我。那場戲我老是以側面入鏡。導演區丁平沒說什麼。隔天，他們找我去看毛片，結果令我吃驚不已。張叔平眞有一套，我應該相信他。

◎：所以從此以後，只要張叔平開口，你就配合。

○：小心翼翼地配合。【大笑】

《今夜星光燦爛》（1988）

◎：一九八〇年代晚期，你在香港工作的時候似乎愈來愈放鬆了。

○：我愈來愈能接受新點子。那段期間，我有機會見到更多的人，見識新的事物。

◎：一九八七年，你和梁家輝共同主演《奪命佳人》，也在《橫財三千萬》裡演出。當時你喜歡演喜劇嗎？

○：我完全不擅長喜劇。我比較喜歡題材嚴肅的電影。我喜歡劇情片。

◎：《今夜星光燦爛》是香港「新浪潮」導演許鞍華執導的作品。你們怎麼認識的？

○：其實，她開始拍《瘋劫》（1979）之前，我在香港機場和她有過一面之緣。當時我正在回臺灣的路上，她在機場等我。我們坐下來，她告訴我《瘋劫》的劇情，問我有沒有意願演出。當時我檔期全滿，又沒什麼興趣拍驚悚片，所以婉拒了她。後來這部片子上映，我聽說拍得非常好。在那之後她又拍了好些佳作。我有點兒後悔當初拒絕了她，於是她再度找我拍電影的時候，我欣然接受。

◎：一九九八年我在香港國際電影節看過《瘋劫》，不錯的電影。只是她近年的作品我不太喜歡。

○：《女人四十》（1995）也很不錯。**【我點點頭】**蕭芳芳在片中表現出色。和一組有誠意拍好電影的團體一起工作，眞是一大樂事。說到女演員，我一直很羨慕鞏俐。她的運氣很好，向來有優秀的導演和劇本可以合作。她的作品每一部都令人難忘。我沒有那個運氣。找上我的片約，絕大多數是商業片。二十年之間，我一共拍了上百部電影，其中眞正值得懷念的作品並不多。

◎：《今夜星光燦爛》的劇情是一個平凡女子的故事，由你飾演這個試圖獨立生活的女人，從十八歲演到四十歲。當時那對你而言是一種挑戰嗎？

○：不靠化妝表現出年齡的差異，這是許鞍華的構想。她想要用演技去表現年齡。片中我的角色由少女到年輕女子，再到中年人，轉變過程中只有髮型不同。

◎：你再度把頭髮剪短了。

○：對，剪得更短了。

◎：在那部電影裡，你有一場背部全裸的戲。你親自演出嗎？

○：**【大笑】**那不是我。我的背影醜死了。

◎：那就是你吧。

○：我跟許鞍華討論這場戲的時候，我跟她說笑，我說，我的背實在不怎麼樣，我的正面比較好看。她大笑出聲，問我想不想來一場正面全裸的戲。我說：「不。絕對不行！」【大笑】

◎：你對這部作品還滿意嗎？

○：不是很滿意。

◎：你眞是個完美主義者。大多數的時候，你總是不滿意。

○：幾年以後，我演《暗戀桃花源》（1992）時，學到很多。在《暗》戲中，我同時要演少女和老年人。這部片子改編自一齣舞臺劇，我先演舞臺劇。等到電影版開拍的時候，我就更得心應手。

◎：你喜歡在舞臺上表演嗎？

○：那次演舞臺劇很過癮。

不只是膚淺的美

◎：我不懂，你怎麼會從來沒拿過香港電影金像獎。你在一九八四年以《新蜀山劍俠傳》獲得最佳女主角提名，一九八六年以《警察故事》入圍最佳女主角，一九九三年又以《笑傲江湖之東方不敗》和《絕代雙驕》（1992）兩片問鼎影后。最後卻只在一九九〇年以《滾滾紅塵》得到金馬獎影后。

○：入行十八年之後，終於得獎啦！

◎：或許這是因爲你太美麗、太受歡迎、太出名了。人們也許會認爲：「她不需要這種獎吧。」【一九八〇年她便曾以

《碧血黃花》得到第十七屆金馬獎最佳女主角提名，一九八二年又以《慧眼識英雄》入圍第十九屆金馬獎最佳女主角。】

○：我想，大概是我的演技不夠好吧。我永遠記得李翰祥導演在我們合作《金玉良緣紅樓夢》的時候說過：「林青霞是個明星，張艾嘉是個演員。」他這麼說並無惡意，然而還是令我非常沮喪。

◎：當你終於得到最佳女主角獎，你認爲那座獎證明了你是演員嗎？你是明星，但你也證明了你是演員。

○：這很難講。

◎：你認爲你的美貌對你的事業造成傷害嗎？

○：對於我的表演，各人看法不同。進入角色的方式發自於各個演員的內在，不屬於任何其他演員。

◎：說不定你的演技太過自然，所以那些人認爲你演的是你自己。

○：你對我眞是太仁慈了。

◎：這是我眞實的感受。在那場高潮戲裡，你把唯一的船票交給了秦漢、讓他去臺灣的時候，你向秦漢揮別，要他趕快上船，那是非常動人的一幕。

○：確實很感人。

◎：你是否曾經希望不要那麼美？

○：噢！這個嘛，其實我並不眞的認爲我長得美。《窗外》問世後，我被稱做「清純玉女」。一九七〇年代我拍了很多文藝愛情片，使我總是被視爲「清純」，沒有人用「美麗」來形容我。後來，一九八三年《新蜀山劍俠傳》上映時，片商以「中國第一美女」來宣傳我。實在言過其實。

◎：但你的確很美麗啊。

○：我覺得舒服、自然、自在，別人跟你在一起很愉快，那也是一種美，對不對？我認爲發自內在的美更長久。外在的美禁不起時間的考驗。

◎：外在的美是膚淺的。你一定把自己照顧得很不錯吧。你有運動的習慣嗎？或是節食？

○：沒有，我從不節食。我有時候會運動，但不太規律。

◎：你的體態爲什麼保持得這麼好？

○：可能是我年輕的時候太瘦。大概一百磅吧。那時很討厭自己瘦巴巴的。不過婚後我的體重增加了，看起來就剛剛好。

《滾滾紅塵》與三毛

◎：我想多知道一些《滾滾紅塵》的事，因爲我好喜歡那部電影。

○：你喜歡《滾滾紅塵》？劇本是名作家三毛寫的。她對這部劇本非常投入。這是一個非常完整的劇本。有時候劇組根本沒有劇本，或者，就算我領到劇本了，開工之後會大幅改寫。

◎：《滾滾紅塵》是你得獎的作品。你一定

非常喜愛這個劇本，才會那麼投入。你和三毛是好朋友嗎？

○：我跟她總共見面不超過十次。她和我都是個性敏感的人，我倆心有靈犀一點通，對彼此很了解。有一回我提議兩人一塊兒去旅行。她說不要。我問她爲什麼。她說：「你太敏感了，很容易看穿我。」

◎：你有看透人心的天賦。

○：是的，我善於看透人心。我比大多數人的閱歷寬廣一些。

◎：我讀過《滾滾紅塵》的劇本單行本，三毛把每一件事物都描寫得很仔細。

○：三毛對這個劇本是眞的、眞的非常投入。撰寫劇本期間，每當她進展到一個新的階段，她會請我過去她那裡，我們一起討論情節。有一次，劇本大功告成之後，我在她家，她把整部劇本內容從頭到尾朗讀給我聽。她可不光是朗讀而已。她還爲個別場景播放背景音樂，並親自表演部分情節給我看——她甚至示範那場跳舞的戲該怎麼演。

◎：那場跳舞的戲非常動人。

○：她眞是太棒了。那次經驗一直令我難以忘懷。就好像整個劇本在我面前上演，她這麼做是爲了確定我對這個故事有清楚的了解。就這麼一次，我對自己每一句臺詞的意義都能掌握，那感覺眞是美妙。

◎：你有沒有向導演嚴浩提出你的意見？

○：我會告訴他我想用什麼方式表演某一場

《滾滾紅塵》(1990)，左為秦漢。

戲，他會讓我試著演出來。

◎：除了最佳女主角獎，《滾滾紅塵》囊括當屆金馬獎的最佳影片、最佳導演、最佳女配角、最佳攝影、最佳美術設計、最佳電影音樂等獎項。

○：在頒獎典禮上，三毛沒能拿到獎，我很遺憾。當我上臺領獎時，我眞想拉她一起上去，與我一同分享喜悅與榮耀，但我沒有這樣做，所以我只是在臺上感謝她，感謝每一個與本片有關的人。我一直很後悔，當時在頒獎典禮上沒有把她拉上臺去。

◎：幾個星期之後，她自殺了。

○：在頒獎典禮後的慶祝酒會上，三毛告訴我，她想寫我的傳記。我一口答應。那是我最後一次見到她。

4 與徐克的合作情誼

林青霞○
鉄屋彰子◎

《新蜀山劍俠傳》（1983）

◎：我喜歡徐克的電影。

○：我也非常喜歡徐克。他有出色的觀察力，看待事物的角度十分獨特，和一般人很不一樣。他在演員身上發掘出很特別的東西。他有辦法從我身上帶出許多我不知道自己擁有的特質。他分辨得出什麼東西行得通，所以我很喜歡跟他合作。我和他合作非常開心。

◎：徐克找你合作《新蜀山劍俠傳》時，你人在美國還是臺灣？

○：那時我在美國已經待了差不多一年半，然後接演《愛殺》，在舊金山和洛杉磯拍片。徐克爲了《新蜀山劍俠傳》，打了好幾次電話給我。我向記者打聽這個人，因爲當時他是個新銳導演，我不認識他。每個人都建議我和他合作，因此我從洛杉磯回臺後，特別飛去香港，和徐克討論片約。他要我演一個仙子【瑤池仙堡堡主】。他覺得我很瘦，清純又年輕。我簽了《新蜀山劍俠傳》的片約後，回到臺灣。記者都說：「他是很出色的導演。在所有華人導演中，只有他可以進軍好萊塢。」那是一九八二或八三年的事。

◎：你從洛杉磯返臺是一九八一年三月。《新蜀山劍俠傳》開拍或許是一九八二年吧。在港版的《新蜀山劍俠傳》DVD裡，附了一段預告片，有你排練某個吊鋼絲場景的情形，不過只有幾秒鐘。吊鋼絲是不是很痛苦？

○：很痛苦。眞的就像是……我常常講，那好比在牢裡被獄卒施加某種……

◎：酷刑？

○：對對對。像是在牢裡受刑。我頭一次穿鋼絲裝【她指的是鋼絲緊身衣】，就是拍徐克的片子。在那部戲裡，我只走了三步路。

◎：你頂多走了四步路，因爲你的角色是仙子嘛。她不是人類。

○：你比我還清楚。那時候我清晨四點進棚化妝，再戴上一頂高聳的假髮。然後得等好久才上戲。那頂假髮起碼有一呎【譯注：約三十・五公分】高。我的頭根本無法活動。有時候我等了六個小時還不能上戲。我跟徐克說：「拍戲很累不打緊。但是我從進棚到現在，什麼事情都沒做！我甚至還沒上戲就等累了！這樣拍出來怎麼會好？」那時我一進棚

《新蜀山劍俠傳》(1983)

就套上鋼絲緊身衣，飛來飛去，收工才脫掉。噢，全身上下青一塊、紫一塊的！

◎：你在空中飛的時候，一副開心無比的樣子，事實上卻很痛苦？

○：當然很痛苦！

◎：可是你看起來很愉快哩。

○：對，我必須裝出輕盈、愉快的模樣。所以當我回想起吊鋼絲的感覺時，才用酷刑做比喻。我吊鋼絲的經驗不少。頭一回拍徐克的戲時，他對我說：「哎呀，你吊鋼絲飛起來的時候，臉看起來像這樣。【她緊閉雙唇】你的樣子必須很輕鬆自在，可是你一臉這副德行。【她再度緊閉雙唇裝出很緊張的模樣，接著大笑。】

◎：你體重輕，所以也許容易些。

○：可是很多替身受了傷。意外狀況不少，背扭傷，胳臂摔斷。

◎：你沒出過事吧，只有瘀青而已？

○：算我運氣好。

致命的眼神

◎：或許，身爲演員的你，對於自己演過的角色，在藝術成就方面並不滿意，可是有些角色，譬如《笑傲江湖之東方不敗》與《東方不敗之風雲再起》（1993）裡的「東方不敗」，相當精彩。你的表現令人激賞，使我留下深刻的印象。我心想：「哇，她是怎麼辦到的？」

○：《笑傲江湖之東方不敗》在各地票房都非常好。徐克在開拍前兩年已經跟我提過這部電影。起初我對「東方不敗」這個角色有些卻步。當時我沒把握自己能不能演得像個男人。我怎麼演得出來呀？不過，我決定信任徐克，因爲他知道怎麼拍我。他很清楚你的實力所在，也知道你的缺點是什麼。於是我接下這項挑戰。那時，徐克說了：「你知道嗎，有些人很反對你接演這個角色呢。」

◎：原著小說的作者就很反對。

○：對，作者金庸先生和作曲家黃霑都持反對意見。徐克說：「他們之所以反對，是因爲你太美了。他們說，你怎麼可能化身爲男人？誰會相信你是男的？」可是徐克的心意十分堅定，硬是指定要我出任這個角色。我非常感激。結果這部片子成了全球賣座電影！眞是出乎意料。

◎：我喜歡你的雙眼表達的戲感。我稱之爲致命的眼神。你用眼神可以致人於死地。你是如何爲這個角色做準備的？

○：這部電影開拍前，我請了一個老師教我京戲。

◎：我在《東方新地》雜誌，看過那位京劇老師葉少蘭指導你使出三種不同眼神的照片，那是《東方不敗之風雲再起》開拍前的事。

○：沒錯。眼神的表達，在京劇裡是很重要的。對日本歌舞伎來說大概也是如此。我認爲，就算是在電影裡，運用眼神表現情緒也是非常重要的。他們給我安排

《笑傲江湖之東方不敗》（1992）© 美亞娛樂資訊集團有限公司

了替身演員，所以，我最重要的任務是運用眼神，還有就是把開打之前和之後的架式擺好。我表現出強而有力的架式，其餘的就交給替身。觀眾看了就會相信我是個武功高強的人。因此，我在武打場面盡全力運用眼神。

◎：難怪你的武打場面是那麼華麗瀟灑。

○：是的，因爲那些古裝片都有武打戲，如果你的眼神夠犀利，就能加分。武打場面是由替身演員做的。所以在一連串武打鏡頭裡，開始與結束時的臉部表情必須逼眞，特別是眼神。

◎：這點你眞的很行。對了，京劇學起來輕鬆嗎？

○：我認爲要當個京劇演員很艱苦。他們必須花很長時間練習，有時候得練上十年八年。要成名卻很難。但是對電影演員來說，不必花太多時間練功就可一夕成名。

◎：《笑傲江湖之東方不敗》的拍攝過程如何？

○：有很多場戲難度很高。開工第一天的戲是我和李連杰在海中邂逅的情節，我們在水裡泡了好幾個鐘頭。很冷。我一直發抖，一直發抖，抖個不停……冷到打顫。我甚至聽見全身骨頭撞得軋軋響。隔天，李連杰鬧胃痛，我也筋骨酸痛，因爲我顫抖了好幾個鐘頭。

◎：你在海邊奔跑的那場戲裡有煙霧。那是用什麼東西製造出來的效果？

○：我奔跑的時候，有一架很大的電風扇對著水泥吹。

◎：有沒有傷到你的眼睛？

○：我的眼睛、鼻子、嘴巴、耳朵，從頭到腳都是沙。這對身體很不好。我們在拍攝之前討論過。聽說張學友的眼睛曾被水泥糊住。我不記得詳細經過，但那玩意兒弄得我眼睛很不舒服。不過，在畫面上營造出很好的效果。我看起來很威風，就像武功高強的大師。那股風象徵強勁功力。

◎：我還知道，你在水中拍戲的時候出過意外？

○：噢，對。出過一次意外。他們想呈現出「東方不敗」的武功有多麼精湛，威力有多麼強大……於是，他們要我做出從水中升起的動作。可是在水裡，如果你沒有機器的協助，上升的速度會很快。因此我得靠著機器輔助，緩緩往上升，看起來很酷。沒想到就在我往上升的時候，假髮絞進機器裡。我好害怕，因爲我發現機器絞住了長髮。如果我沒辦法浮上去，就會送命。我怕得不得了。我的假髮被扯下，當我浮出水面，導演程小東滿心以爲我從水中升起一定很美，沒想到我的表情很恐怖，他們也嚇死了。我游到岸邊。太陽快下山了，我以爲沒辦法重來，因爲沒時間戴假髮了，不過當時我留長髮，所以他們決定不用假髮。

◎：那是你自己的頭髮？

○：我把頭髮披在身後，所以那場戲美多了。【大笑】假髮箍在這兒實在很笨重。【她指了指頭頂】我把頭髮往後披著，所以整張臉看起來很清爽。那天，我們很早就得開工。前一天工作人員打電話通知所有人，早上七點鐘到辦公室集合，我知道我得泡在水裡拍戲，所以又緊張又擔心。我心想，我需要大量的睡眠，否則在冷水中拍戲會撐不住的。

◎：當時是冬天，對不對？十二月中旬。

○：噢，沒錯，在我生日過後，十二月天！可是，拍那場戲的前一晚，我根本沒睡。我以爲那天的戲拍出來一定很糟，結果居然拍得最棒！

◎：當時你有沒有穿戴什麼行頭，好讓自己在水裡看不出是男是女？在銀幕上眞的看不出來。

○：有時候我會裹住身體曲線。我在戲服底下穿著潛水衣。我一直記得一件好玩的事。拍那場戲的前一天晚上，我想早點就寢，可是我的朋友楊凡【導演、作家兼攝影師】找我打麻將。我說：「不行。明天我得早起，要泡在水裡拍戲。」他說：「拜託你嘛，尊龍也在。拜託拜託啦。」我爲了想看尊龍就答應了，結果我打了四圈、又四圈……一直打到清晨六點鐘！我心想：「老天爺，已經六點啦！」我沒時間睡覺了，那一整天我一直心神不寧。心想樣子一定很難看。結果，那場戲一直到傍晚才拍。我一整天都沒睡。幸好拍出來的結果還不賴。【大笑】

◎：是呀，那場戲令人印象深刻。我們哪裡曉得幕後竟有這段插曲哩。

○：還有，除了機器，連滅火器也派上用場。在我浮出水面之前，他們用滅火器在水中製造氣氛。我不曉得這樣是否安全，不過我還是得演。你知道嗎，我和滅火器、機器一起泡在水裡。在海水裡開著滅火器，我都不知道自己安不安全。

◎：在你上戲前沒有人先測試嗎？

○：替身當然先測試過，只是我仍然沒把握會不會出問題。我不曉得滅火器會不會傷到我的眼睛。

◎：只有香港才會發生這種事！

○：我想在好萊塢，他們不會冒這種風險。我不知道會有什麼狀況發生，但我必須在水中睜著眼睛演戲，他們把滅火器投入海中，製造出強烈的效果。他們希望我看起來威力強大。於是，我在水裡要張開眼睛；因爲在我浮出水面時，眼睛必須是張開的。

◎：先是一段水中爆破，然後是李連杰騎馬的鏡頭，接著是你從澄淨的水面浮上來。

○：有些拍攝過程眞的很危險。我曾經吊在一棵樹上好幾個小時呢。

◎：是電影一開始那場戲嗎？

○：對。有一個鏡頭很危險。鋼絲接在我的兩條大腿之間，很尷尬。儘管我有點害羞，但還是得豁出去演。他們要我從高處縱身往下跳。那時我吊在幾層樓高的半空中。

◎：我知道那場戲你是和李連杰一起。你們是以頭朝下的姿勢往下墜嗎？

○：那場戲是和他一起演的，不過那個鏡頭只有我入鏡。我得從高處用很快的速度下降。他們用鋼絲把我吊到那麼高的時候，心想我已經被吊上去啦！後悔也來不及了。他們一直拉，一直拉，然後他們把鋼絲一鬆，像這樣「砰！」的一聲。我想，萬一鋼絲斷了怎麼辦？當時地面什麼裝置都沒有，只有一架攝影機。

◎：沒有替身？

○：沒有。

◎：那個鏡頭你是不是拍了好幾次？

○：讓我想一下……至少拍了兩次。我看那部電影的時候，實在分辨不出那是不是我。你也看了那部電影，你也認不出那是我，對吧？我的臉看不清楚。

◎：那個鏡頭速度非常快，很難看清楚是你本人或是替身。那是你本人嗎？

○：對，是我本人。

◎：我認爲，正因爲有那些驚險的場面，《笑傲江湖之東方不敗》才會成爲一部非常成功的電影。

○：想得到好的結果，就得付出代價。所以我不抱怨。

◎：聊聊《東方不敗之風雲再起》吧。我很喜歡這部電影。【《東方不敗之風雲再起》是《笑傲江湖之東方不敗》的續集，劇情描述隱居度日的「東方不敗」，爲了摧毀所有打著他的旗號到處闖蕩的人，而決定重出江湖。】

○：哎呀，那部作品我覺得不怎麼樣。

◎：你知道我爲什麼喜歡《東方不敗之風雲再起》嗎？我把它看作一種明星如何自處的隱喻手法。在我看來，「東方不敗」是個明星。人們認爲他是神，他卻說：「我不是神。我是人。人們爲什麼會以爲我是神？我和其他人沒什麼不一樣。」「東方不敗」一心尋找自我。他不喜歡別人對他投以崇拜的眼光。

○：我想，倘若是徐克來導這部電影，效果應該會比較好。事實上，徐克製作《東方不敗之風雲再起》的眞正原因，在我看來，他是想藉此抨擊全香港一窩蜂模仿《笑傲江湖之東方不敗》。

◎：徐克有去片場嗎？

○：他是個大忙人，但還是親自到片場待了好幾天。那場賭博的戲特別好，是徐克導的。

◎：難怪，那場戲非常精彩。

《刀馬旦》（1986）

◎：我非常喜歡《刀馬旦》。我最喜歡的場面之一就是你們去戲園子看戲那一段。你和一個革命黨分子想辦法要讓你父親跑洗手間。可是他太過沈浸在劇情之中，所以碰都沒碰那些加了瀉藥的點心。反而是他的小妾吃個不停，令你很不高興。她越吃越多，你的臉色很不對勁。你的表情說明你的心情。那眞是精采的演出。我很喜歡那場戲。

○：哦，你很喜歡嗎？我好開心。

◎：你第一次看劇本時，得到什麼印象？你當時是否知道自己得剪短髮、穿男裝？

○：電影開拍前，大夥兒先一同讀劇本。那是我拍戲以來，第一次和演員一起讀劇本【編劇是杜國威】。電影公司替我在新世界酒店租了附客房服務的公寓套房，所有演員都到我那兒去朗讀劇本。主要演員唸出各自的臺詞。我們一起把整部劇本唸完，讓所有人了解這齣戲的劇情發展。這種方式我挺喜歡的。開始拍戲之前先了解故事的來龍去脈，可以爲自己的角色做準備。我覺得這是個好主意。一次在葉倩文家、一次在我住的公寓，我們就這麼把劇本從頭唸到完。

◎：你們在香港拍戲很少朗讀劇本嗎？

○：沒有過。

◎：好萊塢都是這麼讀劇本的。

○：沒錯。鞏俐有一次告訴我，大陸也是這樣的。

◎：在好萊塢，拍片之前會排練。通常會有讀劇本的階段。如果演員想修改臺詞，就直接修改。有時會先預演一番，然後才開始拍。

○：好萊塢演員還會排練喔？那麼有名的演員也願意排練？

◎：不一定。我爲電影《愛你在心口難開》（*As Good As It Gets, 1997*）訪問男星傑克・尼柯遜（**Jack Nicholson**）時得知，他和女主角海倫・杭特（**Helen Hunt**）在開拍之前，曾與導演詹姆斯・布魯克斯（**James Brooks**）私下對過戲。

○：那部電影眞是好極了。我非常喜歡。

《刀馬旦》（1986）

◎：你什麼時候看的？

○：片子上映時。

◎：你可以出門看電影？

○：有什麼不可以的？

◎：沒人注意到你嗎？

○：沒關係的。我現在是家庭主婦啦。

◎：你仍然是個大明星耶！我們還是繼續聊《刀馬旦》吧。你事前就知道你在戲裡要扮男裝、得穿軍服亮相？

○：穿軍服、扮男裝，對我來說不成問題。我只是在想，如果我能有一場看起來比較女性化的戲，應該也不錯，徐克照辦了。可是那場戲放在整部片子顯得格格不入。徐克說：「是你要我加這場戲的。」

◎：你指的是三個女孩子圍在壁爐前的那一幕嗎？

○：重點是，我可沒說我要穿低胸晚禮服呀。倘若我沒穿那件禮服，我在那場戲的表現會自然得多。

◎：你的角色的確是全片重心所在，你必須展現各種不同的情感。你是家裡的獨生女，但你爲了建立大有爲的政府，必須背叛自己的父親。我認爲葉倩文和鍾楚紅的角色需要發揮的演技不如你的多。

○：我可以演得更好的。

◎：另外，你還記得刑求拷問那場戲嗎？你落入祕密警察手中，雙臂拉開給鏈子銬住，有人用鞭子抽你的背。之前有一本以你爲主題的書在上海出版，書中說那場戲拍得很痛苦。你有受傷嗎？

○：當然沒有啦！還沒拍那場戲以前，我對那場戲很反感。你知道嗎，每次我在電影中看到牢獄場面，獄卒用鞭子抽人，總是令我作嘔。我不想看那種畫面。所以我說：「我不喜歡刑求場面。」徐克說：「沒問題的，相信我。」我想，我應該信任徐克才是。我一向很信任徐克的。如果他覺得沒問題，我就閉嘴。所以我說：「好吧，試試看。」結果那場戲拍得很感性也很性感。

◎：拍得很美。

○：我猜，那場戲讓你對於刑求有了不一樣的感受，對不對？和其他電影不一樣。看起來沒那麼粗暴，對吧？

◎：很粗暴，但是你很美麗。我想徐克是愛你的。我的意思是，導演非得愛他的演員，才有辦法創造出那般精采的場面。

○：徐克有出色的觀察力。他一邊觀察一邊導戲。他的觀點很獨特。

◎：開拍後的劇本與你當初讀劇的時候有沒有不同？

○：沒有哪個人的劇本改得比王家衛兇。用他的劇本，就算片子已經開拍了，你還是不曉得自己的角色到底怎麼回事兒。等到你的戲分拍完了，你所知道的也僅止於自己的角色而已。就以《重慶森林》爲例，我的角色一開始是演員，並不是毒販。

◎：他不想告訴別人劇情到底要怎麼走，或者眼前的狀況又是如何。

○：他會說出來，但是沒一會兒他又改了。當他覺得這樣比原來那樣好，或者看到什麼有趣的東西時，他就會更改劇情。

◎：徐克的電影常常更改劇情嗎？

○：更改是有的，不過基本的概念都還在。

◎：跟徐克拍片的感覺如何？很難熬嗎？

○：很不錯啊。拍過王家衛的電影後，我認爲天下沒什麼更困難的事。

◎：因爲徐克算得上是要求很多的導演……

○：但是我喜歡徐克的作風。他讓我知道自己在做什麼。此外，我知道拍出來的結果會很好。所以我喜歡和他合作。

◎：不過，你記不記得有一支錄影帶《林青霞寫眞集珍藏版》（1991）？我記得你提到：「我們拍《刀馬旦》的時候，我有點兒『黐線』。【廣東話，瘋狂、發神經之意。】」那句話是什麼意思？拍片時你覺得緊張嗎？或者，你當時的生活過得不大開心？

○：我有那麼說嗎？我當時的意思應該是指我有些緊張吧。我拍電影的時候，總是比平常還要緊張。其實呢，我是個緊張兮兮的人。徐克對我說：「如果你能像平常一樣，你的表現會更好。」他告訴我，拍電影的時候一定要放鬆。

◎：是不是因爲你是個完美主義者，所以才會緊張兮兮？

○：對。

◎：除了《林青霞寫眞集珍藏版》，你有沒有錄過其他電視節目？在那個節目裡，你回臺灣走訪你生長的地方，像是嘉義和三重。

○：那個節目介紹一些特別的藝人，我是其中之一。我錄過的電視節目就那一個而已。

◎：看了那個節目，我才知道施南生是你的好朋友。本來我連施南生是誰都不曉得。

○：施南生是個正派的人。她個性和善，對朋友掏心掏肺的。我非常尊敬她。

◎：施南生有很好的生意頭腦。她是否給過你不少建議？

○：對。有時我會受她影響。

◎：她告訴我，拍《笑傲江湖之東方不敗》以前，你以爲自己也許要準備息影了。是她勸你打消此意的。

○：沒錯。就在拍《笑傲江湖之東方不敗》的當兒，我得到了《暗戀桃花源》的角色。我拿不定主意，不曉得該不該接？《暗戀桃花源》的舞臺劇版和電影版，我眞的都想演。施南生人眞好，她告訴我：「就算《笑傲江湖之東方不敗》的拍攝進度必須延後，你還是應該接下賴聲川先生的《暗戀桃花源》。」我眞的很感謝她的建議，所以，舞臺劇版和電影版的《暗戀桃花源》，兩邊我都接了。在兩個版本之間的空檔，我去拍《笑傲江湖之東方不敗》。

《新龍門客棧》（1992）

◎：拍《新龍門客棧》時，你在敦煌出外景時左眼受了傷。我手上有一本臺灣出版的書，倪有純寫的《林青霞：敦煌歷險記》。那本書裡有一些你包著左眼的照片。

○：那並不嚴重。現在好多了。

◎：作者在書中提到，事發當時眾人都很擔心。

○：那些箭衝著我的眼睛射過來，可我很清楚，他們必須拍到我的臉部特寫，所以我得把眼睛睜得大大的。後來有一支箭射到我的左眼。當時非常疼痛，我的左眼看見一道很細很細的白線。他們說那是羽毛，其實是眼膜裂開。實在痛得要命。後來我去了醫院，醫生說：「你必須住院，至少休養幾天。」於是我回香港去了。

◎：因爲你受傷了，他們只好修改劇本？

○：對。徐克本人到了敦煌。他想替我的角色拍幾場戲。只是我的眼睛受了傷，沒辦法留在外景場地。倘若當時我在敦煌多留幾天，拍出來的電影就會比現在的版本好一些。我爲此非常遺憾。

◎：他們找了一個長得很像你的人在幾幕戲裡客串演出。她的服裝造型跟你很像，不過我看得出來那不是你本人。這部電影有一場張曼玉和你在浴室裡打鬥的戲。在美國，那是最有名的電影場面之一。我出於好奇，仔細看過慢速播放的連續畫面。那場戲比其他武打場面要好

《新龍門客棧》（1992），左為甄子丹，右為張曼玉。© 思遠影業公司 Seasonal Film Corporation

看多了。

○：氣氛很棒，對吧？我一向喜歡感人的場面，不喜歡打打殺殺。但徐克可不怎麼想拍浪漫的題材。

◎：他就好比史蒂芬・史匹柏（Steven Spielberg）。這種導演拍攝帶有成人愛情元素的電影時，就沒有其他類型作品來得出色。

○：如果拍到一部好電影，就算再怎麼辛苦，我也樂在其中。不過，假使我拍到一部爛片，就算拍得再輕鬆，我也不開心。

◎：拍完《笑傲江湖之東方不敗》後，你必須一而再、再而三演出類似的角色。當時你身處古裝動作片產量暴增風潮的中心點，再度成爲轟動一時的人物。這種情形在你的電影生涯裡發生過兩次。

○：是的，我很幸運。

◎：少有影星能夠二度攀上事業高峰。

○：這一回我比以前成熟多了。知道如何與他人溝通。

◎：你在從影生涯二度大放光彩之際停止接戲，是很恰當的時機，因爲在那之後電影工業開始衰退。

○：你說的沒錯。我結婚後，香港電影走下坡的速度非常之快。

復出傳聞

◎：【我在最後一次訪問林青霞時，向她問起有關她將重出影壇的傳言。】我知道徐克本來希望你在《新蜀山劍俠傳》的前傳【《蜀山傳》（2001）】中擔綱演出。

○：他的確希望我接演。有一天，他問我是否願意替電影製作一個面具模型。我心想，爲戲裡的仙堡布景做面具或塑像，沒什麼問題。我的條件僅有一個——不能爆炸或燒掉它。他說，現在任何效果電腦都做得出來，甚至可以模擬你演戲的樣子，想做什麼統統辦得到。我想了又想，最後告訴施南生我不接這部戲。不過我答應一定出席首映典禮。

◎：那麼，張琬婷找你和張栢芝演母女的事呢？

○：聽說過，不過我們從未討論過此事。對了，你知道有個美國女作家正在寫一本講徐克的書嗎？

◎：我知道，那個作家叫麗莎・莫頓（Lisa Morton）。我知道你曾在一場晚宴上見過她，席間還有徐克、施南生、狄龍和他的妻子陶敏明。徐克對麗莎說，稍晚還有另一個女士會到場。那個特別來賓就是你！當晚你很健談。

○：你怎麼知道的？

◎：呃，這件事是從某個網路討論區傳開來的。你既風趣又友善，令麗莎頗爲意外。許多人以爲你很冷漠。

○：我說了很多跟電影有關的趣事，因爲那

天晚上大家都好拘謹。我讓他們哈哈大笑。

◎：能否說一些給我聽？

○：當晚我提到《笑傲江湖之東方不敗》的最後一場戲。人人都愛那一幕，在我死之前的眼神。那一幕很感人，可是拍攝環境非常惡劣。當時由導演程小東掌鏡，天色就要暗下來了。大家都很緊張，程小東一邊罵髒話一邊喊：「動作快！動作快！天快黑了。快呀。」我告訴自己，這是一場非常重要的戲，無論如何不能受影響，我很鎮定地點上眼藥水，整理好假睫毛。不受到周遭的影響。現場又有砂石，又有噪音。我做好準備，對著攝影機微笑，然後往下掉。那是一個只有幾秒鐘的特寫，可是人人都記得。他們說那個眼神很動人。

◎：還有一場你胸前濺出血來的戲。

○：這場戲必須一次OK。那個機關很複雜。他們在我戲服上穿了個孔，接上管子，這樣血水才噴得出來。如果不能一次OK，準備工作就很麻煩。導演喊：「Action！」我就像這樣「啊——」慘叫。感覺滿噁心的，但我認爲拍得很逼眞。

【林青霞並未出席二〇〇一年七月八日的《蜀山傳》首映會，因爲她忙著爲當時才出生兩個月的女兒言愛籌備隔天舉行的雙滿月宴會。至於麗莎・莫頓，她在二〇〇一年十月出版了《徐克的電影》（*The Cinema of Tsui Hark*）一書。】

5 九〇年代的其他作品

林青霞◯
鉄屋彰子◎

《暗戀桃花源》（1992）

【《暗戀桃花源》是林青霞從影生涯中演過的唯一一齣舞臺劇。劇情大綱是，兩個劇團誤打誤撞，在同一間劇場訂到同一個時段彩排。其中一個劇團的劇碼是愛情悲劇《暗戀》，另一個劇團演的是探討兩性關係的喜劇《桃花源》。林青霞飾演《暗戀》一劇中的女演員，扮演男主角年輕時的女友「雲之凡」。一九九一年九月二十五日至二十九日，林青霞在臺北國家戲劇院登臺，十一月二十一日至二十二日兩晚於香港演出。隔年，林青霞又演出電影版。】

◎：當年你主演《暗戀桃花源》……

◯：這部電影我也很喜歡。我參加了舞臺劇版，演得非常過癮。我本來很怕演舞臺劇，很怕直接面對觀眾，可是我想我非得克服這一關不可。在舞臺上面對觀眾，對我來說是很好的經驗。

◎：所以，在舞臺上表演和拍電影是完全不同的經驗嗎？

○：這是當然的。在舞臺上，你得到的是立即的反應。拍電影，你得等上至少好幾個星期才會知道觀眾的反應，有時得等上好幾個月。舞臺演出是很刺激的。

◎：你當時為何答應演出《暗戀桃花源》舞臺劇，後來還接演電影版？

○：因為賴聲川是傑出的導演和編劇。

◎：接到這分戲約之前，你知道他是誰嗎？

○：在那之前我見過他一次，我也聽說過他這個人。我讀了劇本之後，深受感動。很少有劇本能感動我的。於是我想試試看，因為我認為，就算我上了舞臺會嚇破膽子，在觀眾面前表演也會是很美妙的經驗。我相信這可以幫助我克服恐懼舞臺的心理。再說，那個角色對我來說並不困難。我的戲分不多，只占全劇的一半。你有沒有看過電影版？喜歡嗎？

◎：我看過。我有LD版，可是完全沒字幕，英文或中文字幕都沒有。所以，我很難了解所有細節。

○：但你大致看懂了嗎？

◎：是的，我知道劇情大綱。看到戲裡你說你寫過很多信給男朋友的時候，我掉下眼淚。一九九六年秋天，電影在日本上映，隔年推出錄影帶。我看到日文字幕的時候，就更加明白劇情了。在公園那場戲裡，你靠在鞦韆旁回頭一瞥，那個鏡頭眞美。

○：那個鏡頭非得拍得很美不可呀。導演說：「這一幕很重要。一定要拍得很美很美。」在那個鏡頭裡，我回眸凝視，對不對？

《暗戀桃花源》（1992）© 群聲出版有限公司

◎：令人印象深刻。

○：那個畫面拍得很好。我很高興自己有這樣可以打動人心的電影作品。那齣舞臺劇對我來說是很好的體驗，在那之後，我的演技有很大的進步。

◎：怎麼說？

○：「表演工作坊」劇團成員都是科班出身的。除此之外，全劇進入製作階段之前，我們花了一、兩個月的時間排練。那個時候，導演教了我很多我拍電影時從不知道的事。在我演出銀幕處女作之前，我對電影這一行一無所知。我只是心懷好奇，想試試演戲是什麼滋味。我也不屬於任何一家電影公司。那個年代的演員都得跟電影公司簽約的——好比邵氏或嘉禾電影公司——電影公司會訓練你，保護你，幫你做很多事情。而我是自由身。我的第一部電影《窗外》在香港的票房不錯，接著在臺灣上映的第一部作品《雲飄飄》賣座成績也不賴。所以，從那個時候起，我馬不停蹄地工作。我有很多機會選擇我要拍的電影，因爲有很多製片人來跟我接觸。我不曉得自己到底幸運與否。自從頭兩部電影開始，我不斷拍片，演了二十二年的電影。從未間斷。有時候，也許有幾個月的空檔吧……這就是我二十二年的從影生涯。我拍了快一百部電影吧。

◎：我整理出來的數量，剛好就是一百部電影，有一部客串演出的沒有列入。前陣子賴聲川先生告訴我，你或許在拍電影的過程中對人生有所體悟。

○：的確如此。我從電影之中學到了一切。

◎：我還想問一件事。你有沒有《暗戀桃花源》的音樂錄影帶？那是賴聲川和杜可風拍的，我一直在找。

○：噢，我知道，但我手上沒有。

◎：看來很不容易找到。

○：也許我放在臺灣，但香港這邊沒有。我並不蒐集自己的作品，所以什麼也沒有。你的資料比我手上的多太多了。

同步收音

◎：《暗戀桃花源》是同步收音的電影。同步收音是指在拍電影的同時錄下演員的對白。不過你的電影多半不是配上你自己的聲音。當時你覺得如何？

○：好的專業配音員可以幫到演員，自己的聲音則有眞實感。楊凡才剛拍了一部電影《美少年の戀》（1998），講的是男同性戀的愛情故事，是我的旁白。

◎：你擔任旁白？

○：我很高興有機會用我的聲音演戲。楊凡很滿意，因爲我是演員，我知道如何在對白中運用情感。我錄得很開心。所以我想，假如我在電影中用上我本人的聲音，應該會更寫實。只有幾部電影用過我的聲音。其中一部是我的文藝片作品，叫做……

◎：這一部嗎？**【我指著作品一覽表】**

○：對，就是《無情荒地有情天》（1978）。

◎：這部電影我沒看過，但看過相關文章。

所以那是你第一次用自己的聲音拍電影。

○：對。

◎：一般來說，香港電影多半不以同步錄音方式拍攝，就算有時演員的聲音眞的派上用場也一樣。拍攝工作結束後，再由演員親自配音。像《滾滾紅塵》這樣的電影，是情感很豐富的作品，卻沒有用你本人的聲音。我認爲，這對演員而言是很洩氣的事。

○：倘若當初他們用我本人的聲音，效果會好很多。

◎：你拍完《滾滾紅塵》後，有沒有和配音員討論過？

○：沒有。他們都是專業的配音員。

◎：也許有時你會有不同的意見？

○：沒有。因爲從我開始拍電影，都是配音員配音，我以爲那是理所當然，所以沒什麼意見。有時我會去找配音員聊天，那時就會給點意見。看他們工作很有意思。

◎：除了《暗戀桃花源》和《無情荒地有情天》，只有另外兩部作品是用你本人的聲音。其中一部是《重慶森林》。

○：《重慶森林》？可是我的臺詞不多呀。

◎：是不多，但你在片中說了英語、廣東話和普通話。另一部是《東邪西毒》的普通話版本。你拍戲的時候，通常是用普通話講對白嗎？

○：有時候用普通話，有時候用廣東話。在

攝影機前面，我比較喜歡講普通話，因爲對我來說比較自然。講廣東話很不自然，我演戲會比較「用力」。

王晶的電影與其他作品

◎：你與導演王晶合作了《鹿鼎記II神龍教》（1992）。【王晶是香港影史上近年來最成功的導演之一，集製片、導演、編劇、演員身分於一身。我沒有把《鹿鼎記》（1992）列入林青霞作品年表，是因爲她只在片尾客串演出，而且沒列入該片演員名單。】《鹿鼎記II神龍教》是諷刺性質的模仿作品，拿《笑傲江湖之東方不敗》裡的「東方不敗」開玩笑。拍片的過程開心嗎？

○：還好。

◎：你爲什麼會和王晶合作？

○：不是爲了王晶，而是爲了周星馳。

◎：噢，周星馳呀。你與周星馳合作之前就認識他了嗎？那是你首次與他合作呢。

○：不認識。他是【香港影壇】一等一的喜劇演員。大家都在談論他。我心想，跟他合作，應該很不錯，同時我也想從他身上學點什麼。

◎：結果你學到了什麼？

○：他演戲很輕鬆，臉上是沒有表情的表情，所以很好笑。

◎：《追男仔》呢？那也是王晶導的喜劇片。跟王晶合作是什麼感覺？

○：跟王晶合作，感覺非常輕鬆。拍片過程

沒有什麼難處，因爲他這個人相當實際。他是編劇，所以他可以爲了配合你做改變。拍他的電影從來不必加班。拍完了自己的戲分，可以提早收工回家。所以這對演員來說是非常、非常輕鬆的事。假如演員的要求不多，就沒什麼難的。演員可以非常輕鬆。我自己卻很掙扎。我是滿嚴肅的人，所以不太擅長喜劇表演。

◎：王晶式的喜劇。

○：對，你必須信任王晶式的風格和他的幽默感。假如你認同他的風格，就會拍得很開心。工作時間不會太長，工作時氣氛也很和樂。你聽到很多笑話，人人一派輕鬆，就連導演也不例外。現場準備了很多食物、水果，什麼都有。拍戲就像出門野餐。

◎：談談《射雕英雄傳之東成西就》吧（1993）？

○：那部片子我也不喜歡。

◎：因爲王家衛的《東邪西毒》拍攝工作尚未結束，他的朋友、製片人劉鎭偉便出任導演，找《東邪西毒》的原班人馬合作拍成《射雕英雄傳之東成西就》，在一九九三年農曆春節檔期上片。他們說，這部電影只花了九天就拍完了。

○：拍攝時間的確很短。

◎：而且是喜劇。我是說，不光是你，每個角色都很滑稽。

○：我沒什麼感覺。我也不清楚那部電影到底在講什麼哩！【大笑】每回導演跟我解說劇情，我都沒有眞正弄懂他的意思。

◎：你的戲分多半是和張國榮一起亮相。戲外你們是朋友。

○：我們在拍這部電影時認識的，那也是我跟他首次合作。

◎：對了，在動作片裡，有人打中你的時候，你會噴出血來。那種假血是什麼東西呀？

○：那是咳嗽糖漿混了紅色色素和水調出來的假血。

◎：所以萬一你把它吞下去也沒關係。在拍《火雲傳奇》（1994）的時候，有沒有因爲火而發生意外？

○：拍那部片子的確很危險。有一個小女孩給火灼傷了臉。不過我自己倒是還好。他們替我加了防護措施。

◎：手套嗎？

○：不，不是手套，而是某種凝膠。首先呢，你把凝膠抹在手上，然後才點火。這樣就不會被燒到。【當我告訴她我滿喜歡《火雲傳奇》時，她很吃驚，叫了聲「哎呀」。】有一些武俠片我是眞的不太喜歡。

◎：這我明白。不過無論如何，對我來說，你的表演是賞心悅目的。《刀劍笑》（1994）也不是太好的作品。你在片中只出現三十分鐘而已。令我意外的是你演的是個男人。這是一部怪異的電影，但你在片中還是很美，表現不錯，所以我可以接受啦。

○：不，那部電影很糟糕。這是我婚前拍的最後一部電影。【雖然《重慶森林》在二月開拍，時間早於《刀劍笑》，但《重慶森林》在她一九九四年六月結婚之前才殺青，當時《刀劍笑》早已殺青。】

◎：好萊塢有沒有找你談片約？

○：有的，找過幾回。《電影評論》雜誌那篇文章刊出後（1996），我從徐克的太太施南生那兒聽說的。因爲好萊塢那些人聯絡不上我，就找上了她。她說，劇本不怎麼樣，就替我回絕了。

◎：噢，這樣好。

○：有時候，好萊塢電影給華人演員的角色不是很好。他們要我在那部電影裡演越南人。

◎：我知道。他們分辨不出華人、越南人、日本人、韓國人。他們以爲東方人、亞洲人全都一個樣。他們對各種文化和其中的差異所知不多。

○：西方人自以爲很懂，但他們爲我們打造的形象與現實不符。

◎：所以，如果你拿到很好的劇本，你會去好萊塢拍戲嗎？

○：應該不會。

電視廣告與合作男星

◎：你拍過的廣告我大部分沒看過。你拍了很多廣告嗎？

○：不太多。

◎：一開始，你拍了一款香水廣告。一九八四年吧，好像是蓮娜麗姿（Nina Ricci）還是別的牌子？

○：第一支廣告是麗仕（Lux）香皂。

◎：麗仕香皀。梁普智導演的嗎？那是首次由華人影星拍攝的麗仕產品廣告。

○：我想是吧。

◎：麗仕一向找大美女擔任廣告主角。噢，要是我看過那支廣告就好了。結婚之前，你是否拍了很多廣告？

○：沒有很多。像是電鍋、汽車、化妝品之類。我拍過卡拉OK伴唱機廣告。拍廣告的工作時間不長，酬勞不錯。通常只拍兩、三天。

◎：還有，你也可以扮演與電影中完全不同的角色。所以有時也算不錯的調劑。

○：對。我也曾經替《東周刊》拍廣告。

◎：我看過你爲《東周刊》代言的「東方不敗」造型。你和日本人合作的廣告是哪一支？

○：卡拉OK那支。

◎：與日本人合作和與香港人合作，兩者有什麼不同？

○：那是我第一次和日本廣告界合作，他們的作風很不一樣。

◎：怎麼說？

○：他們相當客氣，很有禮貌。我記得，每次我一走進攝影棚，他們就開始鼓掌。

我好尷尬。還有，日本人非常敬業，非常有效率。

◎：你拍的那些廣告，你喜歡嗎？

○：我喜歡麗仕那支，也就是我的第一支廣告。

◎：你的廣告都在哪些地方播放？

○：有些在臺灣，有些在香港，有一支在中國大陸。

◎：我得簡單地問一些問題，都與你同臺演出的男星有關。你和很多男星合作過。你分別和秦漢和秦祥林合作了二十部電影。和鄧光榮合作九部、和鄭少秋合作四部，除此之外還有很多。

○：嗯，那一代的男星我幾乎都合作過了。

◎：張國榮呢？

○：張國榮……他是個非常聰明的人。有時他會提供意見給導演參考。我認爲這樣很好。張國榮是優秀的演員，非常敏銳。

◎：你和劉德華合作了兩部電影。他一見到你便說不出話來，因爲你的容貌如此美麗。

○：劉德華是個好好先生。他想讓我開心。

◎：有一回他接受訪問時，記者問他，對他而言何謂美麗，他的答案是你的名字。

○：眞的嗎？【大笑】他可是個奇人呢。他不需要睡眠，花很多精力在工作上。

◎：我很好奇，關錦鵬是否曾爲了他的紀錄片《男生女相》要求訪問你呢？

○：有的，但我沒答應，因爲我婚後一直過著低調的生活。

◎：你看過那部紀錄片嗎？

○：看過。我覺得還可以。

◎：張國榮說，你在《笑傲江湖之東方不敗》裡看起來根本不像男人。

○：因爲我是演變了性的男人。

◎：徐克說：「你越是扭轉她的外型，就越有意思。」我認爲他對你知之甚深。

○：他是很了解我。

有志者事竟成

◎：其實我覺得有些尷尬，不過還是得提起你在《白髮魔女傳》（1993）【于仁泰執導】裡的情慾戲。那部電影裡有很激情的場面。我非常喜歡《白髮魔女傳》。你表達了你的愛恨情仇，張國榮和你有相當性感的演出。那幾幕拍起來順利嗎？

○：張國榮幫了我很多。

◎：也許那是因爲和你搭檔的男星是張國榮，你才有辦法拍那幾幕戲？

○：我發現，導演和工作人員在這部電影的拍攝過程中也一樣很有誠意。他們眞的想拍出好電影，我喜歡努力付出、認眞對待電影工作的人，而非只爲了賺錢或商業目的去拍電影的人。也正因爲如此，我才願意接受你的訪問。你很誠懇。在此我送給你一句話：「有志者事竟成。」【她用中文寫給我看。】你知道這句話是什麼意思嗎？

◎：不太懂。

○：意思就是，如果你想做成一件不太可能做到的事，你用你的誠意不斷嘗試，總有一天那不可能也會變得可能。

◎：噢，我也有類似的座右銘。自從我去了美國，直到今日在洛杉磯定居，我的心得就是：如果我眞心想要什麼東西，千萬不能放棄。不要放棄。

○：絕對不要放棄。如果你懷抱著這樣的座右銘，你在工作、人際關係、事業等各方面都會成功。

◎：希望如此。

○：你曉得我爲何同意參與你的採訪計畫嗎？那是因爲我佩服你這種精神，而且你的信念與我的座右銘是一致的。這就是我答應讓你採訪的原因。

◎：你在威尼斯也曾接受採訪。

○：對。這是婚後我頭一次接受採訪呢。

◎：是，我知道。大家都說，要採訪到你本人是不可能的，因爲我既不有名、也不有錢、更沒有任何能打動你的特殊之處。每個人都說：「不可能的，不可能的……她不會接受採訪的。」

○：我答應採訪，是因爲你很有誠意。

◎：非常謝謝你願意接受我的採訪。這是我的夢想，而且我之所以成爲你的超級影迷，我認爲是命運使然。如果這是命運，我想總有一天我會有辦法見到你的。只要我還活著，我就會一直嘗試下去。我想見你一面，因爲我想親口對你說一句發自內心的話：「謝謝身爲林青霞的你。」

○：【她的神情非常驚訝】噢，你眞是太客氣了。

◎：你的表演，你的電影，給了我、或者說給了很多人充沛的活力與靈感。在我心情非常低落的時候，我會看《刀馬旦》，因爲它對我有鼓舞作用。

○：我很高興！至少我做的事情能帶給你一些好處。

◎：噢，當然有囉！《刀馬旦》或《笑傲江湖之東方不敗》，都是充滿活力的電影，而且我從中得到了鼓勵，就像是「好吧，今天過得不如意，但明天又將是美好的一天」之類的效果。你帶給我希望、活力、鼓勵，還有一切。這就是爲什麼我想親自對你說聲「謝謝」的原因。你的表演眞是太出色了！

○：我也想向你道謝。你如此讚美我的作品，也鼓勵了我。

◎：所以，如果有朝一日你碰上很好的拍片計畫，請你一定要出來拍電影。你從來就沒說過你息影了……

○：我從沒說過退休。因爲我不喜歡這個字眼。

我見到一朵花的時候，
我便眞心去欣賞那朵花。
我全然樂在其中。
那就是愛。

二、她的人生

1 近觀她的生活

林青霞○
鐵屋彰子◎

【我二度訪問林青霞的地點是她位於美國加州舊金山的家。她的家人在一九九七年夏天來此度假。再度見到她是我莫大的榮幸。親自到她府上拜訪對我別具意義，因爲她就是在這裡舉行婚禮。我在加州蒙特利公園市一家中文書店裡成堆的舊雜誌中，翻出一本我到訪舊金山前一年出版的某臺灣周刊，周刊裡有一篇與她的婚禮有關的文章，文中提到林青霞對婚禮彩排的看法，令我動容：「婚姻應該是一輩子只有一次的事，沒有必要排練。」我明白她這句話的意思。雖然我因爲迷了路而遲到一小時，她見到我時仍然面帶微笑。以下的訪問經過編輯，也加入一些其他場合的採訪內容。】

舊金山的家

◎：眞抱歉我遲到了。我給計程車司機看了地址，他卻開到另一區的同名街道。

○：這比開到正確的地址還要困難吧。【大笑】

◎：非常謝謝你讓我到府上拜訪。

○：別客氣。我不想麻煩你老遠從洛杉磯飛過來。要是我人在洛杉磯，對你來說應該比較方便。不過，你爲了採訪不得不北上舊金山，所以我想，你跑這一趟很麻煩吧。

◎：一點也不麻煩。能再次見到你實在太榮幸了。我跟別人說我見到林青霞了，大家都不信呢。

○：給他們看我們倆的合照呀。

◎：我有啊。今年四月，我訪問《白髮魔女傳》（1993）導演于仁泰的時候，他問：「如果你有她的照片，能不能給我看看？」我把照片拿給他看，他說：「我能不能讓鮑德熹看看？他人就在剪接室裡。」【鮑德熹是《白髮魔女傳》的攝影師。他以《臥虎藏龍》（2000）贏得第七十三屆奧斯卡最佳攝影獎。】

○：我好久沒看到他們了。

◎：他們說：「噢！她還是好漂亮、好苗條。」我說：「那當然啦！」我看著他們仔細端詳你的照片，才明白我能見到你本人是多麼幸運的事。你是個超級大明星呢。人們都把你尊爲女神。

○：我把自己看得很平凡。我以平常心待人，別人就會和你相處得很自在，你讓別人覺得自在，別人就會喜歡接近你。

◎：要接近你眞的需要勇氣呢，因爲眾人把你看得高高在上。

○：你見過我以後還這麼想嗎？

◎：我見了你，才明白你眞的是非常親切的人。有時候，女明星會擺出趾高氣揚的模樣，但你不是。

○：我不想成爲那樣的人。

【我們走到後院，在游泳池畔的椅子落坐。有趣的是，她居然不曉得游泳池裡某個角落裝有按摩浴池設備。】

○：我以爲這是夏天給小孩子用的游泳池。

◎：這是你家吧？你結婚三年了耶。

○：我們一年只來一次，而且只小住一會。每回過來住，會一點一滴發現新的事物，譬如院子裡有某種果樹，或某種花卉。有一次我發現一大片粉紅色的花盛開，眞的好漂亮。那是我頭一回看見那些花，因爲每年過來的季節不同。我也很喜歡梅子樹。現在很難找得到這種酸梅了。我小時候在臺灣吃過。我在這兒發現梅子樹時，好高興呢。

◎：你在這裡會下水游泳嗎？

○：我喜歡游泳，但是這個游泳池對我來說太小了。

◎：說到游泳，我看了《八百壯士》（1976）。你爲了在冬天可以順利拍這部片子，必須在秋天把游泳學好。

○：對。我學游泳，就是爲了拍那部電影。

◎：有沒有學些別的？

○：騎馬、功夫、中國傳統舞蹈，都是爲了

拍電影所需。

◎：你的表現看起來渾然天成。因爲你是優秀的女演員。

○：演員表演的時候就得有架式。

◎：你曾說過，拍完王家衛的電影後，做什麼事都變得比較簡單了。這麼說來，《重慶森林》算是難度最高的作品了？

○：嗯……該怎麼說呢？我參與《暗戀桃花源》（1992）演出後，對我來說，表演變得容易多了，因爲我眞的學到演戲的方法。在那之前，我沒有機會學習表演。第一部電影在香港上映時，我一夕成名，成了明星。從此以後我不斷工作。我沒有時間學習，也沒有人教我。

◎：我認爲你的演技很自然。我不喜歡那種太過精密計算的演技。有些演員抱持著炫耀的態度，「瞧瞧我的演技有多了不起」這類的心態。我不欣賞。

○：如果你用很自然的方式表演，大家便不會感覺到你是在演戲。**【她很好奇我怎麼會變成她的影迷】**我的作品之中，你最先看的是哪一部？

◎：你的作品之中，我看的第一部是《警察故事》（1985）。前些年日本、美國吹起香港電影熱潮，我才知道你的大名。

○：我是在一九八五年拍那部電影。

◎：一九九四年我在洛杉磯看了《警察故事》，從那以後我就一直找香港電影來看。朋友帶我去洛杉磯附近的蒙特利公園市一家錄影帶出租店，我在那兒租了很多香港電影，其中一部是《龍門客棧》

（1992）。

○：《笑傲江湖之東方不敗》呢？

◎：我想，我一定先看了《笑傲江湖》（1990），只是那部片子和《笑傲江湖之東方不敗》的劇情並不連貫。我等到這三部曲——《笑傲江湖》、《笑傲江湖之東方不敗》、《東方不敗之風雲再起》——都湊齊了，才一起租回家看。這三部電影我是一九九五年看的。我成爲你的影迷是拜《龍門客棧》之賜。

○：我的作品之中，頭一部讓你喜歡的是《龍門客棧》？那是我最後幾部電影哩。

◎：那應該不是最後幾部吧，一九九二年的片子。

○：一九九二年，也算是最後幾部了吧。在那之後大概只拍了五、六部。

◎：你在《龍門客棧》之後又拍了十五部電影。

○：我在一九九四年六月二十九日結婚。

◎：我曉得。我在一本臺灣的雜誌看過你婚禮的照片。好美，好感人。

○：所以你是幾年前才發現我這個演員的嗎？

◎：是的。我在一九九五年看《龍門客棧》。兩年半裡，你的作品我看了三分之二左右吧。大約二十年前，我看過香港的功夫片和成龍的電影，可是都不怎麼樣。我也不太喜歡許冠文的喜劇片。等我去了洛杉磯，卻一直沒看過任何香港電影，直到三年前才有機會。《龍門客棧》裡我最喜歡的是張曼玉和梁家輝的洞房花燭夜，你非常悲傷，捧著酒桶灌黃湯，眼淚滴下來。

○：那是非常感人的一幕。

◎：看到那幕戲的時候，我說：「哇，這場戲太棒了。我很難不成爲這個演員的影迷呢。」我心想：「她本人一定也很棒。」你和你的戲觸動我內心的某個部分。後來，我看越多你的作品，就越喜歡你了，不管是你本人或是身爲演員的你。

○：眞好。你看過我二十歲以前拍的電影嗎？

◎：我看過你的銀幕處女作《窗外》（1973），也看過《女朋友》（1975）和《古鏡幽魂》（1974）。

○：都是很早期的作品。《古鏡幽魂》是我的第三部電影。

◎：第四部。

○：這些事情你比我還清楚！【大笑】

適當的時機，適當的對象

◎：你會不會懷念演戲的時光，那種五光十色的生活？

○：我不會去想這些事情。不過，假如我看了一齣眞正的好電影，我會有懷念的感覺。通常我是不會想念從影時光的。我喜歡演戲，所以我在這行待了二十二年。我非常認眞。早期在臺灣的時候，我常常一次軋五到六部戲。整個星期沒睡好覺，一天只有兩、三個小時可以瞇一下。很少有機會躺上床。在這種情況下，我還是能夠演戲，而且繼續留在電影圈。後來，動作片越來越熱門。拍動作片眞的很難，而且非常辛苦。那段期間我覺得很累。在我結婚前幾年，我愈來愈不想拍電影了。我眞的很想建立自己的家庭——過去我從來沒想過這件事。像我這樣的女孩子，想在香港求生存，可不是件容易的事。有時我會覺得很孤單。那時的我非常孤單寂寞。回家的時候，沒有人與我分享我的快樂、悲傷，沒有人分擔我的疲憊與情緒。我非常疲倦。我眞的認爲我需要擁有家庭。

◎：在你結婚之前，你接受訪問的時候大多表示你不想結婚。

◯：那是實話。以前我不想結婚。也許那時候我還不夠成熟。

◎：說不定你當時的男朋友【我指的是秦漢】還不夠好？

◯：我的男朋友？不，那不是原因。我只是認爲，如果我結了婚，我就不能做自己。

◎：你指的是演戲嗎？

◯：任何一件事。我以爲結婚以後就不能做自己喜歡的事情。或許那時候我只想到我自己。非常自私。

◎：所以，你認識Michael（邢李嫄）的時候，是碰上適當的時機嗎？

◯：適當的時機，加上適當的年齡。

◎：還有適當的對象。

○：對。

◎：在你結婚以前，我從沒看過你如此輕鬆的模樣，神情這麼愉快。過去你與前男友在一塊兒的時候，我絕對沒看過那種滿足的表情。我看過很多你和他的合影，可是那些照片不見得傳達出快樂的感受。和Michael在一起，你眞的一直很……

○：一直很輕鬆，而且可以忠於自我。我結婚以後，報章雜誌刊登的照片，和以往的照片不太一樣。我的朋友們說：「來，把你現在和過去的照片比較一下。」果然有很大的不同。以前，我整個人很緊繃，防禦心很重。現在，我比較沈穩、自然、不做作。

◎：我眞的很爲你高興。不過，儘管如此，哪天你要是發現了合適的拍片計畫，拜託你一定要重返銀幕。你的天賦白白浪費，眞令人惋惜。

○：你認爲我有天分？我不這麼想。

◎：此話怎講？

○：我猜，觀眾只是喜歡我這個人罷了。

◎：你有什麼能耐可以連續拍二十二年的電影？在那些年裡，你超乎尋常地受到歡迎，所以，你是用什麼法子連續工作了這麼多年呢？不僅因爲你生得美麗，或者因爲你是個善良的人。理由在於你有天分。

○：我眞的有天分嗎？

◎：有，你眞的有天分。因爲你有天分，你才會吸引觀眾。

享受生活

◎：至於你的女兒，我知道她的英文名字是Eileen，和中文名字「愛林」讀音很接近。【意思是「愛著林青霞」】這代表你的丈夫眞的很愛你。

○：她的名字是我取的。

◎：你們家那匹馬的名字呢？【邢李家養了一匹賽馬，英文名字是「Michael's Choice」（譯注：「Michael之選」），中文名字則是「百看不厭」。】

○：也是我取的。【我不認爲是她取的】那是我的主意。大家顯然以爲是我丈夫取的。

◎：你平常怎麼過日子？通常幾點鐘起床呢？

○：大約早上十一點起床。【她似乎很晚睡，多半凌晨三點才就寢。因爲之前我造訪香港的時候，她常在深夜打電話給我。】

◎：你在香港的時候都做些什麼？

○：多半都待在家裡。有時會出門跟朋友喝下午茶。不過大部分的時間都拿來陪女兒。有時會看書和寫文章。

◎：香港媒體老是寫你打麻將。你常打麻將嗎？中國家庭的太太是不是很愛打麻將呀？早年的香港電影裡，做老婆的總在

房地產廣告（1992）© 蔡榮豊攝影

打麻將。

○：我以前工作忙，沒什麼機會打，懷孕期間打得比較多，有時在家無聊。也會找人打麻將。

◎：所以，你眞的什麼事也不做嗎？以前，年輕時的你一天到晚工作，沒有時間好好生活。現在，你可以享受人生了。

○：沒錯。我年輕的時候，所有的時間精力都投注在工作上。所以很多朋友告訴我，現在我値得好好享受人生。

◎：沒錯，我有同感。你應該過得開心點。如今你很享受這種平凡的生活嗎？

○：我已經習慣了，而且努力爲平凡的生活增加樂趣。過去，我不知道怎麼過平常生活。我從來沒有經驗。想當年我才高中畢業就開始忙得昏天暗地，長達二十二年。可是現在呢，我可以自由運用自己的時間，我很喜歡這種感覺。和愛林在一塊兒的時候更快樂。我眞的很喜歡跟寶寶膩在一起。跟以前的生活相比，眞是截然不同。

◎：你是否變了很多？

○：我整個人都不一樣了。眞的，我的生活跟以前截然不同。我接受這樣的生活。現在這樣眞的很棒。以前我一心想在四十歲時做個改變。我不希望演一輩子的戲。我想，倘若我一輩子只做這麼一件事，我的人生將會很乏味，但我又不曉得該怎麼改變，剛好在四十歲時遇到適當的對象，也有了結婚的打算。【嚴格講起來，她結婚時是三十九歲】那是理想的時機。我丈夫人非常好，那時候也是我停下腳步、往另一個階段邁進的好時機。所以可說是天時地利人和。如果等到事業逐漸走下坡時才開始改變，就沒意思了。

◎：你在事業達到高峰之際嫁人。時機恰到好處。

○：是的，恰到好處。香港電影工業從那時起也漸漸不景氣了。

◎：你會怎麼描述你自己呢？

○：不是每個人都了解自己的。也許別人比你還要了解你。給自己時間去了解你是什麼樣的人，這樣比較好。一旦了解、認清自己，也接受自己，你就會快樂得多。這就是使我從不快樂的女子變成快樂婦人的過程。

澄清謠言

◎：聽說你曾和鄧麗君一起去過天體營海灘？

○：是啊！

◎：你們爲什麼會去呢？

○：噢，那兒的氣氛非常開放自由。你可以想像一下，像我們這種公眾人物，一舉一動永遠有人盯著，一天到晚接受訪問，實在很不自在。我的意思是，你老覺得大家盯著你，舉手投足怎麼自然得起來呢。在天體營海灘上，沒有人在乎你是誰。他們根本不知道你是誰。你可以脫掉衣服，也不必擔心別人會盯著你瞧。事實上，根本沒有人在看你！在一個毫不做作的地方，光著身子，對著大海天空，那種感覺好自由，像在天堂一樣。其實呢，鄧麗君當初並不想裸泳。我先脫掉上衣，躺在一張椅子上曬太陽。她說：「我才不要。你怎麼敢哪？」我說：「沒關係的。這裡沒人認得你。」我知道她也想體會那種滋味。最後她說：「我也想試試。」【大笑】

◎：你們是好朋友嗎？

○：這該怎麼說才好……我想，她是一個十分保護自己的人，所以她和其他人之間永遠保持一段距離。她誰也不信任。

◎：連你也不信任？

○：我？我想她是信任我的，但仍然與我保持距離。她對我很客氣。要是朋友對你太過客氣，就會產生距離感。我想那不是親密的表示。她很保護自己，也許是不想被人利用。

◎：【一九九四年之前，林青霞有時候會跟記者提起，命理師卜算過她的終身大事。】你相信算命師嗎？

○：我碰到問題的時候，並不會找算命的，假如你指的是這種情況，我沒有那麼信。我相信，人生應該掌握在自己的手中，不應該交由別人操控。一旦你開始請教算命師的意見，以後只要一碰到問題就按照算命師的指示行事，便失去了人生的控制權。再說，找一個根本不認識你的人替你解決問題，這對我來說不合邏輯。

◎：你不覺得有時算命也有幫助嗎？

○：對我來說，算命師有一種類似心理醫師的作用。有時候，一個人極其困惑，不知道往後的路該怎麼走，在這種情況下，也許算命師能有些幫助。

◎：最近【一九九八年四月】有些報紙說你做了某種美容手術或是換膚之類的。是眞的嗎？

○：【大笑】這個傳言我也聽說過。我生產過後，臉上長了一些黑斑。曬太陽之後更是一大塊黑。我從朋友那兒聽來一種改善的方法。用某種保養霜可以讓斑點淡化。所以我在皮膚上擦了保養品。如此而已。沒有做手術。

◎：我想也是。你根本不需要做什麼美容手術。

○：對，我不會在自己身上添加任何不自然的東西。除了關心外表的模樣，我也願意花更多心力投注在我的心靈、內在的修養。

◎：看來，成家對你來說是好事一樁。你變得更踏實了。

○：對，我喜歡幫助別人，讓別人變得更好。我想整個社會已經給了我很多。我相信，如果我能做些回饋，那是很好的事情。我喜歡替身邊的人做些好事。首先我以家人爲對象，譬如嘉蒨【林青霞的繼女】。如果我想做些對人有幫助的好事，我也可以從我的家人和周遭的人開始。

明星就是明星

【一九九八年，我去香港參加香港國際電影節，堅持與林青霞見上一面，因爲我已經決定，要以她爲主題寫一本書。】

○：我聽說你要寫一本關於我的書。會是什麼樣的書呢？你打算訪問我的朋友嗎？

◎：我們在舊金山碰面時，我給你看過一些臺灣和中國兩地與你有關的書籍。內容都不怎麼樣就是了。一九九七年我首度造訪位於臺北的國家電影資料館，館內並沒有與你有關的書籍。我很納悶，如果你是港臺兩地最優秀的女演員之一，怎麼會沒有收藏以你爲主題的好書呢？

○：我不是最優秀的，但我在這行待了二十多年。

◎：而且你從影期間還是赫赫有名的大明星呢。

○：有一件事一直令我懊悔，那就是我的從影生涯沒有什麼代表作。我對我的影迷心懷感激；有他們的支持，我才有這番成績。可是，身爲演員，我眞正的願望是能拍到有藝術性的好戲。所以你才會一直聽到我說鞏俐非常幸運。

◎：鞏俐大部分的作品我都不太喜歡。不對我的胃口。

○：她的角色多半給予她很大的發揮空間。這是所有演員最期望的。

◎：好吧，她是中國最優秀的女演員之一，而且有好的角色可演。但我認爲你是世界上最優秀的女演員之一。

○：你眞會講話。

◎：或許你有所不知，因爲你一直聽到別人說你是明星，而不是演員。可是呢，演員不一定是明星。而明星就是明星。

○：明星也可以是演員啊。

◎：對，我認爲你兩者都是。

○：聽到你這麼說，我很開心。

◎：這是實話。要成爲明星很難。如果你眞的受過嚴格的表演訓練、如果你走運有好角色可演，你可以成爲演員。然而，說到明星，不論你受的訓練多麼嚴格，除非你具備某些特質，否則不可能成爲明星。怎樣才叫明星呢？好比說，我看了你的電影，從你的表演之中得到能量。我看你的電影時，一切都拋到九霄雲外去了。這樣就叫做明星。

○：噢，這種說法很有說服力。

◎：星星是永遠掛在空中的。如果我看見一顆星星，它會帶給我希望、快樂……

○：還有鼓勵。

◎：什麼都有。那就叫明星。凡人沒辦法成爲明星的。

○：哪些場景會帶給你能量……眼神的表演嗎？

◎：我認爲每一個層面都有。你的存在感是很重要的。你擁有銀幕上的存在感。不論片子品質有多差，只要有你在，我看到你就很快樂。因爲你是明星，理由就在這裡。說到鞏俐，《新天龍八步之天山童姥》（1994）就很糟。抱歉，這是我的觀後感。就算鞏俐和你都在主演之列，這仍然是一部很糟糕的電影。你不覺得就是如此嗎？

雖然我不喜歡這部電影，還是很喜歡看到你出現在銀幕上。大多數時候看你出現在銀幕上，我總是心滿意足。因爲你對我而言是明星。我的意思是，不僅因爲你很美麗，也因爲你每每用眼神以及適當的表情展現你的力量。你在銀幕上的風采極具魅力。

○：我實在是受寵若驚。

◎：你眞是太棒了！這就是原因所在……

○：這就是支持我拍了二十多年電影的原因？

◎：對呀！我眞不敢相信，竟然沒有一本夠分量的書來介紹你這個人。一本都沒有。所以我想動筆寫一本出來。

○：那些出版有關我的書的人，很少有人認眞作過研究。很難有像你這樣執著地堅持實踐自己夢想的人。

◎：這是我的夢想。我成了你的影迷之後，花了兩年的時間才見到你呢。

○：其實你不久前才聽說過我這個人，可是你居然做了這麼多研究。

◎：我想辦法閱讀中文書籍，得到不少資料。我發現每本書都有一些問題。各有錯誤之處。有一本把你的生日寫錯。有些寫了完全不正確的事情。

○：那些都是只爲了賺錢而出的書。他們對我或者我的生活沒有半點兒興趣，只要認爲是能賣錢的東西就印刷成書。其實，那些以我爲主題的書跟我毫無關係。而且，其中大部分的書我連聽都沒聽過。但我又能怎樣呢？我不想把事情鬧上法院，那樣只會讓大眾更注意到那本書，這不是我要的。我也不想浪費時間去對別人解釋書裡哪些是對的、哪些是錯的。

◎：我的研究經費全是自掏腰包，但我樂意之至，因爲我有夢想，也因爲我認識了你——一個我眞心欣賞的人物。世上有太多人一輩子沒機會欣賞某種事物或某個人。而我的願望是見到你本人。對我來說，如果我想見你一面，我得先知道你的事才行。然後我才可以從你身上了解你這個人。在我見過你之後，我眞心喜歡你，因爲你非常細心體貼。

○：我只是儘可能和氣待人罷了。

◎：你有善良的心。打從我訪問你之後，我認爲我有辦法寫出以你爲主題的書。我沒有名氣，但至少在我死去之前，我能留下一本不錯的作品，這本作品就是以你爲主題的書。所以我決心要寫出個名堂來。

○：我眞的非常感動。

◎：我是個幸運兒。這本書……有一半的內容是別人對你的看法，另一半則是你對自己的看法。我十分感謝你的配合。

2 她的朋友

林青霞◯
鐵屋彰子◎
賈安妮◇

【我訪問徐克的妻子施南生時，我問她：「想了解林青霞，除了採訪你的丈夫，我還應該找哪些人聊呢？」她給了我幾個人的名字和電話。其中一人是賈安妮，她從一九七二年起就成爲林青霞的圈外友人。我想，在我聯絡賈安妮之前，最好先取得林青霞的同意，因此我第三次見到林青霞時便問她，我能否訪問賈安妮。林青霞同意了，並親自打電話通知賈安妮，請她去我們碰面的地方會合。】

四分之一世紀的友誼

◯：這位是賈安妮。她和許多頂尖的藝人都是好朋友，包括張國榮、鞏俐、多位京劇明星，還有很多人。

◇：青霞是我的第一個明星朋友。我在中國大陸有很多朋友。我在上海有自己的事業，每次去上海，朋友便找他們的朋友一起參加聚會，而他們的朋友也會各自帶朋友加入。

○：她待人很好，心地非常善良，所以人人都喜歡親近她、跟她做朋友。我們認識超過二十五年了。我是在火車上認識她的，當時我正在拍第一部電影《窗外》。

◇：那是我頭一回去臺灣，我的朋友——也就是宋存壽的太太——問我想不想去外景場地看看。我們便結伴去嘉義參觀拍片情形。

○：徐楓也是安妮的朋友。【徐楓是以主演胡金銓電影出名的女影星，也是《霸王別姬》（1993）、《今夜星光燦爛》（1988）、《滾滾紅塵》（1990）等片的製片人。】

◇：那時青霞才十七歲，清純得像蘋果或一朵花，令我吃驚。我心想，這女孩子以後會大大出名，變成大明星。當時她好清純、好美。

◎：安妮，聽說你不是電影圈的人？

◇：我不在電影圈，但圈子裡大小事我都知道。

○：她人非常和善，幫了好多藝人的忙，所以我總說她是現代菩薩。眞正的菩薩。

◇：謝謝你這麼恭維我。我想，青霞已經長大了，變得好成熟。以前呢，她是個備受寵溺的女孩子、備受寵溺的電影明星。現在呢，她和朋友打成一片，了解朋友的困難，解釋問題，聽人訴苦。她變成一個很好的聽眾。

○：我會給朋友一些建議。

◇：她很沈穩，知道如何解決朋友的痲煩事兒，特別是情緒感受的部分。她可以和朋友談心事。

○：要是說假話，就沒辦法做朋友了。

◎：我曉得青霞昨晚【一九九八年四月十九日】去聽葉倩文和林子祥的演唱會。安妮是不是也去了？

◇：對。我們一塊兒去的。

○：還有楊凡。

◎：你和楊凡認識？

○：我拍《金玉良緣紅樓夢》（1977）時就認識他了。他替我拍照，但一直到我結婚後我們才熟絡起來。我婚後常和楊凡碰面。楊凡人很瀟灑。我喜歡這樣的人。我們一塊兒打過幾次牌之後，對彼此愈來愈了解，於是成了朋友。

◎：我的朋友也去聽了演唱會，還說看到你們在臺下跳起舞來！

○：昨天晚上，我坐在那兒超過兩小時。平常我不喜歡引人注目，但昨晚我想活動一下。我們坐了很久。所以我跳一跳舞，運動一下！

◎：你喜歡那場演唱會嗎？

○：我覺得很不錯。平常我不太喜歡聽演唱會。要我坐上兩、三個小時，我沒那種耐性。

◎：你怎麼不跟老公一起去呢？

○：他對演唱會和電影沒興趣。《鐵達尼號》

林青霞（左）與賈安妮（香港，1998）© A. Tetsuya

（1997）我也是自個兒去看的。

◇：【賈安妮對我說道】你一臉驚訝的樣子！

○：我不喜歡勉強我老公。

◎：一、兩年前，你們夫妻倆曾一同去看賽馬。

○：因爲我們家的馬兒上場比賽。

◎：府上的黑馬很漂亮。有一次我在電視上看過牠出賽。

◇：那匹馬很出色。他們夫妻能擁有一匹好馬，眞是幸運。

◎：你像這樣出門的時候，有沒有路人會向你要簽名或者拍照？**【我們這次會面的地點是在某個飯店大廳】**你會不會介意別人注意到你？

○：簽名還好，但照相就不必了。我不想拍照，因爲我不再是電影明星了。

◎：我有照相機，可惜不能拍照。

○：可以啊，你可以拍。

◎：我好幸運！

◇：對，你眞是太幸運了。

○：【林青霞對賈安妮說道】因爲彰子很誠懇，她眞的做了很多令我感動的事。我不想拒絕她，她眞的是一而再、再而三不斷嘗試。所以我想，還是幫幫她好了。

◎：我眞心想做一件事的時候，是絕對不會放棄的。

○：我欣賞這種精神，因爲我自己也是這樣。就算事態看起來沒指望了，我還是必須嘗試到底。我欣賞彰子的精神。她頭一次要求訪問我的時候，我沒答應。彰子的第一封信和第二封信我都沒有回，但她又寄了好幾封信，我考慮一番之後，終於答應她的要求。彰子是日本人，她做了好多研究，我的每一部電影她都曉得。每一部電影的導演是誰、合作演員是誰、電影類型、上映年分，她統統知道。她的資料一應俱全。【林青霞指的是我製作的作品年表】

◇：我的老天爺！【賈安妮看著作品年表】說不定青霞本人也記不全所有的片名哩。她只記得自己拍了將近一百部電影。

○：我到底拍了幾部電影？

◎：一百部。在《鹿鼎記》（1992）裡，你只在片尾的一幕中出現——一身紅，臉上帶著微笑，就這樣而已。演員表裡沒列你的名字，所以我沒把這部電影算進去。

○：噢，那不算我的作品啦。

◎：這麼算起來，你拍了一百部電影。

備受寵愛的電影明星

◎：安妮，你剛才說，青霞年輕時備受寵溺。

◇：因爲大家都愛她。

○：大家寵我，我卻不知自己受寵。我以爲人人都這樣的。最後，大家告訴我：

「觀眾和身旁的人把你給寵壞了。」所以我得反省一下。這也就是我當初和媒體記者之間互動不良的原因。我不懂得如何與別人打交道……不懂得如何爲別人做事情，不懂得如何關心別人。現在，我懂了。

◇：一部電影就讓她紅透半邊天啦。正因爲如此，她算是很幸運的。人人都喜歡她，還說她是全中國最美的女人。

○：那個時候，他們並不覺得我漂亮，而是認爲我清純，把我歸類爲學生情人。我想，應該是《新蜀山劍俠傳》（1983）的服裝設計張叔平的功勞，是他設計出很美的造型。《新》片上演後，人們開始叫我美女，大美人，爲了不讓大家失望，這給了我很大的壓力。

◎：你原本就很漂亮了。

◇：可是她的美麗與眾不同。我總是對她說：「大城市裡漂亮女人何其多。我們每年都辦香港小姐、亞洲小姐選美，可是她們的美與你不同。」我認爲她們的美是很制式的美。沒有人像青霞這樣。

◎：我同意。你說，香港這兒漂亮女人何其多，但青霞的美麗擁有些許不同的特質。特質之一是你非常上相。

○：謝謝你。

◎：另一點是你的內在反映在你的個性上。

◇：你也曉得，從眼神可以看到眞實的一面。

○：我想，現在我已經變得平易近人許多。

從前的我很難相處。

◇：這是當然的。還有，她變了。以前的她是電影明星。每回我們出門吃飯或相約碰面，她老是遲到。如今第一個到的總是她。

○：因爲過去我得確定自己看起來完美無缺才願意出門。現在呢，我花在梳妝打扮的時間很少。我以前會花很多很多時間打扮。所以過去的我沒有……沒有半點兒安全感。

◇：沒錯。我見過她化妝的過程。花的時間可眞驚人。

○：過去我至少需要一個半小時打扮才敢出門。現在只要十五分鐘左右就行了。

◎：施南生說，你平常在家，根本不在乎身上穿的是什麼。

○：沒錯，我不在乎。

◇：青霞以前很在意他人對她的觀感。現在她的外表亮麗如昔，卻時有變化。有時她穿得像個母親或妻子，有時像個貴婦，有時像個學生。不同的裝扮使人永遠年輕。她的眼神鮮活明亮。

她的婚姻

【隔天晚上林青霞打電話給我。當時我正巧人在下榻處。「彰子，幾個朋友約了明天中午一點四十五分吃午餐。你能不能來？安妮會到場，還有另一個朋友鄭思嘉，她是作家。」無論如何，我可不願錯過與林青霞的約會。隔天賈安妮和我等候林青霞出現之

際，我問了賈安妮更多問題。】

◎：你在一九七二年到《窗外》外景拍攝現場時，頭一次見到青霞。在那之後不久，你與青霞就成了朋友嗎？

◇：是的，她很友善。那時她是個小女生，把我看作香港的有錢生意人。我比她年長，一開始她對我很疏遠。我們聊聊天、相處幾日之後，她就變得比較放鬆、比較友善了。

◎：你們多常見面？

◇：常常見面。我去臺灣，就打電話給她，她會抽空跟我吃飯。我記得有一次我的皮膚出了問題，她還帶我去看醫生，替我準備了藥。她會開車帶我到處走走。她來香港，就由我照顧她，跟她一起逛街。有時她會住我家。我們經常一塊兒出遊。

◎：你認識她的兩任前男友（秦漢與秦祥林）嗎？

◇：認識。他們跟我也是好朋友。我至今仍會去拜訪秦祥林。他住洛杉磯。我每次去洛城就找他碰面。他現在過得很開心。

◎：他娶了一個臺灣女子。

◇：秦祥林的第一任妻子是蕭芳芳。後來也曾與青霞訂婚。

◎：只是沒結成婚。

◇：沒錯！他老婆年紀很輕，所以兩個兒子都是妻子負責照顧。

◎：青霞曾與秦漢交往很長一段時間，但兩

人一直沒結婚。她與Michael閃電結婚時，你很意外嗎？

◇：不怎麼意外，因爲，她對每一個對象付出的感情，我都知道。

◎：我只知道香港媒體報導的東西。

◇：有些人不了解她爲何嫁給Michael，可是我明白。

◎：你曉得青霞和Michael在哪兒認識的嗎？

◇：香港。

◎：在那之前，她在某一場宴會見過他。

◇：對，他們在宴會上碰過。Michael說：「讓我見見林美人。」當時兩人與各自的朋友在一塊兒。青霞的朋友想介紹一個律師給她認識。Michael突然冒出來跟她打招呼。青霞覺得跟他相處起來格外自在。她喜歡跟Michael談天，彼此印象都很好。當時她忙得不得了，每天都很累，有時還生病。所以呢，Michael就在適當的時間去探望她。

◎：香港媒體報導，當時Michael想立刻娶她進門，但她有些卻步……

◇：她已經做好嫁人的準備。

◎：眞的嗎？那麼，據我所知，那時候她不接他的電話，還跑去上海拍片。她生了病，那時Michael人在上海談生意。有人告訴他青霞病了。Michael帶了她最愛吃的大閘蟹，兩人才又再度見面。還有，他要回香港時遇上颱風，班機延誤。於是兩人搭同一班飛機回香港，聊了三小時。

◇：沒錯，沒錯。不過他們倆頭一回見面時，彼此心裡就有感覺了。

◎：那就是一見鍾情啦。當時她在上海拍的是哪一部電影？

◇：就是跟鞏俐合作的……

◎：《新天龍八步之天山童姥》。

◇：我不記得片名，也沒看過。那段時間裡，她很疲倦，卻得拍好多電影。

◎：他們花了多久時間才決定結婚？

◇：沒有多久。我想，大概不超過半年吧。

◎：你有沒有參加他們在舊金山的婚禮？

◇：有。從香港去參加婚禮的只有四個人。除了我，另外三人是徐克、施南生和張叔平。

◎：那場婚禮跟瑪丹娜的婚禮很像。港臺媒體都雇直升機到Michael的住所上空拍照。可是我想媒體沒有得逞。媒體還守在他家大門口超過一星期，甚至試圖買通鄰居，以求拍到邢李家的照片。

◇：你知道得不少嘛。

◎：聽說那場婚禮很感人。不少人都掉淚了。

◇：對，沒錯。很感人、很特別的一場婚禮。我不喜歡香港人辦婚禮的方式。有些家庭在酒店設宴辦喜酒。青霞的婚禮則是在自己家裡辦的，賓主盡歡。氣氛很浪漫。

◎：好多好多鮮花。我看過雜誌的照片。

◇：游泳池裡全是花，到處都是。好美，好浪漫。Michael向青霞的父母保證：「從今以後我會照顧她。」那一刻好些人大受感動，甚至哭了起來。

女人話題

林青霞○
鉄屋彰子◎
鄭思嘉□

【林青霞曾問我能不能替她找到舊作的光碟。這可是我的專長，我很樂意替她效勞。我買了幾張光碟，趁著和她、她的朋友賈安妮與鄭思嘉（作家，當時住香港，現住洛杉磯）吃午餐時拿給她。我把那些光碟拿給大家看。接下來的內容是很隨性的聊天紀錄。】

□：你看過《驚魂記》（1989）嗎？

◎：當然看過啦。希區考克式的電影。

○：思嘉最愛那部片子了。

□：那是我最愛的電影之一。因爲那部片子裡青霞的服裝非常正點！

○：我的服裝？我在那部片子穿的衣服都是Romeo Gigli的。

◎：《眞白蛇傳》（1977）LD封面上寫著「李翰祥執導」。這是眞的嗎？

○：不是眞的。那部電影品質不佳，很糟糕。票房奇慘。多年來所有《白蛇傳》

的電影都不賣座。雖然如此，他們還是拿白蛇做題材，照拍不誤。我也不曉得爲什麼。

◎：你在電影圈的時候，會不會看影評，或者任何與你有關的文章呢？

○：當然會看。我喜歡閱讀。

◎：感覺如何？

○：滿有意思的。

◎：就這樣？

○：有時候會很生氣，有時候很感動。有些文章批評我，有些恭維我。

◎：影迷的來信呢？是否全扔了？

○：有些留著。

□：你有沒有拆開來看？

○：有，我看了。

◎：有一部電影叫做《最後的貴族》（1989），導演是謝晉，在中國大陸拍攝，而你沒有參加演出。那是一九八八年左右的事，當時好像有某種來自臺灣政府的壓力？

○：那個時候有。現在就沒這方面的問題了。那段時期很敏感的。

◎：一九九〇年你拍《滾滾紅塵》去大陸出外景時，有沒有碰上任何問題？

○：沒有。不過謝晉那部電影拍得太早了。

◎：《最後的貴族》應該是臺灣與中國大陸首度合作的電影吧……

○：結果沒有成功。

◎：在那之後，有沒有任何中國大陸的導演跟你接觸？

○：謝晉又找過我一兩次，還是沒談成。

□：對了，你有沒有看過這本書？【鄭思嘉拿出臺北金馬影展執委會於一九九二年出版的《中國電影資深影人❽林青霞》。】

◎：有，我今天也帶來了。這本書絕對是林青霞從影生涯的資訊大全，但裡面仍有幾處錯誤。

○：因爲他們用很短的時間編輯這本書，才花了一個晚上訪問我，全程也許兩小時吧。

◎：【我問鄭思嘉】你怎麼認識青霞的？

□：我是在一九八八或八九年間認識她的，當時她去美國，我替《華盛頓郵報》訪問她。當時華府有一場別開生面的林青霞回顧展。我想那應該是一九八九年年初的事吧。在此之前，一九八八年年底，我在加州和青霞碰面，做了一次訪問。後來我們在華府那場回顧展裡又見到面，當時我就住華府。我們見了好幾次面，慢慢成了朋友。噢，我想起來了，我們是去參加雷根總統就職典禮。那天很好玩。雖然那幾年我就住在華府，但我從沒參觀過就職大典。美國政府在戶外舉辦盛大的就職典禮，青霞拿到幾張入場券。後來呢，我想應該是那年的年底吧，我去了臺灣，出席金馬獎頒獎典禮。後來，直到我搬去香港，我們都有聯絡。

◎：記者能夠成爲明星的朋友，這很難得。

□：非常難得。我來自美國，也不是八卦記者。我想這是原因之一。

◎：你是否知道她的作品呢？

□：嗯。我看過《刀馬旦》（1986）。認識青霞之前，我在某個影展活動看過那部電影。

◎：你是在臺灣出生的嗎？

□：對，後來我的家人移民美國。我在美國長大，所以英文、中文都會說，但中文閱讀能力不好。

◎：你了解她早期的作品嗎？

□：不了解。事實上，一直到一九八九年華府的影展之前，我對她的作品都不太清楚。

◎：當初你對她的印象如何？

□：我認識她之前，只看過一部她的電影。說眞的，我沒想過後來會認識她。其實我當時印象非常深刻，因爲我認爲……

【她用中文跟林青霞說了些什麼】

◎：思嘉在舊金山訪問過我，然後替《華盛頓郵報》寫了一篇稿子。

□：對。那篇稿子寫得不錯。說到訪問，有趣的是，當時我通常不會訪問女藝人。不過青霞的表達能力非常好。

◎：思嘉笑起來聲音可大了！哈，哈，哈。

【林青霞模仿思嘉的笑聲】

□：青霞很好玩。非常有意思的人。

○：我還記得思嘉在那篇報導裡用的照片，我穿一件海軍藍的洋裝。後來我在華府買東西，有個女店員認出我來：「你就是報上那個華人明星嘛！我讀了那篇報導。」

◎：我想，我應該可以在洛杉磯市立圖書館找到那篇報導，對吧？

□：那篇報導登在一月的《華盛頓郵報》【一九八九年一月十五日】，我回去找找我手上有沒有。我確定我有一分，只是得找出來罷了。標題是〈林青霞——東方的明星〉。頭版新聞。【後來鄭思嘉把那篇報導影印一分寄給我】

和鄧麗君的友誼

林青霞○
鉄屋彰子◎
鄭思嘉□
賈安妮◇

□：電影明星都得帶有一絲神祕感，你們不覺得嗎？

○：犧牲很大的。

◎：什麼樣的犧牲呢？

○：對我來說，一個人只有在行爲舉止與內在感覺和諧一致的時候，精神層面才有可能達到最快樂的狀態。如果你試圖扭曲自己的性格去取悅別人，這會阻礙你內在的意識活動……你的感覺會變得不對勁。就我自己的經驗來說，從影生涯初期那些年我一直很不快樂，因爲我失去了眞正的自我。我甚至忘記眞正的自己是什麼模樣。我把自我扭曲又扭曲，迎合我的公眾形象。那就是我不快樂的原因。只有等到我決定接受內在的自己之後，表裡合一，才找到了快樂。還有，爲了保護這分快樂，我只能與願意接受眞正的我的人做朋友。這樣的友情才會長久。在我背後蜚短流長的人，我敬而遠之。

◎：從這種角度來說，鄧麗君算是某種犧牲品，不是嗎？

□：什麼的犧牲品？媒體嗎？

◎：媒體，還有她身邊的人。

○：要維持一個你認爲觀眾期望你應有的形象，是很吃力的。依我看，鄧麗君有可能是她自己的犧牲品。她極端保護自己，與一般人保持距離。在我的感覺裡，她甚至與自己的朋友家人保持距離。有一回，我跟她一塊兒旅行，兩個人在飛機上聊天，她告訴我有個算命師曾經對她說，她注定要住在離家人很遙遠的地方。

□：我以爲你跟她是非常要好的朋友？

○：很多人都這麼想，其實並不盡然。我非常非常欣賞鄧麗君，這分欣賞至今依然不變。當時我眞的希望我能和她成爲很要好的朋友，然而實際上她與別人保持一定的距離。我想我能夠體會她一路走來經歷了多少煎熬、她多麼需要保護自己。因此，對於我跟她的友誼，我很小心翼翼。

□：天哪，我還以爲她跟你是非常要好的朋

友呢。我錯得多離譜！

○：我所謂的朋友，指的是能與你分享一切的人。我會很樂意對鄧麗君傾訴心事，但她卻不會這樣做。

□：你的名氣大得多。

○：不不不。

◎：當時你比較受歡迎，對吧？

○：我不這麼想。我絕對不敢承認：「我是她最好的朋友。」因爲我覺得我在高攀。我非常喜歡她。

◎：她沒有對你敞開心房嗎？

○：沒有。她很保護自己。

◎：不只是你。

○：有一次我人在舊金山、她在洛杉磯，兩個人心情都不好。我們通了電話之後，她獨自開車到舊金山找我，兩人共度幾個小時之後，她就開車回洛杉磯，我很珍惜我和她之間的友誼。她很欣賞我的坦率。我一直很尊敬她，我認爲自己在她的世界裡，還沒達到可以成爲她的知己的分量。

◇：聽說，旁人要聯絡鄧麗君總是不得其法，不過假如她想找誰，她就有辦法聯絡到。

◎：多孤單的生活呀。

○：她在巴黎有一間好漂亮的公寓房子，我頭一回走進去的時候，心想，她把我的白日夢實現了，而且比我夢中想像的更美好。

從清純玉女到成熟風情

◎：【我對賈安妮說】你和很多明星都是朋友？

◇：沒有那麼多啦。

○：有幾個知名影星吧。

◇：【賈安妮對林青霞說】你是頭一個。

◎：訣竅是什麼呢？

◇：友善待人。要有很多耐心和愛心。維持任何一種人際關係，祕訣都是耐心與愛心。只有這兩樣能讓一段感情走下去。

◎：安妮，有沒有人拜託你介紹明星給他們認識？

◇：沒有吧，因爲我不想這麼做。我無意打擾我的朋友，因爲各人有各人的生活要過。我不想帶太多朋友去見某個人。我不談論朋友的事，所以，朋友跟我在一起的時候，他們不會覺得不自在，或者不安心。

◎：你從青霞踏入影壇之初就認識她了，你注意到她最大的轉變是什麼？

◇：她變得非常善體人意，非常和善。而且我忘了告訴你一個形容詞，當我第一次見到她的時候，她好清純……

◎：是的，清純是她當時的招牌特質。【鄭思嘉一聽之下甚表懷疑，無法相信賈安妮與我的說法，因爲她完全不曉得林青霞在七〇年代是大受歡迎的偶像。林青霞對鄭思嘉低聲說道：「沒錯，這是眞的。千眞萬確。別笑了你。」鄭思嘉還

是笑個不停。】

○：那時候我幾乎可說是愚蠢，實在太單純了。

◎：【我對鄭思嘉說】你在笑什麼？

□：這個嘛，眞要說的話，她的確有某些特質……

◇：是成熟吧？

○：她對我的清純年代一無所知。她只認識成熟的我。

◎：因爲你不是在臺灣長大的，從來不知道在七〇年代，青霞有多受歡迎。

□：對，我是沒什麼概念。當然啦，我認爲《窗外》裡的林青霞有一股驚人的純眞氣息。片中的她好年輕。當時你多大年紀？

○：十七歲。

□：好年輕噢。

◇：她的個性開始成熟，我想應該是十年前左右的事。記得某一年有一票電影明星和一些圈外好友一起去泰國皇宮參訪皇室家族。青霞和她母親還有我同住一間飯店。所有人都在大廳裡等青霞，突然之間她從電梯裡冒了出來。在場的明星個個瞠目結舌。她就像是個……【賈安妮說了一句中文】

□：【代爲翻譯安妮的用詞】像個仙女。

○：我還記得我穿的洋裝。黃底藍花。

◇：不光是我，所有大明星都異口同聲地驚

嘆：「哇！」

◎：你就是在那一回救了溺水的成龍嗎？

○：成龍當時也在場。噢，我記得當時我說，我別跳下水比較好。

◎：你沒救他？

○：我有救他的念頭吧，我只記得在場的記者汪曼玲拿著照相機，說：「只要你脫掉襯衫，我就會拍照。」當時我在紅襯衫底下只穿著比基尼，所以我沒脫。

◎：我讀過一篇報導，說你曾經裸著上半身游泳。

○：那是在法國南部。

◇：那是她婚前的事。在泰國那回，我記得我去她的房間，當時她正在化妝。她抹了一大堆化妝品，可是等她化完了以後，看起來就像沒化妝一樣。眞教我吃驚。

○：花了我一個鐘頭呢。

□：你費了那麼大功夫化妝，最後化出來的效果很不錯，因爲你的妝看起來好自然。

◇：妝感不會太重。可是，一張臉竟然塗了那麼多化妝品……

□：青霞有一個好大的化妝包呢。

◎：你怎麼學會化妝的？有人教過你嗎？

○：化妝不必學。如果你是女生，也想讓自己漂漂亮亮的，就會知道該怎麼化妝。沒必要特地學的。

□：眞的？少來了，一定有人教過你。

◇：很多女人不知道怎麼化妝。到頭來，臉上塗了厚厚一層，因爲什麼都想往臉上擦。

○：我頭一回化妝的時候，沒人教過我。我只輕輕地畫一條眼線。

◎：所以你是用觀摩的？

○：有時候是這樣子。有機會就觀摩。

◇：在泰國那次，我記得好清楚，因爲每個人都在大廳等她。她一出現，美得不得了。

◎：就像奧黛麗・赫本在電影《窈窕淑女》（1964）裡那一幕。

□：去泰國是哪一年的事？

◇：想不起來了。

○：成龍拍《醉拳》（1978）那一年。

◎：那就是一九七八年。

□：青霞沒有在《醉拳》裡出現，對吧？

◎：沒有。她和成龍只合作了兩部戲，《迷你特攻隊》和《警察故事》。

○：我不喜歡《迷你特攻隊》。

◎：你是被逼著去拍那部電影的。

□：什麼意思？八〇年代初期嗎？黑道？

◎：所以她才遷居香港。

□：後來香港也一樣。

《銀色世界》1976年第83期

○：後來我就結婚了。

□：其實這樣也不壞嘛，不是嗎？

◎：是啊，因爲電影這行一直在走下坡。

○：安妮說過，我用了最好的方式爲電影事業畫上句點。

◎：可是，假如有朝一日你發現了合適的劇本，我希望你再出來拍片。總有那麼一天的。

○：總有那麼一天。我熱愛演戲，也眞心喜愛出色的電影作品。假如我看了一部精彩的片子，我也會犯戲癮。

◇：我還記得一件事。有一回青霞去大陸拍《龍門客棧》，美麗的眼睛受傷了。【拍片過程中，她的左眼被一支箭所傷】大家都擔心她。我見到她的時候，她已經戴上眼罩。我陪著她一起去醫院。那時我好擔心。幸好現在沒事了。那是在內地很遙遠的地方發生的事情。

○：我從中國的另一端一路哭著回到香港，沿途都在哭。

◎：說到哭，你演哭戲的時候有沒有用什麼東西輔助？

○：當然有——用眼藥水。有些人不點眼藥水就能哭，但我沒辦法。

◇：我母親在《銀色世界》雜誌看到一張青霞的整頁照片，讚嘆說：「林青霞就算是哭，還是這麼美。」

◎：這是眞的。對了，你老是一派輕鬆自得的樣子，至少我跟你相處的時候都是這樣。你有大發脾氣的時候嗎？

○：當然有囉。

◎：你經常把「沒關係」這句話掛在嘴邊。

○：因爲近來我變得更有耐性了。以前，我好幾次大發脾氣，也屢屢情緒崩潰。

◎：那麼，以往你發脾氣以前有什麼徵兆？

○：我不想聊這個。

◎：【我給林青霞看《東方不敗之風雲再起》的劇照，指著她飾演的「東方不敗」】你怎麼有辦法做出如此殘酷的表情？

○：當時我的日子過得慘兮兮，這也是一種發洩。

◎：【我覺得她是在開玩笑】我不曉得你這麼幽默。

□：她這個人眞好玩，我很意外呢。電影裡從來沒看過她這一面。

○：因爲我沒有放鬆。一旦我放鬆下來，很愛開玩笑的。

□：這個嘛，也許是沒碰上合適的劇本讓你搞笑吧。

○：那麼你得替我寫個劇本啦。

只應天上有

◎：安妮，對你來說，青霞是什麼樣的人？你會怎麼形容她？

◇：我已經形容過她啦！她的一切我都描述

過了。

○：彰子的意思是要你講個大概，用幾個字總結一下。

◎：是的。因爲你認識青霞二十五年了。

◇：我沒辦法只用幾句話去形容青霞。她很複雜的。

○：只是複雜而已嗎？

◇：複雜。**【接著她說起中文】**

□：安妮說：「青霞是千面女郎。」

○：我記得成龍有一回形容過我。他形容過很多男演員女演員，我是其中之一。他的說法滿有趣的。我不曉得他爲何會那麼講。記得他說我像一種叫做美洲獅（puma）的動物吧？**【她用中文說了些什麼】**

□：或者是豹子。

○：對，一頭困在籠裡的豹子。

□與◎：眞貼切！

○：你們覺得很貼切嗎？那是什麼意思？能不能解釋給我聽？

□：也許待會兒再解釋比較好。那句話的意思是講一個人活力十足。

◎：你想去探險，但不知如何著手，因爲你被困在籠子裡。

◇：可是她結婚之後就不是那個樣子了。

○：現在我已經出籠啦。

◇：我每次見到她，她的風貌都不一樣，所以我不曉得如何形容她。

◎：思嘉，你會怎麼形容她？

□：噢，我不曉得耶。只用區區幾個字去形容她，很難。

◎：好吧，用一百萬字試試看。

○：你是作家耶……一定曉得該怎麼形容吧。

□：我現在想不出來啦。我得坐在這兒想一想，手邊還得有電腦才行。

◇：好，我知道了，但我只會用中文講：「百看不厭。」

○：噢，我家養的馬就叫這個名字。

□：安妮的意思是：「看了千百次也不覺得厭倦。」青霞一直在改變。所以，怎麼看她也看不膩的。

◎：這是實話。我跟她相處，從來就不覺得厭煩或無趣。

□：眞的耶。你永遠也不會讓人覺得乏味。永遠不會。

○：眞的嗎？噢，這樣挺好的。多謝各位讚美。

◇：好比說，我昨天見到她，今天也見到她。每次我見到她，我總想對她說：「你好漂亮。」昨天，我就想這麼跟她說。她就是讓人想說出這句話。

□：青霞的美只應天上有。

電影宣傳照，約1990年。
© 蔡榮豐攝影

◎：哇，很妙的詞兒！

○：只應天上有？【突然間，青霞明白這句話的意思。】哎呀！我不是啦。

◇：林青霞上輩子必定是個仙女或精靈。

□：嗯，我有個問題。身爲傳奇人物是什麼感覺？

○：我不覺得我是傳奇人物啊。

◇：影迷對你的支持愛戴，我認爲你應該大方接受。

○：我得承認，影迷們眞的很支持我，我也付出了很高的代價。現在我感覺很放鬆。我不是傳奇人物，我是家庭主婦，這樣輕鬆多了。

◎：可是對我們來說，你仍然是傳奇人物。

○：要當個傳奇人物可不簡單。

□：我認爲困難之處在於，身爲凡人，你永遠無法把自己變成偶像。

○：如果你永遠當偶像，便永遠有壓力、負擔、得失心重，也很情緒化。充滿不安全感。

闢謠

◎：好了，我得請教一個冒昧的問題。首先，你看看這段文字。【我向林青霞出示摘錄自臺北金馬影展執委會出版的《中國電影資深影人❽林青霞》的一個段落。內容寫到一九七九年與她有關的兩起天大流言，一是秦漢與林青霞之間的緋聞導致她離臺赴美，一是她在新加坡的酒店服用安眠藥過量——有人臆測她企圖自殺。我個人認爲這純粹是一樁意外】請告訴我，這段記載是不是事實呢？

○：我一直在等你問起這件事。那是我生命中一次巨大、嚴重的危機。

◎：你在開玩笑吧？

○：沒開玩笑。

◎：這很重要。我一心只想加以釐清。

○：你要問的是什麼？

◎：那是事實嗎？

○：你是指我的緋聞或者……

◎：我的意思是，某一種感情關係導致你……

○：那段感情是事實沒錯。

◎：你是否爲那段感情所苦？

○：當時的確令我非常痛苦。後來我熬過來了。

◎：可是，你是不是眞的想……

○：自殺嗎？沒有。我當時很消沈，心情非常憂鬱，只想好好睡個覺。我不想去參加……

◎：影展的晚會。【雖然那一年林青霞並未在亞太影展獲得任何項目的提名，但她還是得隨臺灣電影代表團出席影展。】

○：在那個年代，如果拒絕出席影展，會遭到當局禁足，不准出境。【林青霞計畫要在影展結束後幾天，赴美參加妹妹的婚禮。】就算心情非常不好、眞的很不想出席，還是得去。那時我心情很沮喪，無法面對那麼多影迷、那麼多人。我眞的是誰也不想見，所以沒有出席影展晚會。我只想讓自己趕快入睡。當時我情緒低落，喝了一點點啤酒，想讓自己睡著。那段日子我眞的很不快樂。

◎：你是否把那段時期視爲你人生的谷底？

○：的確是谷底。那段日子很痛苦，非常痛苦。

◎：也許，從事業的角度來看，《滾滾紅塵》之後的日子才是最低潮吧。

○：不，《滾滾紅塵》之前才是。一九七九年的時候，我的名氣讓我受不了。我想逃離電影圈，所以去了美國。就是去端盤子我也不介意。我不想讓任何人知道我是誰，眞的。【因爲鄭思嘉並不曉得林青霞是如何熬過那段時期的，所以林青霞又對鄭思嘉解釋一次。】假如沒人認識我，就算去端盤子，我也會很快樂的。

◎：非常謝謝你的答覆。

□：做記者，你得更犀利一些才行。我還以爲是什麼嚇人的醜聞呢。其實沒什麼嘛。

◎：我不想太過八卦，只想澄清傳言。

○：你不是八卦類型的記者。安妮問我，我這張照片看起來像不像天使【賈安妮正在看《中國電影資深影人❽林青霞》那本書，指著《情奔》（1979，由秦漢執導）的劇照。我猜賈安妮並不曉得那張照片出自《情奔》。】我告訴她，那樣

香港八十年代電影公司・台灣建業電影藝術事業股份有限公司
聯合攝製
OUTSIDE THE WINDOW
窗外
原著
瓊瑤
出品人
監製
策劃
製片
攝影
編劇
導演
領銜主演
客串主演
聯合主演

《窗外》（1973）© 郁正春

的我看起來像個傻女孩。我比較喜歡這一張。【林青霞指著選自《窗外》的劇照】

◇：這張不一樣，你看起來像學生。

□：這張照片我記得。安妮一直很喜歡青霞少女時代的留影。【鄭思嘉對賈安妮說道】你喜歡她年輕時的照片，對不對？

◎：安妮喜歡的照片出自秦漢執導的《情奔》。你對秦漢有怨恨之情嗎？

○：怎麼會呢？

◎：後來，Michael出現了。

○：那是緣分。

◎：那麼Charlie【秦祥林】呢？

○：他很風趣。

◎：對了，你在中國大陸還有個姊姊，這是眞的嗎？

○：是眞的。我大概到一九八九年才知道這件事。

扮演男性角色

◎：【我對賈安妮說道】你最喜歡青霞哪一部電影？

◇：去年我在電視上又看了一次《窗外》。我覺得這部電影【比其他作品】好些。你不會覺得那是一部二、三十年前拍的電影，會以爲這是不久前拍的。我也喜歡《八百壯士》和《金玉良緣紅樓夢》。有一回青霞請邵氏安排，我們一塊兒去邵氏片廠看《金玉良緣紅樓夢》。看到片尾，每個人都哭了。

○：劇情非常感人。

◇：我多年前就看過《金玉良緣紅樓夢》，再看一遍還是哭了。

□：有錄影帶版本嗎？

◎：沒有，邵氏不打算發行錄影帶。

◇：青霞的眉型和一般女孩子不一樣。

◎：獨樹一格。

○：因爲如此，我才有辦法演男角。我的眉毛生得跟男人一樣。【林青霞踏入影壇的時候，不願剃掉眉毛，也不肯把眉毛修得細一些。在《明報周刊》第1733期的一篇報導裡，她再次證實了這一點。報導中說，當時的女演員有剃眉毛的習慣。】

□：我喜歡你的眉毛。

◎：在《刀馬旦》、《笑傲江湖之東方不敗》、《東方不敗之風雲再起》這些作品裡，你著男裝或反串男性角色，在美國的同性戀圈子很受歡迎，這點你知道嗎？

○：我知道。女同志喜歡《刀馬旦》，男同志喜歡《笑傲江湖之東方不敗》，異性戀者則是兩種都喜歡。這些我都曉得。大家是這麼告訴我的。很滑稽吧？

◎：你有朋友是同性戀嗎？

○：我有很多朋友是同性戀，男同志、女同

《銀色世界》1993年第287期

志都有。

◎：他們有沒有告訴你，你的扮相很不錯？

○：有，他們告訴我，我在《笑傲江湖之東方不敗》裡很出色。女同志告訴我，她們喜歡我在《刀馬旦》裡的模樣。

□：我跟你說，你在那部電影裡最棒的場景之一就是……

○：刑求那場戲？

□：噢！我想到的不是這一場，不過呢……

【鄭思嘉放聲笑了起來】

◎：好幾幕我都非常喜歡，那部電影我看過好多好多遍了。

□：沒錯，我也看了好幾遍。以演技來說，你表現最精湛的時刻之一就是接近片尾的時候，你父親發現你和革命黨一夥，他臉上露出痛苦的表情，你也一樣。我認爲那是你表現最精彩的場面之一。

○：在我父親書房裡那一場嗎？

□：在樓梯上。

◎：你正要從屋子裡跑出去。

○：喔，我想起來了。

□：他還拿槍指著你。

◎：不，那場戲是在他的書房。樓梯上那一幕是你掏槍向祕密警察開火，你父親制止你。

○：我可以演得更好的。我在那部電影裡的演技並不好。

□：那部電影並不需要高難度的演技。

◎：你的角色的確是全片核心，特別是你的情緒。我認爲葉倩文、鍾楚紅兩人的角色需要發揮的演技沒有那麼多。

□：噢，她們兩個都很不錯，不過你的角色非常好。

◎：青霞的角色全是情感層次的戲，因爲她不得不背叛父親，而父親是她唯一的親人，所以她很掙扎，這也表現出來了。

□：其實，你在那部電影裡的表現很不錯呢。

○：是嗎？

□：《刀馬旦》不是太過嚴肅的電影。

◎：那是娛樂片。堪稱香港影壇的傑出作品之一。

○：我在《笑傲江湖之東方不敗》裡的表現，我比較滿意。

□：你在那部電影裡嚴肅多了。

○：成熟多了。我是說，我的演技成熟多了。

□：**【鄭思嘉對我說道】**在《刀馬旦》裡，你最喜歡哪一場戲？

◎：戲裡她父親帶著小妾同青霞一起去看戲，小妾想要……

□：喔，對對對！小妾吃點心。很棒。我也非常喜歡那場戲。

◎：我最愛的另一幕是葉倩文被趕出戲園子時，天空開始飄雪，青霞去安慰她。

□：噢，對。然後有一段歌曲和舞蹈。

◎：我眞的很高興你主演了《刀馬旦》。

巧遇張國榮

林青霞○
鉄屋彰子◎
張國榮☆

【我頭一次訪問林青霞後過了兩年，一九九九年四月我又與她碰面，談了大概一個鐘頭，採訪結束時，我要求另找時間再做一次訪問。她不怎麼願意，至少我認爲她有些爲難，但最後她還是答應到一家飯店的咖啡廳和我碰面。我在那兒等她的時候，有個戴墨鏡的男子走了進來。我知道他是張國榮。難道林青霞也邀了他嗎？十分鐘後林青霞來了，於是我指給她看，張國榮正坐在角落的桌位。她走過去，兩人聊了幾分鐘。我對她說：「我好興奮喔，因爲你在這頭，張國榮在那頭。」「噢，你想見見他嗎？好，我去問問。」】

○：你想不想採訪他？或者照張相？

◎：如果可能的話，兩者都想。

○：你想和張國榮合照嗎？

◎：不是的，我是想替你倆合照一張。【拍完照後，我把錄音機擺在張國榮面前】我能問你一些問題嗎？

☆：好啊，除了私事，什麼都可以問。

◎：我想了解一下你和青霞之間的友誼。二位合作之前，你認識她嗎？我指的是私交。

☆：當然認識。因爲她是個大明星呀，我怎麼可能不認識她呢？從她的第一部作品起，我就好喜歡她了。她是東方的美人。【張國榮又用日語說了同樣的話：「亞洲的美人。」】你懂我意思吧？

◎：我懂。人們稱她是「女神」。

○：國榮是最英俊的男人。

◎：大家都說你的樣子從來沒變。我在今年的香港國際電影節欣賞《檸檬可樂》（1982）時，在場觀眾都讚嘆你一點兒也沒變。

☆：嗯，你必須永遠保有一顆年輕的心。我需要做臉部拉皮嗎？不必。我需要用五百塊美金的保養品嗎？不用。只要心情永保年輕，而且胸懷目標……要有熱情。這樣的人會想做些美好的事情，你懂吧？當然啦，有時也需要好好休息一段時間，對不對？放個大假。工作的時候，你只有全心投入了。

◎：你與青霞合作的第一部電影是《白髮魔女傳》。

☆：《白髮魔女傳》並不是我們首次合作的電影。

◎：噢，我老是把《東邪西毒》（1994）和《射雕英雄傳之東成西就》（1993）的時間搞混。

○：《東邪西毒》比較晚吧？

◎：不，先開拍的是《東邪西毒》，至於二位合作的第一部戲，我想應該是《射雕英雄傳之東成西就》。【《東邪西毒》早在一九九二年十月就開鏡了，因爲王家衛無法趕在一九九三年農曆春節前及時殺青，他的朋友兼《東》片監製之一劉鎮偉便代他執導《射》片。劉找了《東》片原班人馬去拍《射》片。】

☆：所以我們一共合作了四次呢。

○：四次？

◎：對，第四部是《白髮魔女傳II》（1993）。

○：我老是忘了有這一部。

◎：就我所知，青霞出任狼女這個角色之前，原本的人選是楊紫瓊。後來楊紫瓊辭演，去拍《現代豪俠傳》。當時的經過如何？

☆：我想，一開始是敲定由楊紫瓊飾演白髮魔女沒錯。可是你知道這是爲什麼嗎？不是因爲青霞不受重視，而是當時她實在太紅、片約太多了。她在南韓發展得也非常順利。人人搶著找她拍戲。有人告訴我，在那段時間裡，她是全香港和全亞洲片酬最高的女星。她忙到不可開交。沒人敢開口問她是否有空在香港拍片，因爲她手上的片約有五、六部。

◎：對，當時情況的確如此。

☆：也許他們認爲我和青霞合作可能會很不錯吧。我也不曉得是誰提議的……

○：黃百鳴。【黃百鳴是《白髮魔女傳》的製片之一。】

☆：所以，也許是黃百鳴在這個圈子裡待

很久了，我想他基於這等交情才敢開口邀請青霞加入演出陣容。我認爲這很好。非常好的決定。

◎：沒錯，我很喜歡那部電影。感官效果很強。

☆：沒錯。

○：國榮提出不少好點子，讓電影加分不少。

◎：聽說拍戲時沒有劇本，只有劇情概要。

○：有劇本的。

◎：哦，眞的呀？二位合作之前，彼此在私底下很熟嗎？

○：完全不熟。

☆：不過，我與她有數面之緣。

○：對。我們見過幾次。

☆：【張國榮對林青霞說】你來過我的演唱會嗎？有喔？她來過我的演唱會，所以我們算是有點兒交情吧。

○：點頭之交。在我們合作拍戲之前，他在我生日時送了蛋糕。

☆：我都忘了。

◎：我看過照片。聽說你爲了拍《白髮魔女傳》，得在晚上拍戲，因爲當時正好是夏天。拍片過程很辛苦嗎？

○：沒那麼糟啦，因爲整部片子都是在晚上拍的。白天太濕熱。不過，一到晚上氣溫就降下來了，所以還好。天候狀況不錯。夜裡挺涼爽的。

◎：關於森林裡的激情戲，你們事先討論過嗎？還是全憑直覺演出？

○：國榮幫了我很多。

☆：我們事先討論過要怎麼演，我說，激情戲一定要夠激情，否則就沒有意義了。全憑直覺去演，效果不會太好。「不行的」。**【林青霞用日語說】**這句日文我還曉得。

◎：青霞也同意這麼做嗎？

○：那場戲國榮幫了我很多。

☆：我想，青霞是信任我的吧。

◎：這點非常重要……

○：那段時間我們都住在香港會展廣場的會景閣。有時我們搭同一班保姆車去外景現場。路程很遠。我們在車上會聊聊天。那一陣子我非常疲倦，感情方面也出了一些問題，聊著聊著，我就哭了。眼淚大顆大顆地掉。國榮呢，就像這樣拍拍我的背。**【林青霞作勢在張國榮身上拍了拍】**

◎：他安慰你。

○：他說：「我會好好對待你。」我好感動。我告訴自己，他會成爲我的朋友。永遠都是我的朋友。

◎：你是不是常打麻將？香港報紙老是寫你打牌，不是和青霞一道就是和王菲。

☆：我？沒有吧。

《白髮魔女傳》(1993) © 東方電影發行有限公司 Mandarin Films Distribution Co. Ltd.

○：他沒那麼常打牌，偶爾玩玩罷了。他反應好快。我們都跟不上他的速度。

☆：我跟你說，你曉得我爲什麼喜歡打麻將嗎？不是爲了賭博。我不怎麼喜歡賭。我喜歡打麻將，因爲要用腦筋。我喜歡打快一點，因爲我喜歡那種同時會有不同狀況發生、讓你產生下意識動作的遊戲，你懂我的意思嗎？我打起麻將來總是……

○：總是快得不得了。他的反應一流。沒人跟得上他。

◎：他打牌一向是贏家嗎？

○：他一向都是贏家。

☆：哪裡，沒有啦。

○：大多是你贏嘛。

◎：你們合作的第二部電影是《東邪西毒》。這是一齣大製作，找了七個大明星聯合演出。

☆：這部戲花了很多時間和心血才完成。人力、物力、財力，還有很多其他的。

◎：**【我對張國榮說】**你有很多場戲都沒派上用場，全給留在剪片室的地板上了。

☆：我並不意外，拍王家衛的戲一向如此。這是他的作風。如果你想和他合作，就得接受他這種拍法。我並不特別贊同，卻也沒表示過意見，因爲他總是有辦法創造出神奇的東西。他就是這樣子，標準的王家衛風格。

◎：對你而言，林青霞是什麼人？

☆：她是什麼人？她是我非常要好的朋友，心地善良又美麗。她現在日子比較輕鬆了，我很替她高興。因爲她嫁了人以後，就不必像以前那樣辛苦拍片。你曉得嗎，她從來沒說過她退休了，但其實她已處於退休狀態。這樣很好。我的意思是說，我發現她比以前快樂多了。

◎：若把林青霞當成普通人看，你對她有何看法？

☆：我再也不把她看成明星了。其實我以前也沒當她是明星。和我演對手戲的男女演員，我總是想好好對待他們。我很用心。放開自我。打開心胸接納對方。我有很強的直覺。我第一眼見到對方，便知道他／她是否能成爲我的朋友。所以我想，我把青霞當成可以做朋友的人。我對她從不說謊。我沒必要騙她，而且我跟她合作無間。

◎：你們的友誼像手足之情嗎？有時候，男女之間很難產生友誼的。

☆：不會，我和她做朋友沒什麼困難的，完全沒有。我們知道彼此的立場，對於各自的想法也很清楚，純粹只想當朋友。這是最重要的事。

【令人傷感的是，二〇〇三年四月一日，張國榮從香港文華東方酒店的二十四樓墜樓身亡。得年四十六歲。】

訪問陶敏明

林青霞○
鉄屋彰子◎
陶敏明△

【張國榮用畢午餐之際，他的幾個朋友已經來了，正在鄰桌等他。他便移過去友人坐的那一桌。友人之一是狄龍的妻子陶敏明。她走過來和林青霞打招呼。】

○：彰子，這位是陶敏明。她的先生是知名影星狄龍。

△：你曉得《英雄本色》（1986）這部電影嗎？

◎：我認得你，因爲我看過你和青霞在李翰祥導演喪禮上的照片。雖然我住洛杉磯，還是常看《明報周刊》。對了，你和一些明星很久以前一同去過拉斯維加斯。那篇報導我留了下來。【《銀色世界》第141期。】

○：那是十多年前的事了吧。

◎：大約十五年前。

△：對，十五年前。我丈夫爲港臺各家電影公司拍過電影。他說，青霞是最美麗也最有智慧的女人。我們和她是很親密的朋友。我們總是從她身上學到東西，很喜歡她的個性。

○：我也很喜歡敏明的個性。我頭一回遇見她是在拍《金玉良緣紅樓夢》的時候，那是我拍的第一部也是最後一部李翰祥導演的作品。當時我坐在椅子上休息。我並不認識敏明，她卻走過來對我打招呼。她人眞好！當時她丈夫在電影圈已經非常出名了，我只不過是個小……

△：不不不不不。

○：敏明眞的很友善。

△：我那時早就把她當成朋友，因爲我已經看過她的早期作品。能有青霞這樣一個朋友，我很開心。她是個很棒的女孩。她總是很照顧我，幫我很多。我們的話題很多，天南地北無所不聊。我和其他朋友約見面時，只要我說青霞也會去，我老公總說：「快去吧，她是好女孩。」

○：她老公信任我。

△：爲了青霞，要我做什麼都行。當年她從美國回香港拍《英雄正傳／英雄偶像》（1986），我老公很感謝她。【接下來陶敏明轉而加入張國榮與其他友人的聚會。林青霞與我移至其他桌繼續聊。】

◎：你到哪兒都有好朋友。

○：對。我妹妹很羨慕我，因爲我在世界各地交到很多好朋友。我在巴黎、倫敦、臺灣、香港、美國、中國大陸都有朋友——而且都待我非常好。

◎：因爲你對他們也很好啊。

3 巧妙的平衡

林青霞○
鐵屋彰子◎

對女兒付出愛

◎：如果你的女兒有意從事表演工作，你會怎麼辦？

○：最好不要，但如果從事舞臺表演藝術還可以考慮，不過長期做演員，得失心會很重，而且壓力很大，要應付得宜並不容易。

◎：你指的是繼女嘉倩吧？愛林才三歲大，或許聽不懂這些。

○：不過我看得出愛林的資質，她是個愛表演的小女孩。雖然她個性害羞，卻很喜歡舞臺。她只要一上臺，就不肯下來了。這令我很驚訝。我頭一次發現這件事，是在Esprit的周年派對上。我以爲她不想上臺，結果恰恰相反，她不但想上臺，而且不想下來。她喜歡唱歌跳舞。我好驚訝呢。

她喜歡聽我講故事，因爲我講故事給她聽的時候，我會用聲音和肢體把故事情節表演出來。我的表演讓她很感興趣。她非常喜歡。有一回我唱歌給她聽。我想，我唱得很有感情，因爲我快唱完的時候，愛林哭了。我問她：「你很感動嗎？」她回答：「對。」我說：「你在哭嗎？」她說：「對。」我把歌詞的意思解釋給她聽。那首歌的歌詞是這樣的：「天天天藍，叫我不想他也難。不知情的孩子，他還要問，你的眼睛為什麼出汗。」

◎：那是中文歌曲嗎？

○：是的。我認識那首歌的作者。她住在舊金山。起初她希望找我唱那首歌，但老實說我歌喉不怎麼樣。後來有個歌手唱了這首歌，很受歡迎。

◎：你知道歌名嗎？

○：【林青霞用中文寫下「天天天藍」】每當我唱起這首歌，愛林就叫我別唱了。我說：「爲什麼不讓我唱下去？」她說，這歌兒太悲傷了，她不想讓淚水掉下來。

◎：她很敏感，就像你一樣。

○：她比我還敏感。

◎：所以，假如愛林想當歌手，你會支持她嗎？

○：我認爲還是別進這行比較好。眞的，演藝工作的壓力很難應付。做個平凡人好多了。平凡人得到的滿足更多。

◎：諷刺的是，平凡人並不了解這一點。

○：人就是這樣子。如果你太過平凡，便想成爲不平凡的人物。如果你不是平凡人，便想當個平凡人。這就是人生。

澄清緋聞

◎：我想問一些和八卦消息有關的問題。身爲公眾人物，難以避免媒體的侵襲。人們想知道八卦消息或明星的緋聞，當作消遣。我認爲你算是媒體的某種犧牲品，因爲你在臺灣實在太紅了。有些男性的名字曾與你連在一起。那些緋聞眞實的程度有多少？

○：現在的明星眞的成了犧牲品。狗仔隊每分每秒追著他們不放，整晚跟監。他們沒有私生活可言。跟他們比起來，我覺得自己幸運多了。有時八卦消息會助長藝人的知名度。因爲你的名字成天出現在報紙雜誌上，人們便認得你了。也許這類宣傳當年幫了我很多。我怪不得他們。其實，香港媒體待我不薄，臺灣媒體也是。

◎：一九八四年你從臺灣搬到香港的時候，你與瓊瑤之間有過什麼爭執或不愉快嗎？

○：怎麼可能？她可是我從影生涯的重要人物哩。有人說，我就像是從瓊瑤小說裡走出來似的。

◎：你從臺灣轉往香港發展……

○：我運氣很好。當時的臺灣電影市場正逢電影類型轉型期，我沒接到什麼好片約。後來林嶺東找我去香港和譚詠麟合拍《君子好逑》（1984），我答應了。當時我以爲到香港來只拍一部電影，拍完就回臺灣。可是我在香港期間又有其他片約上門。於是我一片接著一片拍下去，香港變成我的基地似的，這一待竟是十年。你知道嗎，這段過程並不輕鬆。那些年裡我獨自在香港生存，自己打理所有事情，還要兼顧拍片工作，更要維持良好的形象和名聲。非常辛苦。我很感謝香港的觀眾、記者和電影圈人士。大家對我非常好。

明星的影響力

◎：我訪問賴聲川的時候，他告訴我，身爲演員與凡人，你擁有非常大的潛能，只是你本人可能不曉得自己具備的潛能到底有多少。他說，如果你善用你的本領，想做什麼事都有辦法做到。

○：噢，是這樣嗎？

◎：他還提到，你可以運用知名度去成立基金會或慈善機構，因爲大家仍然喜歡你，應該會很成功。你有從事慈善事業的計畫嗎？

○：看天意。其實呢，一個人每天都可以幫助朋友和其他人。我還沒打算公開地做。

◎：對，的確如此。我想，賴先生說了，既然你還是很受歡迎……

○：我就得好好運用。

◎：對，成立募款機構之類的。

○：我是不需要募款的。

◎：賴先生還說，未來他仍想找你合作。

○：我也想和他合作，因爲我從《暗戀桃花源》那齣戲學到很多東西。在我的演藝生涯裡，拍了好多商業電影。跟賴導合作眞的很愉快。就算當時演的只是小角色，我還是從中學到許多。希望有朝一日我能再次與賴聲川合作，特別是舞臺劇。《暗戀桃花源》是我唯一一次在舞臺上演戲的經驗。我覺得很過癮。

◎：他說，他絕對想找你再次合作。所以我對他說：「謝謝你，請爲她寫一部好劇本吧。」

○：我想，哪天他要是寫了適合我的劇本，我很願意試試看。

提升自我

◎：徐克告訴我，你看的書很多。他說你理性過頭了。

○：【大笑】你曉得嗎，在我結婚之前，天昏地暗忙了二十年。我沒有時間睡覺或看書。可是現在我看書的時間多了很多。所以我找一些與心靈有關的書來看，譬如講EQ的書。EQ就是情緒智商。以前，大家認爲擁有高智商就會成功。頭腦好不代表一定會成功，但是情緒智商高的人成功機會比較大，他能在逆境求存。

◎：我讀到一篇報導，你和Michael結婚之前，兩個都是強勢的人。兩個作風強勢的人在一起，有時會鬧得很僵。

○：我聽過一句話：「夫妻雙方有一個人用心，就能讓兩個人開心。」

◎：我認爲，在任何一種情況下，人都必須努力而爲。天下沒有白吃的午餐。如果想要擁有快樂人生，就得付出心力。

○：可是，努力不一定得讓自己太過緊繃，而是自然而然的付出，讓自己樂於付出才對。即使你多所付出，也不覺得累，不覺得不開心。如果你的努力令你筋疲力竭——那就不是好事。我總是說，一個有智慧的人會讓兩個人都快樂。只有一半智慧的人只會讓一個人開心、另一個人卻不開心。愚笨的人則讓雙方都不開心。

◎：你的確變得很有哲學家的味道呢！這下子我懂徐克的意思了。

○：我發現講EQ的書很不錯，所以我買了很多本分送好友，徐克、張叔平、楊凡、賈安妮都收過我送的書。還有一些像是《心靈雞湯》的書，我有很多。

◎：你希望他們也過得快快樂樂。

○：我希望周遭的人都很開心。有一次我去埃及，天氣熱得要命，大概有攝氏五十度吧。他們說大馬路上熱得可以煎蛋了。導遊帶領我們進入一個地方——不記得是什麼地方了——然後他告訴大家，在這裡許下的願望會實現。我進去之後許了個願。我的願望是：「做個快樂的人，也希望能讓接觸過我的人都快樂。」。一般來說，大部分人的願望是「事業有成，身體健康，家人也健康」這類的事情。可是那天我腦子裡冒出來的卻是那樣的念頭。現在我認爲我有一

房地產廣告，約1992年。© 蔡榮豐攝影

種能讓身旁的人變得快樂的本領。以前我老是讓別人不開心。我曾是個情緒化、喜怒無常的人，心情起伏很大。現在的我不一樣了。

◎：以前你常常心情不好嗎？

○：以前的我是個不快樂的人，也是個悲觀的人。

◎：什麼原因使你有了轉變，變成一個快樂的人或樂觀的人呢？

○：我一直到三十歲生日的時候才有了轉變。當時我告訴自己：「我已經三十歲，是個大人了，不能這麼孩子氣。」三十歲以前，我覺得自己不快樂的時間比快樂的時間多。我對自己說：「我浪費了自己的生命。我應該讓自己快樂起來。」等到我拍徐克導的《刀馬旦》時，我告訴他，我想讓自己變得快樂一些。他聽了大笑道：「如果你覺得快樂，就是快樂。哪有讓自己變快樂這種事的？如果你覺得不快樂，就是不快樂。」我對他說，會有方法能讓自己變得快樂。我必須努力嘗試。在此之前我迷失了整整十年。那十年裡我不曉得自己在做什麼。所以我必須先找回自己。在那段日子裡，我照鏡子的時候，認不出鏡中人是我自己。我不知道自己是誰，不知道自己想做什麼。我總是在假裝。我不開心的時候，會假裝自己很開心。我快樂的時候，也不能盡興。我根本不是我自己了。我不曉得自己到底是什麼樣的人。因此，首先我得搞清楚自己是怎麼回事。如果我心情好，我就笑，心情不好，我就哭。這是凡人的正常反應。我怎能去測試自己的情緒呢？我並不願意逼自己去做不想做的事。我應該學著怎麼拒絕別人。我得常常笑。如果別人覺得你快樂，他們也會受到影響。

別人見到你的笑容，他們也會報以微笑。我發現人會有這種反應是在歐洲旅遊的時候。壞就壞在那時我有一大堆行李，得拖著行李換火車。從這一站拖到那一站。那一趟最糟糕的部分莫過於此。我們沒有旅行計畫，搭火車到了目的地之後再去找旅館。

◎：你說的「我們」是指你和……

○：他。【她指的是秦漢】我發現，任何時候我在任何地方需要知道任何資訊的時候，我先微笑，在我面前的人必定也對我微笑。我發現這樣很不錯。屢試不爽。還有，那回我在紐約跑去中央公園的事情，以前跟你提過對吧？那件事說來話長。

◎：你沒提過。我看過一篇文章提到那件事。當時你只穿著睡衣。

○：對。當時我發現，人不必花錢也能得到快樂。快樂就在你身邊。人不需要用金錢或其他東西去換取快樂。只要去感受。感受快樂竟是如此簡單。那時我跟朋友住在紐約一間小公寓，身穿睡衣是因爲我連更衣打扮都懶。我正在教朋友怎麼化妝的時候，聽見街上傳來喧鬧聲。外頭有遊行。我們異口同聲說道：「咱們下去瞧瞧。」我完全沒化妝，把睡衣下襬塞進裙子裡，兩人就跑上街去看遊行，那天下午我覺得好開心。後來我們去了中央公園，往長椅上一坐，就在那兒看著過往路人。路過的華人沒有注意到我。我很自在，因爲他們並沒發現我。我覺得好輕鬆、好自由。沒有壓力。那一刻我非常快樂，因爲我活在壓力之中太久了。

◎：那是什麼時候的事？

○：大概是一九八四年或八五年吧，我回香港拍《警察故事》之前的事。啊，那時眞的很開心。我覺得非常快樂。我見到一朵花的時候，我便眞心去欣賞那朵花。我全然樂在其中。那就是愛。在此之前，我背負著極大的壓力，無力欣賞任何事物。我食不知味，因爲我心裡想著別的事。我看著某樣東西的時候，沒有眞正用心看。那時的我活得很辛苦。我從紐約那次經驗學到如何感受快樂。我想，假如你關心某個人，假如你熱愛某種事物、即便是一朵花，假如你對家人朋友付出心中的愛，同時也就傳達你心中快樂的感受。快樂不是硬去找來的。你帶給別人的快樂多於你得到的快樂，那麼也許有一天那樣的快樂也會回到你身上。只是，這是可遇不可求的，對吧？就這樣，我慢慢變成了樂觀的人。過去幾年裡認識我的人，並不知道我以前很悲觀。他們以爲我一直都是這麼樂觀。現在我變成積極樂觀的人。我想，我老公幫了我很多，他沒有做什麼，可是他的容忍度很高。我從他身上學到很多。他寬恕一切。我想，原諒別人也能帶來快樂。我最近的生活型態就是如此。這種新的人生觀使我過得很快樂。

對本書的建議

◎：【我們聊起本書。林青霞給了我一些建議】多謝你的意見。你付出了時間與耐心，我很感激。

○：應該的。我知道你眞心想實現自己想做的事。一個人要是有這樣的個性，成功便不是難事。我也盡力把我的想法告訴你了。

◎：起初我想學中文，可是我覺得好難，所以才拜託你用英文進行訪問。

○：我持保留態度，因爲我可能沒辦法用英文適當表達自己。對於我想說的事，意思也許會失眞。

◎：我的英文也不好，但我不想帶口譯員一起採訪，因爲，假如有第三者在場，採訪結果可能就不一樣了。

○：感覺也許不會這麼好。

◎：沒錯。不過，重點是，當初我嘗試動筆的時候，我以爲會很容易，因爲我知道很多你的事情。然而實際寫起來非常困難。

○：我想你不必馬上開始動筆。應該先休息一下，消化所有資料。把每一件事情想一想，融會貫通。然後你心裡會出現一個構想，這樣你就曉得該怎麼把構想寫出來了。你唯一得做的就是消化而已。別急著下筆。

◎：老實告訴你，此刻要在日本出版這本書有些困難，因爲經濟不景氣，加上熟悉香港電影的日本人並不多。

○：你寫我的這本書……我想，在亞洲、香港、臺灣、中國大陸出版會比較好。比你從日本或美國開始來得好些。

◎：我以爲你不想讓我先在亞洲出版。你之所以准許我寫這本書，原因在於我是日本人。

○：我哪會不願意呢？如果這是好書，我希望人手一本。如果不是好書，我希望大家都別去看。所以，只要是好書，把它公開發表，讓很多人閱讀，這樣比較好。你已經投注了這麼多心力，我怎能不讓它在香港或臺灣出版呢？你就隨你的心意去做吧。不過我想，出書之前我必須先看過才行。我認爲我可以信任你。可是我還是必須謹慎一些，因爲我不再是單身的人了。我有家庭，必須爲家人著想。所以我得先看過內容。

◎：同意。我會把我寫下的內容交給你過目。

自我介紹

【二〇〇〇年四月，我問了林青霞一些問題，當作訪問內容的總結。她既風趣又健談。但願我能再訪問她一次。】

◎：我想問一些基本的問題，用來做你的背景介紹，譬如你的姓名、生日、出生地、身高、體重、血型。

○：沒問題。我叫林青霞。一九五四年十一月三日，出生在臺北附近的三重。身高一百六十八公分【約五呎七吋，但我請她換算成美制度量單位時，她回答五呎六吋。】，體重一百二十磅，不過我二十幾歲的時候只有一百磅。血型B。

◎：你空閒的時候喜歡做什麼？

○：游泳和「乾泳」。你曉得乾泳是什麼嗎？

◎：打麻將嗎？

○：對，我們在麻將桌上搓牌的時候，感覺有點像在桌上游泳。眞正的游泳我也喜歡。

◎：我可以用錄音機嗎？我記不住我們聊的內容。

○：你應該去打麻將。打麻將讓大腦功能更活躍，不但加強記性，反應也會更靈敏。醫生說，退休的人應該打麻將，這對預防老人癡呆症特別有好處。如果你打麻將，就不容易得老人癡呆症了。

我們三兄妹小時候，每逢過年，父母總要我們留在家裡，所以他們教我們打麻將，如此一來爸媽就不會擔心小孩子過年時往外跑了。我出社會工作之後就很少打牌，因爲我覺得那是浪費時間，也不是什麼好的嗜好。結婚以後，我開始常常打麻將。我安排牌局的時候，還是覺得打牌不是好事，於是我得另外找時間看一本書，看一部電影，或者做點兒什麼。我想保持生活的平衡。我老公說：「放心去打牌就好了呀。也沒什麼理虧的地方，因爲以前你辛苦工作了好長一段時間。你現在好好享受是應該的。」後來我打麻將就沒有罪惡感了，而且我的記憶力和本能反應都變得比以前好。有時候，我贏了錢，就捐出去。這樣我心裡也比較好過。還有，我打牌都在家裡打，這樣才能夠照顧女兒，也有辦法指揮傭人。在家打牌，老公也比較放心，因爲老婆乖乖待在家，開開心心的。

我的牌友都是我信得過的朋友，我們叫做「牌搭子」。通常打一次牌大約六到八個鐘頭，打個十六局才結束。我總覺得，打麻將就像四個人在一個小小的舞臺上。

◎：你的英文名字Brigitte是怎麼來的？跟法國女星碧姬・芭杜（Brigitte Bardot）有關嗎？

○：我拍完第一部電影後，片子等了好久才上映。於是我晚上去美語中心學英文，加強語文能力。第一天上課我遲到，到了教室，美國老師已經傳下來一張紙，上面列了一串名字，像是Mary、Helen之類的。每個人各自從中挑選。傳到我手上時還剩好幾個，我想要一個跟別人不一樣的英文名字。我發現Brigitte這個名字我沒聽過，感覺很獨特。那時候我還沒聽說過碧姬・芭杜的大名。所以我選了Brigitte當作我的英文名字。

◎：你的中文名字也很特別。

○：我母親懷我的時候讀了一本武俠小說。小說裡的女主角名叫青霞，她是整本小說裡武功最高強的人，很能幹。我母親心想，「霞」在天上，那麼人人都會抬頭看的。這就是我名喚「青霞」的由來。這個名字和我的電影事業其實有一點巧合之處，你不覺得嗎？小學一年級時，我不喜歡自己的名字，因爲不好寫。我花了好久才學會「青霞」兩個字怎麼寫。其實以前我不喜歡自己的名字。中學的時候，我認爲這個名字不怎麼特別，老想著要改名字，於是我在筆記本裡寫了好多不同的名字。我想用的字之一是「鳳」。我在本子上寫下「林鳳」二字，只是寫好玩兒的，自認這名字很不錯。後來我才知道，以前有個知名粵語片女星也叫林鳳，她自殺身亡。幸好我沒用這個名字。

◎：幾年前，我在香港電影節看過林鳳的電影。

○：那麼你知道我說的是誰了。《窗外》的導演本來也想改我的名字。他覺得我長得像一個有名的女演員夏夢，所以他想把我的姓改成「夏」。可是我的本名早已見諸報章雜誌了，導演認爲，大家已經知道我叫林青霞，反應也還不錯，最後決定不改我的名字。其實一開始我自己也想改名字呢。

◎：你最喜歡吃什麼？不喜歡吃什麼？

○：我喜歡吃大閘蟹，不喜歡吃鳳梨。我小時候吃了好多鳳梨，刮得舌頭很痛。從此以後我就不吃鳳梨了。

◎：你最喜歡什麼顏色？

○：這要看心情。心情好的時候，我喜歡穿紅、黃、綠這一類的顏色。平常我多半穿黑色、灰色和奶油色，因爲很好搭配，是安全色。我穿這些顏色也好看。

◎：你最喜歡的去處？

○：有陽光而且炎熱的地方。我不喜歡冷的地方。我怕冷。有一年冬天，我去北京拍《火雲傳奇》（1994）的時候冷壞了。簡直跟地獄一樣。我真的受不了寒冷的天氣。

◎：有哪些電影是你特別喜歡的？

○：我喜歡《飄》（1939）。在我自己的作品之中，我喜歡《金玉良緣紅樓夢》和《笑傲江湖之東方不敗》。

◎：你年輕的時候，最喜歡的明星是誰？

○：歌蒂・韓（Goldie Hawn）和李察・吉爾（Richard Gere）。

◎：你人生中最快樂和最糟糕的日子？

○：最快樂的日子是我結婚之後，最糟糕的時候則是我成名之後。從一九七九年到一九八〇年，是我一生中最悲慘的時期。我避居美國，遠離電影圈。

◎：最痛苦的時刻又是何時？會是吊鋼絲的時候嗎？

○：不，那只是不舒服和彆扭。吊鋼絲讓我很沒耐性。說到痛苦，你指的是心理層面還是生理層面？兩種都問嗎？好的，生理層面的話，在寒冷地區拍戲，或是在水中，雨中拍戲，這些時候最痛苦。心理層面的話，只要我母親一生病，我就覺得很痛苦。我一生中，只要母親身體不適，我便覺得既痛苦又悲傷。【林青霞的母親不幸於二〇〇二年十二月四日逝於臺北。】

◎：你夢想中的拍片計畫是什麼樣子？

○：與各路專業人員合作拍一部藝術電影。一定要是對電影懷有眞心誠意的人，不能只是爲了錢。

◎：如果你能重新投胎，你會想當女孩或男孩？

○：我只知道生爲女孩是什麼感覺，所以我

選擇女孩。

◎：如果你能重新投胎出世，你想變成什麼樣子？

○：我的選擇只限於人類而已嗎？只要一輩子快樂，變成什麼都可以。【大笑】我想，鳥類好像還滿快樂的，因爲牠們會飛，會唱歌，而且自由自在，只是生命短暫。

◎：你有什麼遺憾嗎？

○：我唯一的遺憾就是，一九九〇年我以《滾滾紅塵》得到金馬獎最佳女主角獎的時候，三毛是那部電影的編劇，我當時不曉得該怎麼適當表達我的謝意。那座獎是屬於她的。我對她說「謝謝你」，那是不夠的。我應該邀請她上臺，對她表達謝意。我沒有這麼做。我沒有機會對她說這些。對此我一直很遺憾，我認爲她值得獲獎。

◎：什麼時候你會覺得開心？

○：我和女兒們玩在一塊兒的時候最開心。

◎：拍完《窗外》，你做了什麼樣的工作？我問這個是因爲我聽過兩種說法——一種是在電腦公司當櫃臺小姐，一種是在英語補習班當祕書。哪一個才是對的？

○：兩個都不對。我跟你提過，拍完《窗外》之後，我晚上去學英文。那間補習班有好幾種不同的課程，比如英文課、電腦課、心理學課程。有一天補習班主任見到我，問我白天在做什麼。我告訴他，白天我沒什麼事做，於是他問我有沒有興趣在那裡上班。隔天我就開始上班了，在心理測驗的部門工作。我負責把答案卷發給學生，解釋該怎麼做，請他們作答。這就是我的工作內容。月薪兩千塊臺幣。那是我第一次拿到自己賺到的現金。

◎：拍電影的酬勞呢？

○：也許給的是支票，交給了父母。所以呢，我手裡領到那兩千塊現金，樂不可支。我把鈔票亮給妹妹看，還擺在地板上，得意地哈哈大笑。我們把鈔票排成扇狀。這是我跟妹妹分享的快樂。我在那家補習班做了四個月，一直到一九七三年八月《窗外》在香港首映爲止。那是我除了拍電影以外做過的唯一一分工作。除此之外我從未去外面做過事，除了拍電影。我覺得老天爺早就把我這一生安排好了。

◎：你有沒有拿那筆酬勞去買東西？

○：我不太記得我把那筆錢拿去做什麼了，不過我記得很清楚，簽了電影合約後，張俐仁和我一起上街買東西。張俐仁說：「我有預感，等一下會有人來問我們要不要拍電影。」我們旁邊有一對夫婦，作丈夫的一直打量我們兩個。他在我們旁邊走來走去。我們一點兒也不害怕，因爲之前已經碰過一次星探了，於是我們兩個繼續走，若無其事。接著他開口問我們想不想拍電影。我告訴他，我已經簽過一分兩年的合約了。

◎：那位先生是男星柯俊雄嗎？

○：是郭清江。柯俊雄是第四個找我拍電影的人。好，我從頭到尾說一遍給你聽。頭一回，楊烈看上我跟另一個同學。第

林青霞投考香港八十年代電影公司生活照（約1972年）© 郁正春

二個找上我的星探是楊琦。其實，他先看到的是張俐仁，因爲我在旁邊，於是他說：「噢，你也很漂亮。要不要一起來拍電影？」第三回是製片人兼演員郭清江。幾年後我替他的電影公司拍了《槍口下的小百合》（1982）。最後才是柯俊雄。我們在《八百壯士》曾經合作。我和朋友在西門町逛街時看到柯俊雄，他是臺灣影星，身材高大，身邊圍著好多人。我看了他一眼，他也看了我一眼，可是我沒停下腳步。他身邊有個人跑來問我：「你想不想拍電影？」我說我已經有約在身了。

◎：你曉得宋存壽導演原本想找甄珍和柯俊雄合演《窗外》嗎？可是他請不起這兩個大明星。

○：柯俊雄後來說：「如果讓我來演老師，會比較好。」我說：「可是你不會和我合作，因爲那時我還是個不折不扣的新人。」

◎：第二個發掘你的星探楊琦曾建議你帶朋友一起去試鏡，而且要跳進池子裡，這是真的嗎？

○：是真的。當時楊琦找我去拍電影，留下他的電話。有一天，張俐仁來我家，我們無事可做，覺得很無聊，想找樂子。我們到外頭打公用電話，因爲怕我爸媽知道。我打了電話給楊先生，他叫我們再約四個同學，到游泳池邊。然後他要我們六個比劃中國功夫，接著跳進池子去。如果從水裡出來，身上的衣服會變成半透明的若隱若現，所以我說不行不行，馬上要掛電話。他問我們到底能演些什麼。我們回答，因爲我們是學生，所以只能演學生。後來有一天，宋導要我們爲《窗外》試鏡。於是我們去了。我沒告訴我媽我們要上哪兒去。我們先去他的辦公室，看到很多女孩子。我跟張俐仁說，我們一定沒機會錄取的。那些女孩子都好漂亮，一頭長髮，還會演戲。接著大家去了一座公園，拍一段八釐米的影片。我對導演說，我媽不會讓我拍電影，所以這樣只是浪費膠捲。他說：「沒關係，不要緊，拍幾個鏡頭就好。」其他女孩子演得很棒。我們卻害羞得要命，心想根本不會有機會。等我再度看到試鏡片段的時候，卻發現我們才是最自然的。那時候我們實在太年輕了！【大笑】

【宋存壽導演後來把那段八釐米試鏡片段給了林青霞。香港電影資料館也保存一分拷貝。讀者可赴香港電影資料館借閱。】

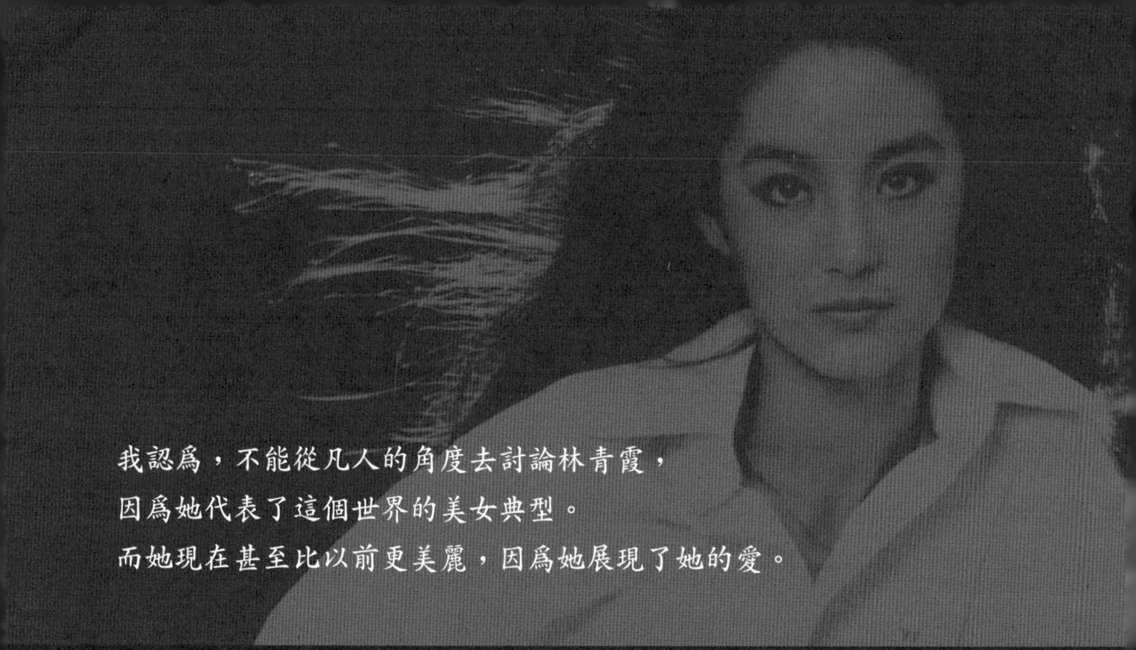

我認為，不能從凡人的角度去討論林青霞，
因為她代表了這個世界的美女典型。
而她現在甚至比以前更美麗，因為她展現了她的愛。

三、朋友與工作夥伴

1 陸玉清與張俐仁

陸玉清◇
張俐仁□

【由香港的亞洲電視公司籌拍，長達九十分鐘的半紀錄片《林青霞寫照》裡，把陸玉清與張俐仁列爲林青霞從高中時代相交至今的密友。我向某個臺灣記者提到這兩人的名字時，對方告訴我陸玉清現在是電視編劇，並給了我陸的電話。一九九八年我到臺北，詢問陸玉清是否同意接受訪問，談談她與林青霞之間的友誼。陸玉清起初猶豫了一會兒，後來同意隔天找張俐仁一道和我碰面。以下訪問是在一九九八年十月二十二日，於臺北福華大飯店完成。陸玉清和我以英文交談，張俐仁則以中文受訪，由陸玉清代爲翻譯。】

學生時代

◇：高中時代，我們這一掛好同學有七個。張俐仁算是帶頭的。我們常膩在一塊兒，去看電影或在西門町閒逛。有時候會有男孩子上前問我們想不想一道喝茶，我們很跩，當場回答：「不行。」我們很喜歡拒絕男生。【大笑】那時的林青霞很害羞。她說她很想克服害羞的個性。

□：我對林青霞的第一印象是，我以爲她走錯教室。那時她個子很小，我覺得她稱不上美麗，卻很清秀。她看起來非常清純。我跟林青霞完全相反，我比較活潑外向。她這個人老是想太多，譬如「我該不該這麼做？」或「我該不該那麼做？」我說：「你這樣是浪費時間，去做就是了。別想太多。」

在電影《窗外》，我飾演她的好朋友。在那之後我又拍了幾部電影。我對銀幕生涯不是很熱中，後來也不像青霞一樣有那些機會在影壇發展。她不必太積極或努力爭取什麼。她老是說「不」，人人卻捧著機會給她。我想這就是人生吧……這是命運。

◇：你曉得我救過青霞一命嗎？《窗外》（1973）開鏡之前，因爲我們演的是高中女生，得把頭髮剪到這兒。【陸玉清指著脖子中央】我們唸金陵女中，學校規定不准留長髮，所以畢業後大家都很寶貝好不容易留長的頭髮。爲戲剪髮那天，青霞很緊張，於是我陪她去。她一瞧見自己的頭髮又剪回那麼短，沮喪得要命。後來她還想用腦袋撞鏡子呢，那可能會讓她受重傷的。我抓著她，跟她說：「青霞，我可是救了你一命。你應該爲你寶貴的性命感謝我才對。」青霞有些朋友在片中擔任臨時演員，她看到毛片以後，才曉得自己的頭髮是片中所有女學生裡最短的。她這個人很單純、很直接，一點也不矯揉做作，又很容易衝動。她大叫：「我不想拍電影，行了吧？我只要我的頭髮！」當時她的用詞不見得是這樣，但大意是如此沒錯。我記得那時她到我家，我告訴她：「如果你簽了這分合約，你就會擁有一個完全不同的人生。你一定要好好考慮。」那時候她說，我有時就像她的老師。我就是有辦法跟她講一大堆東西，甚至會告訴青霞什麼事情對她好或不好。不過，在她三十歲以後，我想她變成熟了。她成熟得很快。

說來好笑，由於《窗外》無法在臺灣上映，所以片子殺青十年後，我才在香港的電視上看到。我在飯店房間好好兒把整部電影看完了。感覺很好玩，我很興奮。我在片中演她的同學。

□：青霞和我去香港替《窗外》宣傳的時候【一九七三年夏天】，大家都說我表現不錯，說我的表現比青霞好，只是我從沒得到拍電影的好機會。但我並不遺憾，因爲我的婚姻美滿，有好老公和兩個孩子，也有穩定的工作。我開始演戲的時候，當時的男朋友、也就是我的丈夫說：「不行不行，你不該演戲。別去拍戲了。」他還拉住我的裙子哩。【大笑】

我想起一場戲。青霞在《窗外》有吻戲。她要求我離開現場。只有我得離開耶！我們爭執了一會兒，因爲其他人統統可以看她演出生涯第一場吻戲，只有我不行。那場吻戲之後，我們有好幾天沒講話。

青霞的作品之中，我喜歡《笑傲江湖之東方不敗》和《滾滾紅塵》。我和玉清從未踏上演藝之路。那時候的我們很單純，不曉得高中畢業後會有什麼遭遇。大家都想上大學，那是我們唯一的目標。可是，在七〇年代初期，只有很少數的學生有辦法通過大學聯考。我們頭一回考大學都沒考上。第二次重考前，青霞和我雙雙放棄。我們認爲自己應該沒機會考上，因爲我們跑去拍電影，一點都不用功，哪考得上呢。

女人三十

◇：即使青霞成了大明星，她還是常常來找我們。如果她變得高高在上、很勢利眼，我們也不會和她做這麼久的朋友。她是很善良的人。我們都沒有太大改變，友誼數十年如一日。她的個性很好；雖然名氣很大，長得漂亮，衣食無缺，她的內心卻從沒改變過。她爲人忠誠，對影迷一向很好。青霞眞心誠意對待朋友和家人……還有工作。這是她的特質。她拍電影時，我們很少去探班。那時張俐仁當祕書，我上大學。各自的生活都很忙碌。

在銀幕上看到青霞，感覺很奇怪。我們的感情太親密了，有時無法對她的電影產生太多感受。我們之間沒有距離。可是我總說，她到現在還是有很好的表演才華。她可以發出更亮的光芒。我認爲，現在她這分成熟有助於吸引電影導演找她合作，我想她自己也知道這一點。只是她現在不拍戲了，再者也沒有理想的角色。總之，我覺得她是很有潛力的演員，不只是個電影明星而已。如今我們一年見個幾回。她來臺北，或者我們去香港，大家會相約碰面。我們也打電話聊天。現在的她好像滿喜歡給我們建議。三十歲以前，她沒辦法給我們半點兒建議。而今她做得到了。

青霞和俐仁以前常有爭執，但我不曾與青霞爭執過。我給她哪一種建議呢？就是給她一個想法，譬如「我不會這麼做，這樣沒有好處，理由是……」。有時我覺得她聽不進去。沒有誰非得接受任何人的建議不可。但我認爲我對她有相當的影響。所以，你也可能對她發揮影響力。或許她不聽我們的，或許她會從我們身上學到教訓。她可以採納我們的意見，或是作一些調整之後再採納。一九八四年，青霞滿三十歲前夕，那段日子我記得很清楚。她人在舊金山，我去參加她的三十歲生日會。那時我住聖地牙哥，自己也剛過三十歲生日，寫了一篇文章登在報上。我對她說：「我不曉得怎麼說。人生到了三十歲，就是不一樣。很多感覺油然而生。大不相同。」她卻說：「得了吧，三十只是個數字。我認爲三十歲很不錯，很有意思……」接著還說了一大堆。我的生日是七月三十一日，她的生日是十一月三日。過了幾個月，她打電話給我：「三十歲眞的很特別。我可以體會你的感受了。」物換星移，你覺得自己也該有所改變。三十歲之前，你認爲自己還年輕，你想做什麼、喜歡做什麼都做得到。因爲你還沒長大，仍是年輕女孩。三十歲一過，你覺得自己有了責任。你必須爲每一件事情擔起責任。壓力油然而生。

幸福家庭

◇：沒錯，青霞的感情世界曾有很多流言。當然啦，我們知道她眞正的感受。因爲我跟青霞有往來，所以我知道她在七〇年代末到八〇年代初那段時期充滿掙扎。我告訴她：「你是個好女孩，不該跟不適當的對象有瓜葛。」於是她逃到美國去。那時她盡了最大的努力。大學畢業後，我當了六年空姐。我常去洛杉磯，她會去我下榻的旅館找我。那段日子裡我們常碰面。後來我結了婚，住聖地牙哥。有時候，即使是朋友，也不可以提供一丁點兒建議。這是爲人之道。人應該靠自己走下去。這是天命。人應該思考對策。天命會引導出人的命運。我認爲他們兩個【秦漢與林青霞】錯過了最佳的結婚時機。他們曾經相愛，也許對彼此來說是合適的對象。最後他們沒有結婚，然而其實兩人是可以結婚的。她想結婚的時候，秦漢卻沒這個打算，反之亦然。時機不佳。

她和Michael【邢李㷧】在一起，是天時地利人和。她告訴我們她要結婚的時候，我根本不意外。我認爲Michael是很好的人。他非常穩重，和其他男人不一樣。他讓青霞的生活邁入平穩。女孩子到了一定的年紀會需要一分穩定的生活，需要家庭。青霞從二十歲到三十歲這段期間，一直在不同的地方和不同的男人約會。對有了年紀的女孩子來說，希望一切穩定下來是很自然的事。像俐仁和我這樣的人，要求安定是很正常的。如此人之常情，對青霞來說卻是很不平常的。這就是她過去一直追求的東西。也許我們追求的是不同的目標。那段時間，一分安定的生活是她的目標。她非常、非常熱切地追求這個目標，我認爲Michael給了她這分安全感。當年我們有過快樂的時光。最重要的是，我們全都擁有美滿的家庭，也希望這個好朋友擁有同樣的幸福。現在，青霞有了老公，也有可愛的孩子。這就是完整的人生，幸福的生活。

她在舊金山的婚禮，俐仁和我都出席了。當然啦，她在婚後有了改變。說不定變得更成熟了。生小孩之前，她總是吸引眾人目光。現在有了家庭，孩子吸引住她的目光，帶給她很多快樂與希望。我認爲這對她而言是很特別的感覺。她非常快樂。她曉得如何扮演現在的「角色」：當家庭主婦、爲人母。她不再是電影明星了。這些角色她扮演得很稱職。不過，如果碰上非常好的角色，她應該會再度粉墨登場。

□：青霞以前不懂如何打理一個家，也不知道怎麼管理傭人，可是她很努力學習。這跟當演員或電影明星是不同的。她學得很好。現在她曉得怎麼指揮女傭，怎麼持家。她的生活變化很大。青霞以前緊張兮兮的，因爲她要求一切完美無缺。她工作認眞。高中時代她很害羞，可是她克服了害羞的本性。她克服了很多事情，成了電影明星。過去青霞整個人繃得很緊，因爲她知道觀眾希望她保持完美。然而根本沒人注意到她的緊繃。沒人曉得她在幕後所做的努力。

◇：如今她是個沈著、美麗的母親了。

獨特的美

【談到林青霞的美，很多人告訴我她動過整容手術和／或隆乳手術。然而我總是不相信。那些人說我是不願意相信，因爲林青霞是我的偶像。我向陸玉清與張俐仁求證此事。】

◇：我記得有一次青霞故意戲弄記者，指著自己的臉，宣稱她做過整容手術——這裡【下巴】、這裡【鼻子】、這裡【額頭】，還有其他部位。其實她從未做過任何手術。我告訴你一件事——開學那天她走進教室時，我們異口同聲說她走錯班級了。通常呢，女孩子到了青春期，就會出現生理期了。我們的初經大概十四、五歲就來——青霞一直到十八歲才有。她發育得晚。女孩子有了生理期之後，女性荷爾蒙會讓身體開始發育。所以人人都說：「哇，她一定有做過整容手術或隆乳手術。」每次我們告訴別人青霞發育遲緩，聽的人總說我們扯謊。但這不是謊話。她發育得很慢。不光是身體，說不定心理層面也一樣慢。

【我對陸玉清提起，我注意到林青霞婚後穿了耳洞】那是她動過的唯一一次手術，如果你把這個也算在內的話。她十八、九歲時，體型瘦削，沒什麼曲線。沒有誰眞的注意到她的發育跡象。她總是穿牛仔褲。二十五歲之後，她敢穿比基尼了。大家說：「哇，你換了一副身材。」其實不然。她老是把身材隱藏在牛仔褲或別的衣物底下。後來她穿起比基尼了——「嘩，這到底怎麼回事兒？」青霞喜歡自然風格，Michael也是，他喜歡自然不造作的事物。我想，他倆是因爲這一點才彼此吸引的。他們喜歡自然的東西。我認爲青霞是個非常好的妻子與母親，對家人、丈夫和孩子非常忠誠。

【我問陸玉清與張俐仁「林青霞是誰？」的時候，兩人立刻異口同聲回答：「她是我們最好的朋友。」】

◇：她不是電影明星。她是我們的同學，我們一塊兒長大。如此而已。她在我們面前一派自然，毫不做作。她對我們來說不是什麼特殊人物。我們不會說「噢，你好漂亮喔」或「你是我們的朋友」。當然啦，我承認她非常、非常美。從高中時代到現在，我一直記著她的美麗。我開始寫作的時候，沒人相信我有這等能耐。那時我跟丈夫住聖地牙哥。我跟青霞說，我想寫點兒什麼跟她有關的東西。當時她很不開心，因爲那段時期她和秦漢、秦祥林正在鬧三角關係。她開車南下聖地牙哥來看我，在我的公寓住了一陣子。我無法描述當時那種感覺，我只能說我很難過。我說：「我要寫點兒什麼，以你爲題。」於是我寫了一篇大約五千字的文章。我用我的感情下筆。用眞實的情感寫作就能寫出好文章。等她回洛杉磯之後，我在電話上讀給她聽，她哭了。哭得好凶。

在那篇文章裡，我寫下高一或高二時全班去陽明山郊遊的事。我遠遠看著青霞獨自在開滿櫻花的林子裡走著。印象好深刻。我一直記得那幅畫面。那時我覺得她好特別。她的美，有別於其他女孩子。一種比較深沈的美。很多美麗的女孩子，穿著漂亮的衣服、臉上化了妝。要變得美麗並非難事。可是，既美麗又獨特是很少見的。那一刻她就是非常獨特。我一直記在心裡，於是寫了下來。當時我感覺到那個女孩子有某種不一樣的地方。我無從得知未來會發生什麼事，也不曉得未來的事會如何發生，可是我知道將來一定會有什麼，會發生某件與她有關、非常特別的事。我說：「青霞，漂亮的女孩子很多。她們需要很多外在的事物讓自己變美——首飾、化妝、衣著。你什麼也不需要。就算你只披一件白色圍巾站在海邊，還是會引人注目。沒有誰像你一樣。即使沒有化妝或花稍的服裝，你仍將獨特出眾。」

所以我仍然會說她很美麗。只不過這話我不常講就是啦。俐仁和我無須向她說明這一點。

2 宋存壽與郁正春

宋存壽☆
郁正春△

【宋存壽在臺灣以執導題材嚴肅的劇情片出名。他導過五部林青霞主演的電影，包括她的處女作《窗外》。一九九九年十月中旬，我發現東京影展放映片單有宋存壽執導的三部作品：《窗外》、《古鏡幽魂》和《母親三十歲》（1973），他本人也將出席影展。前一年我已在臺北向他做過四十五分鐘的訪談，但我想更深入再訪問他一次。我託一名華人朋友寫信給宋先生，說明我會去一趟日本，希望再度採訪他。

宋先生由來自香港的郁正春作陪，同赴東京。郁先生是「八十年代電影公司」的創辦人之一，也參與《窗外》、《愛的小屋》（1974）等片的導演工作。以下內容是根據兩次訪談記錄和一封郁先生的來信加以編輯而成。】

清純勝出

☆：一九七一年，我和郁正春、楊偉雄合

組「八十年代電影公司」。郁先生是我以前在香港邵氏的同事，楊先生則在李翰祥先生在臺灣開的電影公司做過燈光師。爲了避稅，我們的公司在香港註冊。臺灣的電影公司從國外進口電影膠捲必須付稅，可是香港的電影公司去臺灣拍外景不必繳稅。我們製作過一些電影，包括《窗外》、《女記者》（1974），另外也在香港拍了一部動作片。幾年後公司解散。

一開始我想導的是《母親三十歲》【秦漢主演】，作爲公司的創業作。由於劇中主角是個中年婦女，投資的人認爲這種題材沒有市場。陸建業先生的公司在一九六六年拍過黑白版的《窗外》。他來找我們，有意重拍該片。他說：「我手上有劇本，何不先拍這部片子呢？」黑白版的《窗外》我沒看過，那是女導演崔小萍的作品，劇本以倒敘法寫成。我們與陸先生合作改寫劇本，於是我決定先拍《窗外》。陸先生成了投資《窗外》的片商之一，他的公司也參與製片。換句話說，我們並未向他購買劇本。後來我同時拍《窗外》和《母親三十歲》，目的是爲了省錢，兩片可以用同樣的外景和布景。

演員楊琦把林青霞介紹給我的時候，並不是推薦她演女主角。楊琦知道我們正爲手上的拍片計畫尋找新面孔的演員，他認爲林青霞可以擔任臨時演員之一。林青霞帶著自己的照片來到我們公司，我一見到她就覺得她很適合演《窗外》的主角「江雁容」，因爲她既年輕又害羞。那時應徵女主角的演員有十個，所以我用兩捲八釐米膠捲，讓林青霞和張俐仁與其他應徵演員在公園裡試鏡。試鏡結束後，我們在辦公室的一面白牆上播放試演片，一一比較各人表現。《窗

宋存壽（右）與郁正春攝於東京（1999）© A. Tetsuya。

外》攝影師看過以後，認爲張俐仁頗適合江雁容一角。我不記得當時是否問過秦漢的意見，說不定有。他看了試演片，選了林青霞而非張俐仁。我的選擇是林青霞，因爲其他女孩子的模樣都沒有林青霞來得內向與純眞。

也有人推薦張艾嘉飾演江雁容，於是我們開會討論。我認爲張艾嘉非常活潑，因爲她在美國長大，那時已在臺灣某家電臺當DJ。她的特質和這個角色需要的條件正好相反，對於江雁容而言，張艾嘉太成熟了。

籌備之初，我們本想請甄珍和柯俊雄這種知名影星出馬。甄珍當時已走紅，我們得仰仗她的演技去詮釋這個愛上老師的女學生。那個角色擁有單純的特質，我懷疑她能否演得來。再說，我們還得等到她的檔期有空才行。柯俊雄不太想飾演愛上女學生江雁容的老師，而且他認爲這個角色並不寫實。當時的甄珍片酬要六萬臺幣，柯俊雄的片酬也要四萬，我們的習慣是先付片酬才開鏡。公司財力並不雄厚，所以才想找新人當女主角。我們付給林青霞和張俐仁各一萬元。其他演員和工作人員同意以低酬勞參與拍攝。郁正春寫過一篇文章，講的是林青霞與我們簽約的經過，刊登在《香港文藝》（1995）。

徵求父母同意

△：當時由我去和林青霞的雙親交涉，因爲她未滿十八歲，我們必須取得她父母同意。我向林青霞提起這件事，她說她不敢稟報雙親，擔心爸媽不讓她拍電影。交涉過程相當費力。他們不

想讓女兒進娛樂圈。林家雙親很保守，認爲電影界的人不能信任。他們家在做棉衣。我頭一回去拜訪時，有個男人從屋裡出來，作勢趕我走。我心想這人應該是她父親。他態度魯莽，叫我滾回家去，我備感挫折。但林青霞瞞著雙親跑到我們公司，告訴我們：「那人不是我父親。他是替我父親做事的。你找個社會地位比較高的人一起到我家，和我父母親再談一次，這樣可能比較行得通。」我們的合夥人之一楊偉雄，他岳父當時是國大代表，和林青霞的父母是山東同鄉。我帶著那位國代一起去林家，與她父母商討讓女兒拍片的事。

林家雙親認爲我們是小公司，還說我們旗下沒什麼大明星。此外他們也聽過一些電影圈的負面傳言，不放心讓女兒進演藝圈。我對林家父母解釋了拍電影的流程，誠心誠意說明以下的條件：假如他們眞的不放心，可以讓媽媽陪著她去拍戲。我們願意提供車輛接送；如果她因爲拍戲吃了苦頭，我們一定會改進。

最後林青霞的父母終於答應。她父親說：「我把女兒交給你了，請你好好照顧她。」我覺得自己責任重大。從那天起我們就成了好朋友。一般情況下，合約都是在我們公司裡簽的，但林青霞的雙親要求把合約送去林家，因爲他們不懂業界的習慣。我心想，在哪兒簽約不要緊，再說事關重大，所以我去了一趟林家，也把簽約金一併送上。

☆：林青霞飾演女主角江雁容，非常年輕的女孩子，大約十七、八歲，飾演的人要有害羞與單純的特色。林青霞具備這種特質。我不像李翰祥導演，我一輩子從沒演過戲，所以不太會教戲，林青霞也沒有任何表演方面的背景。起初我建議她思考劇本裡的描述，想一想這個角色的感覺，平常雙親責備她時她有何反應。接著我們先排練。不論演得對不對，我都會說出我的意見。有時我給她建議，加點兒什麼進去。還有，開拍前我們把她的頭髮剪短。她還因此掉眼淚。

△：這我也記得。高中畢業後，她的頭髮留長了。對高中女生而言，留長髮似乎代表變成熟了，因爲學校規定女學生必須剪短髮。我想，倘若當年她考上大學，應該不會成爲演員。

☆：她學得很快，也有膽量在攝影機前一派自然地演戲。沒經驗的演員通常太過注意攝影機的存在。我不必仔細向她說明如何演戲。她有天分，一點就通。我跟她解釋什麼的時候，她很快就抓到要點。她在銀幕上的演出全是自己努力的成果。我認爲她的表現非常好。當時我心想，她可以成爲優秀的演員，但我沒料到她會變成超級大明星。

版權風波

☆：我們以爲《窗外》的版權沒有爭議，即使瓊瑤寫了封信說：「不要拍這部電影。如果你執意要拍，得先跟我談。」陸先生說應該不會有問題，因爲他手上有電影版權，而且我們的立場是與他合作監製本片。他認爲沒有理由去跟瓊瑤討論版權的事，再說，如果電影利潤中有版稅，我們會付給她。**【我提到，在中國大陸出版的《林青霞傳》指出，《窗外》改拍成電影的合約有效期限是兩年。這本《林青霞傳》作者是張煊。】**

△：不，這不是事實。陸先生給我們看過合約。我沒看到合約上記載任何終止日期。我甚至去找瓊瑤的夫婿兼經紀人平鑫濤先生詢問版權的事。他說：「版權不再屬於我們。已經賣掉了。」

☆：實不相瞞，《窗外》開拍前，瓊瑤來找過我。她說：「我不希望你把這本小說拍成電影。這個故事有自傳色彩，我母親看了黑白版本後鬧過自殺。我想她會再鬧一次的，所以請你別拍了吧。」我百思不得其解。既然她寫了這本半自傳式小說也以此成名，而且這本小說仍繼續印行販售，人人都看得到書裡寫些什麼，爲何她會要求我們別拿這本小說拍電影？我沒有理會她這番說辭，執意開拍。陸先生告訴我們，這是他和瓊瑤之間的問題。

片子拍完了，我們又收到瓊瑤一封信。信上說，若是電影眞的要發行，她會和我們對簿公堂。就在我們籌備發行事宜之際，官司開始了。我們一審勝訴、二審敗訴。瓊瑤的律師比我們的有本事。如果我們拍的版本仍執意發行，她會再度自殺。關於這樁官司的傳言多不勝數。大抵都是「到底是誰搞了什麼鬼」這一類的。

當年在臺灣，男性得服兩年兵役。不過假如你能逃避兵役超過十年，就不會遭到告發。臺灣當局不知從何得知陸先生已逃避兵役九年。就在《窗外》官司二審之前，陸先生遭到逮捕，於是他無法為我們出庭作證。他是版權所有人，責任也在他身上。這是我們敗訴的原因之一。從某種角度來說，我們自覺像是他的犧牲品。倘若陸先生是有錢人，我們會要求他出訴訟費。

我認為這部電影在臺灣會是成功的作品，因為故事的背景就在臺灣，臺灣的高中生會是主要的觀眾群。在香港或其他東南亞國家，中學校園裡的情況也許與我們臺灣不同，上映後票房不算理想。

△：宋先生曉得我想當導演，可是，要得到初次執導電影的機會非常不容易。當時我們三個組電影公司，宋先生邀請我和他一起當導演。我住在香港，到臺灣來實現我的夢想。

☆：過去，在製片廠這種環境裡，如果我認識的人擔任某部電影的導演，我便去做他的副導演，這是很常見的事。早年我很幸運，李翰祥和胡金銓兩位前輩找我去拍電影。郁先生則沒碰上有老師領進門的機會，於是我請他擔任副導演，一起拍《窗外》。

我們在香港和某家片商談《窗外》的發行事宜，對方說這部片子應該沒有市場，因為布景太老舊，演員陣容也不是大明星。最後由嘉禾電影公司在香港發行。

△：一九七三年夏天，宋先生、青霞、青霞的母親、擔任女配角的張俐仁、還有我本人，一起去香港替電影做宣傳。我們在一家餐廳辦記者會，一共坐了六桌。記者和媒體界的人來了很多，甚至還有專欄作家——專欄作家平常是不出席這種場合的。眾人皆對林

青霞的美麗留下深刻印象。他們很歡迎這兩個臺灣女孩的到來。隔天兩人就上了各家報紙的頭版。隨便買一分報章雜誌，就可以看到她們的名字和照片。有句玩笑話是這麼說的：「除非你瞎了眼，否則不認識她倆也難。」《窗外》上片八天，票房大約有港幣五十萬元。【據陳清偉所著《香港電影工業結構及市場分析》指出，《窗外》的上映日期是八月二十四日至八月三十一日，票房數字爲港幣503,778元。】

機靈、敏感、學得快

【一九九九年東京國際影展放映了《窗外》，而且是片長一〇八分鐘的原始版本。我問他們，港版的LD片長何以比原版短了二十分鐘。】

☆：我也不知爲何會剪掉二十分鐘。原始的版本是一〇八分鐘。

△：我們賣掉影碟版權時，我懷疑他們把片子剪成了八十八分鐘的版本。一九九三年，本片在香港重新發行，因爲當時吹起一陣林青霞熱。我只給了對方拷貝版本。原版母帶仍然是一〇八分鐘。

☆：當初林青霞主演《窗外》時，我們的確想過要改她的名字，想了好多不同的藝名。那時候，很多女演員都用兩個字的藝名。後來我們想不出什麼好名字給她，就保留她的本名。

△：我問過她母親，爲什麼替女兒取名「青霞」。她說，因爲她喜歡看武俠小說，便挑了某個小說女主角的名字。

噢，我想起一件事兒來。當年的青霞是很聽話的女孩子，可是有一天，她說她不喜歡自己在《窗外》裡穿戴的戲服和假髮。假如她非得穿上那些行頭，她就不演了。我們聽了很驚訝。她母親告訴我們，林青霞從小就是這樣，假如她討厭什麼東西，她會表現出頑固的性子，這種情形不時發生。因爲她實在太年輕了，片場所有人都原諒了她。我們的經費不多，只能借來一些戲服，其中一件是結婚禮服。那是片中飾演江雁容母親的女演員出借的，是她女兒的衣服。我們把林青霞在全片最後一組鏡頭所穿的戲服送給林青霞，因爲她很喜歡。爲了《窗外》，我們還買了別的戲服給她。後來拍《女記者》時，她便自己去買戲服了。

☆：《古鏡幽魂》是我們公司的第二部電影，卻是林青霞個人的第四部作品。我們不斷爲她尋找好題材，她在時裝片裡已經很漂亮了，我們認爲她演古裝片會更美麗。起初她不是很想演女鬼。她認爲鬼片是拍來嚇人的。於是我們費了一番唇舌跟她解釋，這個女鬼是個美麗的鬼。《古鏡幽魂》是根據一部中國古代傳奇作品改編而成，講的是一面鏡子的故事。

△：青霞覺得自己的古裝扮相不會好看。我們替她做了四套戲服和髮型，讓她一一試裝。等她看過自己穿古裝的模樣以後，她便同意主演了。邵氏顯然也有意找她拍片。他們想重拍一九六六年的《紅樓夢》，屬意她飾演林黛玉，於是我們給她拍了幾張古裝造型的照片。你也曉得，後來邵氏改變主

意，不拍《紅樓夢》了，不過李翰祥在一九七七年拍了這部電影。林青霞演的不是林黛玉，而是賈寶玉。

☆：我們替林青霞請了一位古典舞蹈老師。她得學跳舞和彈古琴。演古裝片的舉止動作得更有型有款，就好比舞臺劇與時裝電影的不同。即使是走路，我得說古裝片的走法有時的確太誇張了。

我們公司想製作《古鏡幽魂》，可是，受到先前的官司影響，資金不足。後來有個朋友的電影公司出錢幫忙。《純情》（1974）也碰到同樣的情形。**【宋在《純情》掛名製片】**

△：《窗外》拍片期間，我們和林青霞的父親簽了第二分合約。那分合約爲期兩年，共四部片，我們支付林青霞月薪與每部電影的片酬。第一年我們官司纏身，沒辦法好好拍電影。我們請電影圈的朋友幫忙。一拿到錢，我們就付酬勞給她。我們想辦法籌拍《愛的小屋》（1974），那是我和文石凌共同執導的作品，後來也拍了《女記者》。**【《愛的小屋》由吉星影業公司監製】**

☆：我執導的《女記者》改編自一名《中國時報》女記者的眞實故事。劇情描述她如何從一家旅館的廚房踏入新聞界的經過，她還專訪到當時來臺訪問的美國總統艾森豪夫人。片中我們必須把艾森豪總統這個人物替換成非洲某虛構國家的元首。由於本片講的是眞人眞事，倘若當初不必受到諸多層面的限制，這部片子會拍得更好。

我還導過另外兩部林青霞的作品，《水

《女記者》(1974)劇照。該片被臺灣影評人協會評為年度十大國片。© 郁正春

雲》（1975）和《綠色山莊／留下一片相思》（1978）。《綠色山莊》是我最後一次和林青霞合作。那幾年裡她蛻變成女演員了嗎？我想沒有，但我眞的認爲，她在一九七七年與李翰祥導演合作《金玉良緣紅樓夢》，對她而言是一次非常好的經驗。林青霞是在去了香港與徐克合作之後才出現重大改變的。總之，她機伶、敏感，學得很快。這就是我對她的印象。

臺灣比香港來得保守。與香港相較，臺灣拍電影的限制多，規定也比較嚴格。這也是我們臺灣的電影工業並未像香港當年那麼蓬勃的原因之一。假使林青霞早年能夠選擇各種不同的角色去搭配她的外型，她在臺灣也許會成爲更受敬重的演員。

△：在我們和林青霞簽的合約裡有一項條款是這樣的，如果林青霞與其他導演合作，我們會替她過濾劇本。不過，倘若她合作的對象是白景瑞、劉家昌這些大導演，我們當然沒有意見，也不會過濾劇本。我們的用意是想保護她，免得她去拍一些沒有太大價值的片子。因爲她是新人，而且挑選好劇本很重要。只是，她紅得很快，沒多久便接到大量片約。不少製片人打電話找她的家人，跑去她家，在他們面前亮出大把鈔票當作簽約保證金。林青霞的父親請人帶話給我們，要求把那一項條款從合約中刪除。我記得我們修改過合約。我們無意限制他們，純粹只是想幫她擋掉不好的片約。然而她就像一夜之間轟動影壇的人物，我明白他們會有受到我們限制的感覺。她的銀幕處女作誕生後，甄珍受歡迎的程度受到影響，林鳳嬌則是後

起之秀，所以那段日子可說是「林青霞時代」。

我認為她是幸運的。我相信她必定為了追求成就而認眞努力過，但她踏入影壇之際，我們的市場主要在香港、馬來西亞和新加坡，因此才有辦法大量拍電影。倘若她是當今這個時代的演員，一切發展也許就不同了。

☆：香港的情形我不清楚，不過在臺灣，當年她可是無人能敵。一開始她說她怕我。後來，她成名之後，我告訴她我怕她，因為，要是我惹她不高興，片子也許就拍不成了。【大笑】

【宋存壽先生已從影壇退休，定居臺灣。郁正春先生現居香港。】

3 瓊瑤

【瓊瑤出生於中國大陸，後隨家人移居臺灣。她是華人地區最受歡迎的作家之一，出版超過五十部小說。所有小說作品都曾改編，拍成電影或電視劇，甚至影視兩種版本。林青霞的銀幕處女作《窗外》就是根據瓊瑤的第一本小說改編。林青霞一共主演了十二部改編自瓊瑤小說的電影。我聽說瓊瑤很少接受採訪，便與臺灣的皇冠出版社聯絡，要求安排一次瓊瑤的訪問，過了好幾個星期一直沒下文。由於林青霞建議我去採訪瓊瑤，於是我請教她有何管道。一星期後，皇冠出版社的人便打電話給我了。專訪安排於一九九九年十月，地點是瓊瑤在臺北的住所。】

小說女主角的化身

大約一個月前，林青霞到我家來，問我能不能接受你的採訪，因爲你正在寫一本和她有關的書。她說，我是她這輩子最重要的人之一。平常我是不接受採訪的。現在我忙著寫電視劇《還珠格格》的劇本，這齣戲正在北京拍攝，外景出了些問題。今天的報紙也寫了，我明天要飛去北京。我原本是這麼計畫的沒錯，但不得不取消行程——不是你的緣故，而是另有原因。

我的半自傳作品《窗外》曾經兩度拍成電影——一次是一九六六年的黑白片版，一次是一九七二年的彩色片版。兩部我都看過。第一部不怎麼樣，拍出來的結果與我期望中相差太多。第二部則是未經我同意就拍了。我爲此告過製片公司【八十年代電影公司】，後來該片在臺灣禁演。當時我心煩意亂，未能以客觀角度去看那部電影。不過我認爲林青霞演得很好。後來我找她主演《我是一片雲》（1977），原因之一就是看上她在《窗外》的出色表現。《我是一片雲》是我們的巨星電影公司成立後開拍的第一部電影。

我第一次見到林青霞本人時，她大概十九或二十歲，模樣清純又美麗。我對她的印象是她有非凡的魅力。一九七六年我再度見到她，當時我們要拍《我是一片雲》，我認爲她的形象與我小說裡的女主角很接近。在我們實際共事以前，我看過所有她主演的；由我的小說拍成的電影。說眞的，我認爲青霞是詮釋我筆下女主角的最佳人選。雖說甄珍也多次演過我書中的人物，不過，她是俏俐又可愛的類型，與林青霞那種驚人的美不一樣。她倆演出時都發揮了自身特質，但青霞的形象更接近我筆下的女主角。林鳳嬌也演了一些以我的小說拍成的電影，不過老實說，青霞比較出色，因爲她比較高雅，比較優美。

我從未針對林青霞的形象去寫小說。甄珍詮釋我筆下的人物時，大家問我是否曾爲她量身打造。從來沒有。假如她們在銀幕上的形象保有我書中女主角的特質，會令你產生一種她們演得很好的感覺。事實上，我的小說出版時，巨星電影公司早已決定要拍成電影。皇冠出版社知道誰要出任電影女主角之後，便根據其形貌繪成插畫當作小說封面。所以並不是先敲定女主角人選才有小說。此外，我筆下的女主角各有不同性格。如果青霞擅於詮釋這些小說裡的女人，那麼她的演技一定很好。從《我是一片雲》之後，她陸續主演了巨星電影公司的《奔向彩虹》（1977）、《月朦朧鳥朦朧》（1978）、《一顆紅豆》（1979）、《雁兒在林梢》（1979）、《彩霞滿天》（1979）、《金盞花》（1980）和《燃燒吧！火鳥》（1982）。

我的丈夫平先生是皇冠出版社的老闆，也是我的經紀人，他負責思考小說的銷售策略。我贊同他的行銷策略。當時他是巨星電影公司的老闆之一，而我負責寫小說、劇本和主題曲歌詞。我希望儘可能讓更多讀者欣賞我的創作。對我來說，寫作的主要目標是讓大家輕鬆閱讀我的作品，從中得到樂趣。利用電影與搭配主題曲的方法賣書，我沒有任何異議。

我認爲我的小說並非憑空幻想之作。我無意描寫我不熟悉的題材。我寫的是我自己的性格、我周遭的人物、我生活的環境。沒錯，我筆下的主角都算是聰明人，但如果你說書中人物與一般讀者的差別在於小說主角的家境都很不錯，這一點我並不認同。我在《窗外》、《在水一方》（1975）和其他作品裡都寫過缺錢或貧窮的角色。我從來不寫虛幻不實的東西。目前我正在寫一個清朝年間的故事，所以我做了很多研究。

情同姊妹

林青霞二十幾歲的時候，演藝事業正值顛峰，持續十年左右。在那段時期，她每年主演一部以我的小說拍成的電影。我倆幾乎天天見面。所以她會跟我聊和感情有關的事，也會跟我說一些小祕密。我是很好的聽眾。只要她說什麼事情是祕密，我是絕不會說出去的。有時她來我家聊到很晚，便在我家過夜。那時我們走得很近。後來她搬去香港。不過，在她覺得有壓力或者傷心、沮喪的時候，她會打電話給我，一講就是幾個鐘頭。這裡是她可以盡情抒發所有情緒的地方。沒錯，我就像是她的姊姊一樣。

關於林青霞的感情世界，傳言很多。我不能跟你聊這方面的話題，因爲我不曉得她跟你說了多少。不過我可以告訴你——在我們合作的那十年之中，我認爲秦漢是她唯一的心上人。她很在乎他，兩人卻不能在一起，因爲他已經結婚了。可是他們倆共同演出很多電影。在此同時，秦祥林也對她展開熱烈追求。青霞的工作壓力很大，她的教養背景不能認同她與秦漢的感情，這段情無法見容於她的家庭。她可說是身心俱疲。後來她去了美國，追求平靜的生活，又因爲秦祥林追她追到美國去，她才與秦祥林訂婚。她渴望擁有穩定的生活，兩人訂婚四年後卻分手了。有一天秦漢打電話給我。我對他說：「現在，青霞是一個人了。你何不給她打個電話？」這促成了兩人復合。那是一九八五年年初的事。

我的朋友趙寧也追過林青霞，只是不久就分手了。追求過青霞的男性非常多。在那段日子裡她試圖忘卻秦漢，所以她才與其他男人約會。但她就是忘不了秦漢。

林青霞主演以我的小說改編的電影，幾乎每一部我都喜歡，假如非得要我選一部，我會選《我是一片雲》。這部電影講的是一場三角戀愛，由秦漢、秦祥林和林青霞主演。我們選他們主演本片的時候，我並不知道當時這三人在現實生活中的關係很接近電影劇情。後來林青霞對我說：「其實，我們當時正處於三角關係。和電影不一樣的地方是，兩個男人的角色應該對調。」

一個時代的偶像

林青霞當時在臺灣拍電影是一部接一部，我認爲那陣子是所謂的林青霞熱潮。她主演的每一部電影都很賣座，電影院座無虛席。她是年輕人的偶像。把那段時期稱作「林青霞時代」，應該是很貼切的。有一天，某個電影製片人捧著一堆鈔票到她家，附了一張紙條，上面寫著：「救救我吧！」這是真有其事。人人都想找青霞拍戲。有個傢伙很瘋狂，一直坐在她家門外不肯走，青霞只好同意拍他的電影。那個年代，電視不像現在這麼普遍，而且只有幾個頻道而已。電影是大眾唯一的娛樂。青霞是那段時間唯一的代表人物。

她爲什麼會有這麼大的吸引力呢？因爲她的演技很好。林青霞不光只是個美麗的女

《雁兒在林梢》（1979）© 怡人傳播有限公司

演員而已——她不必說半個字，只用眼睛或表情就能詮釋女主角的情感。正因爲如此，她在年輕女孩心目中才會成爲美夢一般的人物。她們對青霞很仰慕，想要成爲像她一樣的人。她擁有這等吸引力。

她在香港拍的電影，我看過一些。我沒辦法全部看完，因爲實在太多了。雖然我不喜歡《笑傲江湖之東方不敗》那種武打片，我仍認爲那些電影對她來說是一種挑戰。身爲演員，青霞應該嘗試各種角色，這點我明白。

我認爲她在七〇年代末期本來無意大幅改變自己，可是，她必定了解到自己不能老是演很女性化的角色。青霞是演員，她想扮演不同角色是很自然的事。我認爲，她後來得到機會在武打片裡演出，搭配精緻的戲服與化妝，藉此拓寬了她的戲路。林青霞是在影史上留名的女演員，在臺灣和香港都一樣。特別是她在臺灣發展的那段時間裡，說那是「林青霞時代」，一點都不誇張。

我自己很喜歡她這個人。她非常友善，對待感情很認眞。她與秦漢合作《窗外》時愛上了他。她一直愛著秦漢，直到她明白兩人不可能結合，才終於放棄。後來她認識了現在的丈夫。青霞是誠懇的人，凡事全力以赴。她演戲的時候，把全副心力都放在演戲上頭。現在她爲人母了，很努力要當個好母親。所以，我認爲她是個爲人處事盡心盡力的人。

林青霞是什麼樣的人呢？要用一個字詞去形容她是不可能的。在她的生命裡，她花了很長一段時間去當演員。她化身爲她扮演的角色，詮釋那些虛構出來的人物。白天她扮演別人，到了晚上又變回她自己，所以她曾有一段時間不知自己身在何方、不曉得自己到底是誰。此外，因爲感情生活的關係，她在心理上經歷過一段特別難熬的歲月。結婚之後，她成了母親。至少她變成了眞正的林青霞。我想，她找到了屬於她的快樂。自從她結婚以後，我們很少見面。我不曉得她是否改變了。但是，如果你問我，我對她最後的印象是什麼，我會說，她美麗如昔。

【除了《窗外》和其他八部巨星電影公司出品的電影，林青霞主演根據瓊瑤小說改編而成的電影尚有《女朋友》（1975）、《在水一方》（1975）和《秋歌》（1976）。】

4 焦雄屏

【焦雄屏是臺灣的學者、影評人兼劇作家。一九九八年，我和她在香港國際電影節巧遇。她雖婉拒了正式訪問的邀約，仍與我分享她對林青霞的觀感。】

你曉得林青霞的第一部電影《窗外》從未在臺灣上映過吧？她的第二部電影《雲飄飄》使她成爲超級大明星。該片是在一九七四年二月上映。公車車廂兩側貼著電影廣告，上面有她的臉孔。人人都想知道這個女孩子是誰。噢，原來她叫林青霞呀！西門町是當年臺北最熱鬧的地方，那一帶有很多電影院，掛滿她的照片與海報。她成了閃亮的新星。

林青霞踏入影壇的時機非常好，因爲那時當紅的瓊瑤電影女主角甄珍年齡漸長，考慮息影。林青霞很上相，哪個角度都好看。她的形象有如仙女，擁有不食人間煙火、夢幻、女神一般的特質，很適合演文藝片。再者，她的片酬比甄珍低，製片公司請得起她。

甄珍、林鳳嬌和林青霞擔任瓊瑤電影的班底要角超過十年。三人之中最成功的是林青霞。她主演的瓊瑤電影每一部都賣座。我認爲她甚至對瓊瑤的小說產生了影響。瓊瑤小說以林青霞的素描爲封面，成爲一大特色。

林青霞崛起之際，臺灣的文化風氣相當純樸。那時政府實施戒嚴，女性運動剛剛萌芽。新設工廠林立，需要女性勞力投入生產。女人有工作，閒暇時則看瓊瑤小說，滿足幻想。林青霞是她們投射幻想的完美對象。不久她紅遍了臺灣、香港、新加坡、泰國。

她從美國回來後，試圖洗刷過去在通俗電影中的形象。她在藝術片《愛殺》（1981）裡美得驚人。這對她來說是一部重要的作品，讓她創造出一個新形象。她沒穿胸罩入鏡，在片中演出的角色也不同於以往乏味的文藝片女主角。她展現內在特質，散發充滿魅力的美。她極力尋求嚴肅而正經的角色。到了《滾滾紅塵》，她再度嘗試，但我認爲她這兩部戲都沒有成功。當時她已經是大明星，也有美麗的容貌，還想要什麼呢？

徐克的《新蜀山劍俠傳》（1983）是林青霞從影生涯的第二部重要作品，因爲她一人分飾兩角——瑤池仙堡堡主與邪惡的血魔。她在片中先以一身血紅的血魔裝扮亮相，不過只有驚鴻一瞥。

林青霞第三部重要作品是《笑傲江湖之東方不敗》。她飾演「東方不敗」。「東方不敗」不是男人也不是女人。在九〇年代初期，性別議題很盛行。人們接受同性戀、異性變裝癖這一類話題。這部電影也因此成了大賣座的商業片。

林青霞是歷來重要的女演員之一。她是一種象徵，也反映了時代。可是她從來沒有像張曼玉那樣，成爲具有影響力的演員。林青霞一直是偶像。無論她多麼努力嘗試，卻從未蛻變成實力派。她就是偶像，如此而已。除此之外，她還想成爲什麼樣的人物呢？

5 楊家雲

【林青霞的作品之中，有四部電影的副導演是楊家雲。楊家雲的導演處女作《晨霧》（1978），由林青霞、秦漢主演。一九九八年，臺灣的國家電影資料館代我安排了以下的訪問。】

學技術，找市場

我認識林青霞很久了，當時我是《女朋友》、《愛情長跑》（1975）和《我是一沙鷗》（1976）的副導演，後來擔任《無情荒地有情天》的共同製片人。

拍《女朋友》的時候，林青霞是一顆崛起的新星。她的角色十分重要，雖說那個角色只在片頭和片尾出現，主要的劇情都在秦祥林和蕭芳芳身上。當時有個慣例，文藝片都有一首主題歌或插曲。我認為這部電影對於林青霞成為大明星有很大的幫助，因為原聲帶非常暢銷。

她很幸運，當初星探在街上發掘她，就此踏入影壇。當時，這名星探在替電影公司找年輕面孔，星探認爲林青霞也許符合條件，於是上前問她想不想拍電影。宋導演讓林青霞試鏡後，發現她很上相，便起用她擔任《窗外》的主角。他們只是需要一個漂亮的女孩子，並不在乎她有沒有表演經驗。宋導先教她怎麼演，她再照著做。他們是這樣子教戲的。接下來她拍了好幾部電影，遇上的導演都是喜歡教戲的人。她從這種拍片過程中學表演，最後形成她的表演風格。

林青霞進入電影圈時，功夫片很熱門。後來愛情通俗劇開始受歡迎，接著功夫片和動作片再度盛行。臺灣的電影史就像潮水一般消長。在林青霞崛起之前，影壇有兩大玉女，一個是甄珍，一個是唐寶雲，可是當時兩人都快三十歲了。後來唐寶雲嫁人，移居海外。甄珍三十歲之後，觀眾覺得她的年紀有點兒大。於是林青霞有了很好的機會。

一九七〇年代的文藝片，基本上都是根據小說拍成的。這些小說的女主角既單純又清秀。小說內容是虛構的，而且美好得不像是眞的。因爲如此，電影的女主角必須擁有夢幻氣質。林青霞的形象非常符合。

關於她的感情世界，流言很多，特別是她與秦漢之間的事。他倆走得很近，即使沒有拍戲時也一樣。我不確定是拍哪一部電影時發生的，但拍夜戲的時候，片場工作人員看得出兩人眞的陷入愛河了，這是確有其事。秦漢的家人不喜歡聽到這些傳言，於是給他壓力，要他別再與她合作。對林青霞來說，愛人與被愛的感覺是很重要的。她絕對不是見一個愛一個的女孩子。她對她所愛的人非常忠誠。

一九七八年，我擔任《無情荒地有情天》的共同製片人。該片在美國拍攝，再度請到秦漢與林青霞聯合主演。開拍後不久，秦漢回臺灣，要求與妻子離婚。【但後來他仍與妻子在一起，直到一九八二年才離婚。】《無情荒地有情天》採同步收音。外景拍攝結束後，我留在美國參與後製工作。那時我們認爲秦漢的聲音有些孩子氣，於是大家爭論著是否該找人替他配音。由於這樁插曲，我才知道本片是同步收音。此外我還記得，電影拍攝期間，林青霞出錢替她哥哥在洛杉磯郊區蓋了一棟房子。

工作過量

如果她爲了什麼而煩惱，便無法專心工作──顯然她曾有過情緒崩潰的經驗。我們拍《晨霧》時就聽說她崩潰過一次。當時她正在拍另一部電影，一早就去臺北近郊出外景。他們說，青霞到外景現場的時候，一臉蒼白、無精打采。導演對她說明那場戲的內容，不一會兒，她突然變得歇斯底里，又哭又叫，在地上直打滾。沒有任何人能讓她平靜下來，只好帶她去醫院。當天下午，她沒有出現在我們的拍片現場，我便明白她的情緒崩潰了。

那段時間裡，她一天同時軋三、四部片。軋戲的情形大致是這樣的──早上軋一部，下午軋另一部，晚上再軋第三部。因爲我們在東南亞有很大的市場，就算沒劇本，只要端出林鳳嬌、林青霞、秦祥林、秦漢等其他明星的名字，就可以賣版權賺錢了。一旦收了錢，就得在期限之前把電影拍出來。賣版權的時候，演員陣容很重要。所以林青霞才會同時軋好幾部電影。她推不掉片約，因爲製片人捧著現金到她家去，而且，等不到她點頭，製片人就不離開。他們會跟青霞談，跟她父母談，也找林家的朋友談，運用一切可能的關係，只求說服她點頭。製片人和投資拍片的商人談生意，是以林青霞參加演出爲條件的，甚至事先並未知會青霞本人。製片人和片商談成之後，製片人才去拜託她演。那時的青霞太年輕，說不出「不」這個字。只要拿了錢，她就得乖乖拍片。

我做副導演時和青霞共事，常常一起吃飯。我們相處時間很多，我也跟她的父母很熟。我第一次當導演拍《晨霧》時，青霞特別跨刀演出。我壓力很大。我和青霞、秦漢都很熟，所以拍得很順利。拍片期間，一開始我希望演員按照我導戲的方式演出。那時候的導演要教演員走位、教演員怎麼表演之類的。大部分的導演都用這種教法指導林青霞演戲，所以她不必思考太多東西。導演怎麼交代，她就怎麼演，像個傀儡。而我喜歡讓演員先讀劇本，思考各自飾演的角色和角色的情緒。可是林青霞沒有爲角色作準備。起初我以爲她懶得去思考這些東西，或者是她不想準備。我們爲此爭論，我才了解她的狀況，就算她有心準備，她也辦不到，因爲她同時要軋三、四部片子，連睡覺的時間也沒有。所以我沒辦法用我的方法導戲，最後不得不用老方法去拍《晨霧》。

林青霞的電影之中，我最喜歡《愛情長跑》，因爲她飾演的角色很接近她本人。她不僅僅是清秀、單純而已，也很自然不做作，而且神采奕奕又活潑，喜歡和人交談。她本人很率眞的。這些特質非常接近她在《愛情長跑》裡的角色。她就像是在演她自己。不過，如果你和她不熟，就不會知道她眞正的模樣。

《愛情長跑》（1975）© 楊鴻坤攝影

最後的明星

林青霞心思敏捷，學得非常快。她待人很親切和善。知名的女演員身邊多半有助理。她拍《我是一沙鷗》的時候，已經是大明星了，仍然自己拉行李。她不需要任何人幫忙。她的個性也很勇敢，膽量很大。比方說，以前她不會騎腳踏車，工作人員要求她騎單車上戲，她沒說她其實不會騎，牽了單車就跨上去。後來當然是跌倒啦！

林青霞赴香港發展後，改變了表演風格，在徐克的《笑傲江湖之東方不敗》裡最爲明顯。那時她在表演與生活兩個層面的經驗更多了，所以表演風格更爲成熟。在臺灣拍文藝片時，她算是生手，還只是個學生。去了香港，她蛻變成熟手了。從女孩子變成了女人。

我認爲，林青霞是電影圈最後的明星，因爲她擁有美麗的臉孔，票房成績也非常好。大明星是教不出來的，光靠美貌或表演能力還不夠。在她之後，影壇就沒有明星了。如果把拍電影比喻成做生意，那麼明星就是拿來販賣的產品。林青霞是名牌，我們靠這個品牌把電影賣到臺灣以外的市場。一九七〇年代臺灣的拍片題材受限，對她而言是個遺憾。當時政府對電影尺度設下規範，還會審查劇本。所以我們拍的是文藝愛情片，而非寫實的生活故事。她沒有機會去挑戰各式各樣的題材。因此，當時的她接觸不到眞正出色的拍片計畫。後來她有機會接拍《八百壯士》，爲了演女童軍，必須在寒冬中學游泳，那是一個有深度的角色，與通俗戲劇中的人物很不一樣。

6 金燕玲

【金燕玲與夫婿、女兒住在英國倫敦，不過偶爾會回香港。她是港臺影壇最佳女演員之一。施南生（徐克的妻子）建議我找金燕玲聊林青霞的事，給了我電話。以下訪談於一九九八年四月在香港完成。】

臺灣VS.香港

我認識林青霞很久了，大概二十年前在臺灣認識她的。我一開始是歌手，後來才去拍電影，所以她認識我本人以前已經聽過我的名字。七〇年代晚期我倆成爲好友，但我們不是因爲共事培養出友情，而是我婚後住在倫敦、她在一九七六年去倫敦找我的緣故。當時，她的電影製片人，也就是名作家瓊瑤，要她去倫敦找我。我的前夫在倫敦擁有一家戲院，常常向瓊瑤買下在英國與荷蘭發行電影的權利，不過我和青霞的交情和這層業務往來沒有關係。我們兩人都來自臺灣，也在同一個圈子工作。在倫敦，我帶著她到處走走看看。我回臺灣探親的時候，她會到我下榻的地方找我，有時候也陪陪我。後來我離了婚，回到香港重新投入電影圈。青霞那時也到香港拍片，我們經常碰面，因爲她總是一個人。

我離婚之後待在香港，從一九八一年一直住到八九年。我在新世界酒店的公寓套房住了好幾年。如果她跟我同時在香港，我一定會去找她，晚上也睡她那兒。即使我自己有地方住，她還是會說：「過來睡我這兒吧。」大明星的日子是很寂寞的。就算她身邊圍繞著很多人，我認爲她並不快樂。我們多半窩在屋裡沒出門。

那段日子裡，我們碰面後會聊上一整天。她喜歡熬夜，白天起得晚。因此，早上是見不到她的。晚上我們不睡覺，總是聊天，聊個不停。我不曉得我們兩個怎麼會這麼有話講。我們不太喝酒，可是半夜會想吃東西。很多時候我們找朋友到她的公寓套房聚會，天南地北地聊。有那麼幾次我們出去跳舞。我們兩個不是喜歡參加宴會的人。你知道我們爲什麼不常出門嗎？因爲不論上哪兒去，人人都盯著我們瞧。眞的毫無隱私。

新世界酒店有游泳池。那時我們常常去游泳、做日光浴。每次去游泳，總會聊上三個鐘頭，有時候甚至根本沒下水！青霞很會游泳，她爲了拍《八百壯士》學的。在臺灣，我們去她參加的健身房，她的健身教練之一是個年輕女孩，教我學游泳。大部分的時候，我們都是懶洋洋的，卻講個沒完。你問我們會不會去「血拚」？我們倆不像香港有些藝人那樣天天血拚。我們會去逛街沒錯，但不是天天逛。

我們喜歡簡單的生活。某種程度上，我們還蠻像的。兩個人都說中文（普通話）。我們也會講廣東話，我講得比她還好。講普通話的時候不一樣——我們思考和說話的方式比較接近自己的感受。施南生也會說普通話，所以我們聊得很多。青霞是非常風趣的人。在認識的人面前，她會搞笑玩鬧。不過她跟我不一樣。我比較開放，很容易就興奮起來；她不一樣，除非她跟你很熟。

即使我們在香港住了那麼多年，還是覺得我們臺灣人和香港人有所不同。臺灣人認爲家庭很重要。我們與家人之間的關係很親密，一心想照顧家人。對我們而言，家人是擺在第一位的。賺了錢，第一個念頭就是買房子給家人住，最後一個才想到自己。跟香港人比較，這一點很不一樣。後來我再婚，目前住在倫敦，不過，任何時候只要家人有需要，不論如何我都會回臺灣。我們的心總是連在一起。青霞和我在這方面很像。她照顧父母、照顧在舊金山的妹妹、照顧在洛杉磯的哥哥。她找到Michael，我很替她高興，因爲Michael可以給她安全感，而不僅僅是金錢上的不虞匱乏。

《夢中人》（1986）拍片現場

周潤發是很不錯的演員。他會讓合作演員的演技有所長進，而且跟他一起拍片非常有趣。那段時間大家都很開心，因爲導演區丁平是我在香港的密友之一，所以每天工作都像在開派對。雖然大多數時候沒我的戲分，我還是常常待在片場。我記得，拍那部電影的日子非常開心。青霞也很開心。每個人彼此都認識。青霞因爲剪短髮，覺得很不自在。那是她頭一回把頭髮剪那麼短。張叔平是青霞的摯友，擔任該片的美術指導。他十分了解青霞，也知道怎麼讓青霞看起來更漂亮，因爲他在視覺美感方面的功力很夠。不過我認爲劇本不是很好。很多對白不太順，不過這個片子的構想是很不錯的。

一開始，青霞對於自己在片中背部裸露的場面和親熱戲有些緊張。可是，實際上也沒什麼——只是吻戲罷了。他們跟青霞解釋，編導人員不會要求她做任何她不想做的事。我認爲青霞很願意嘗試某些不一樣的演出。在那個年代，這種題材在香港影壇非常少見。另一方面，她對這樣的演出感到不安。萬一演出結果受到不同的解讀該怎麼辦？你懂我的意思吧？她不希望大家認爲：「噢，她最近沒什麼片約，所以拍了火辣床戲，整個背都給觀眾看光了。」人們很容易有這種想法的，特別是在香港。

天蠍座女人

青霞還沒和秦漢在一起之前，我就認識她了。那時我跟秦漢不熟，但我跟他合作過一次。所以呢，他倆在一起之後，一起從臺灣到香港來參加我的第二次婚禮。我跟秦祥林非常熟；但青霞與他分手，回到秦漢身邊。青霞結婚之前，我只見過Michael一回。那次我們和她的幾個朋友一道吃飯，她說：「這個人就要成爲我老公了。」我還特地去舊金山參加她的婚禮。我和青霞爲友已經超過二十年。施南生也是她很要好的朋友，因爲青霞在香港那麼多年，都是南生照顧她。

【我很好奇，金小姐是否知道某些傳言】

青霞曾試圖自殺？那是謠言啦。這件事情我也聽說過，但我從沒問過她。我回臺灣的時候會去看她，那時她和秦漢一起拍戲。青霞曾有一段時間非常不開心，我看得出來。那段時間的她好瘦，非常不快樂。可是她從來沒有讓我覺得她想自殺。如果一個人眞的有心自殺，是會去尋死的。這是我個人的看法啦。倘若青霞當初眞想自我了斷，她早就死了。現在她還活著哩！當時人人都知道她不開心。那段日子裡，我對她沒有那麼了解。我們的友誼才剛萌芽。那時我們還不夠親密，感情方面的問題無法啓齒，不過到後來，經過多年相交，她向我提起秦祥林和秦漢的事。她是天蠍座的，意志很堅定。天蠍座的人想做什麼事，一定身體力行。所以我不相信那個【她曾企圖自殺】謠言。

謠傳青霞動過美容手術？每個人都很在意自己的外表。有些人無法接受自己歲數增長、年華老去，但青霞不是這種人。我親眼見過好多次她沒化妝的模樣，看得出她到底有沒有做美容手術。她不需要做手術的。有人說她換膚？只是使用一種乳霜啦，你也知道的嘛，那不是什麼手術。只不過抹上一些保養品罷了。我自己也用的。並不是把整張臉的皮膚剝一層下來喔！那種乳霜就像普通的晚霜。

你聽說她是爲了錢才嫁人？對青霞來說，錢沒有任何意義。她自己也有錢。她結婚之前拍了那麼多電影，賺了很多錢。所以我會說，Michael是在適當的時間出現，給了青霞很多信心，也就是說，讓青霞覺得他可以依靠。她必須要有眞正自在安逸的感覺，否則她不會結婚。我覺得Michael很有自信，但也很隨和友善。我不是眞的很了解他這個人，但從他思考的方式、他與別人互動的方式、他的語調之中，是可以觀察出來的。他們夫妻倆到倫敦來——Esprit在倫敦有分店——的時候，我有機會觀察Michael與別人的互動。我看著他們一家人，心裡覺得非常高興，因爲他們是個平凡的家庭，Michael很喜歡孩子。他的女兒【前妻所生】也跟他們住在一起。

美滿生活

她還會再出來拍電影嗎？這很難講。一定要是很好的題材才有可能。她唯一在乎的就是劇本要好，而且是她過去從來沒機會演出的電影。每一樣條件——劇本、導演、合作演出的演員——都得令她心癢難耐才行。這樣一來，她或許會考慮。否則，我認爲她不會接演。何必呢？現在她的日子可說是完美無缺了。

青霞拍過不少自己沒有好感的電影。她很受歡迎，人人都想看她演的電影。她必須拍很多她本人並不想演的片子。這些電影全都是一個樣——臺灣式的文藝愛情片——她逐漸厭倦，也很挫折。她很不喜歡自己拍這種電影。我聽說她現在日子過得十分如意。我的意思是，她沒有什麼好煩惱的，有老公，有家人，有一分舒適的生活。她還能要求什麼？

她出身自樸實的家庭，可是那些年裡她是個風采迷人的電影明星。港臺電影圈的工作條件並不如好萊塢，因爲我們的拍片成本太低，有張椅子坐就不錯了。但是青霞的待遇不是這樣子。她運氣很好，因爲她太出名了，人人待她如上賓。不過，還是不能跟好萊塢比。很少人能同時擁有美貌與事業，而她幾乎擁有一切，十分走運。又或者，這些都是她應得的，因爲她非常努力拍片，一拍就是這麼多年。徐克和施南生非常喜歡她。從這一點來說，有人這麼喜歡她、眞心爲她著想、替她寫好劇本，是很幸運的事。否則，好劇本上哪兒找？香港是個極度商業走向的市場。

她的電影我最愛哪一部？噢，有一部叫做《滾滾紅塵》，非常好。我不是很喜歡《笑傲江湖之東方不敗》，不過我認爲她在那部戲裡很出色。我最愛的是《金玉良緣紅樓夢》。她飾演一個少年，亮相的第一場戲我記得非常清楚，俊美、年輕又有活力。

她永遠要求完美，特別是拍片的時候，有時會要求過度，不過她這個人並不難相處。我沒跟她一起工作過，所以這方面我不清楚。她與別人互動時說不定不怎麼隨和吧。剛開始要一步步仔細做某件事情的時候，她會小心翼翼，之後她可能會變得自在一些。她其實不是難相處的人。你不曉得別人怎麼看你、對你有何觀感，這時總是得謹愼行事嘛。她以前必定受過什麼傷害，也說不定這就是她本性的一部分吧。

這幾年來她有了改變，唯一的原因就是她當了媽媽。她有了女兒，這樣的改變讓她更令人喜愛了。她這個人非常自然不做作。不需要太多脂粉裝扮。任何時候看到她，都讓人很舒服。她是那種讓別人很自在舒坦的人。她是個超級巨星，也是個特別的人。很多人都喜歡青霞。人人都喜歡她，不分男女老少。我是說，男人女人都愛她！你很少會聽見誰說：「噢，我不喜歡林青霞。」大家一直很喜歡她，而且願意爲她效勞。如果跟她相約見面，結果她遲到了，不會有人生氣。大家都接受她這個樣子。她什麼也不必親手做，但她無意利用別人。一般來說，一個人要是習慣了這種待遇，可能會變得趾高氣揚，但是這方面她調適得很好。我注意到她有一個地方改變了，那就是她懂得如何付出，因爲現在她有女兒要照顧。我不是說以前她不懂得付出——以前總是有人替她辦妥每一件事，她根本沒機會付出。可是現在她跟女兒相處，也是在學習付出。在她當母親以前，我認爲她不曉得怎麼照顧小孩子。我看過她和女兒們相處的情形之後，我注意到她在這方面的改變，這眞是太好了。我們見面，聊的總是兒女經。現在的生活和以前不同了，我們比較有媽媽的樣子，心情非常輕鬆。我們和一般的母親一樣，做一些平常的事情。

7 施南生

【施南生是徐克的妻子，是香港娛樂圈成功的生意人，也是林青霞的好友。一九九八年四月，我在赴香港之前發了一封傳眞信給她，要求以林青霞爲題作採訪，施小姐很和氣地答應了。以下訪談內容是在徐克的製片公司「電影工作室」進行。】

新藝城影業公司與「新浪潮」

我的家人來自上海，不過我在香港出生，後來去英國唸大學，畢業後回香港工作。起初在一家公關公司上班，後來進電視公司，又從電視圈踏進電影圈。過去二十五年來，我一直在媒體工作——電視、電影、有線電視、衛星電視。

我在電視公司工作的時候，新藝城影業公司由麥嘉、石天和黃百鳴三人合夥創立。他們想多找幾個導演拍戲，其中一個與他們洽談的人是徐克，因爲徐克的緣故，他們才認識我，想找我一起合作。他們三個要拍電影，得找個人去管辦公室，負責發行和行政方面的工作，同時還得控管所有製片作業。我就是這麼踏進電影圈的。

一九七〇年代晚期有很多所謂的「新浪潮」導演，都是出身電視圈的年輕人。那時大夥兒彼此都認識。當然啦，麥嘉、石天、黃百鳴三個是比較有經驗的導演，不過有些年輕的「新浪潮」導演是以新藝城公司起家。他們大多是在七〇年代末、八〇年代初期開拍第一部電影的。

當時林青霞大名鼎鼎，我自然是在好幾年前就聽說過她了，但從沒機會當面認識她，直到她來香港拍徐克的《新蜀山劍俠傳》。這部電影拍了大約一年。那時「特效」在香港還是很新鮮的玩意兒，所以後製過程花了很多時間，而且我們得趕在農曆年推出，上映日期是不能改的。到後來非常趕。片子殺青後，青霞回臺灣去了。後來她又從臺灣到香港，替新藝城拍了《我愛夜來香》（1983）。她主演過好幾部新藝城的片子，不過我忘了是哪些。**【除了《我愛夜來香》，林青霞主演的新藝城出品電影尚有《刀馬旦》（1986）、《英雄正傳／英雄偶像》（1986）、《橫財三千萬》（1987）和《奪命佳人》（1987）。】**

我認為她在全球華人社會的知名度很高，不過早期她在臺灣拍的電影，情節都非常通俗，不太合香港觀眾的胃口。拍《新蜀山劍俠傳》之前，青霞已經和年輕的香港導演譚家明合作過，在舊金山和洛杉磯拍了《愛殺》。青霞有如老派的好萊塢明星。她非常美麗，然而這並不表示她注定會像現在一樣家喻戶曉。

我們認識青霞的時候，她一個人住在香

港。大概是一九八二年九月吧，或是那年的秋冬，正逢大閘蟹產季。我們很愛吃大閘蟹，每晚都吃。**【大閘蟹是林青霞最愛的食物之一】**我邀她有空的時候可以一塊兒跟我們出來吃螃蟹。這就是我們和青霞友誼的開始。我們一道合作這麼多年，感情也漸漸親密。起初青霞和我之間的往來非常友善，而我們的感情是慢慢累積起來的。有時候，彼此之間的了解需要經過某些考驗。別人找她拍電影，有時她會問我的意見，因爲她不認識那些人。所以呢，從共事的過程與經驗當中，人們可以更深入了解彼此。

外表摩登，內心傳統

青霞非常美，光鮮亮麗，個性直率，這些不必我多說。等到我了解她這個人之後，我發現她其實很單純。當年她踏入影壇的經過很不尋常。青霞出身自管教嚴格、單純樸實的家庭，她只是在街上逛逛，就給星探發掘帶進電影圈了。後來，她身邊圍繞著的都是給她意見的人。很多人給過她建議，人家也許是一片好意，但不見得是最佳建議。因此她一直在期待，試著尋找答案，想要搞清楚如何在這個圈子裡生存。我有這種感覺已經好多年了。也許一直有人在她身邊，但我認爲她還是非常寂寞。而且，她常常碰上難以做出決定的時候，因爲她努力設想出做人做事的最佳方法。

很多事情她都是靠自己。她很單純。那個時候的她不是喜歡出門跳舞喝一杯的人，對那些事情也完全沒興趣，比較喜歡待在家裡。她不喜歡盛裝打扮。每回必須出席什麼大場面，她就一個頭兩個大。她得自己去打點行頭。她很清楚自己的衣著必須稱頭得體，這是她身爲藝人的責任。

青霞老是緊張兮兮的。每一次得到演出機會之前，她總是很緊張。拍片的時候，她永遠擔心自己的表現不好。我認爲藝術工作者都是這樣。電影總有拍完的一天，成果應該不壞才是。我對她說，下回別再這樣緊張兮兮的了，但她還是老樣子。不過，這是她的本性。

雖然青霞的外表看起來很摩登，其實她是非常傳統、老派的人。秉持老派作風有很多好處。我喜歡傳統價值。拍完《笑傲江湖之東方不敗》後，她說：「我對徐克充滿感激，但不是爲了這個角色，而是爲了很多其他的事。以後不論你們上哪兒去，我一定到，而且請你們吃飯。」她是認眞的。後來她說：「如果你們要拍電影，我願意無酬演出。」她的信念是：「如果你幫過我，我一定要由衷感激。」這是極爲傳統的觀念。現在的人哪，事業有成之後便不承認有任何人幫過他：「噢，我成功是因爲我很優秀。我是最厲害的。」青霞卻很純樸善良，在很多方面都是如此。就像個單純、傳統、老派的人。朋友就是朋友。對朋友的一切都能全心包容。

我認爲徐克和青霞的合作關係非常好，因爲他們彼此認識超過二十年。要眞正了解一個人是得花時間的。透過工作上的互動，他們很了解彼此。青霞和徐克把彼此當朋友，而且全盤接受對方的一切，優點、缺點皆然。這是一種令人很自在舒坦的情誼。

《刀馬旦》三姝較勁

我想，三個女演員之間的競爭是可以預

《刀馬旦》（1986）© 1993 STAR TV Filmed Entertainment Limited. All Rights Reserved.

料的，不過我認爲這種競爭對電影本身沒有壞處。有時候，有對手、有競爭是好事。當時三個頂尖的女演員合演一部電影，而且各自飾演與本人過去銀幕形象完全不一樣的角色。你會覺得某個角色特別好，這麼想是很自然的，可是我認爲徐克是眞的想辦法讓她們飾演貼近自身特色的角色。青霞是大美女沒錯，但徐克認爲她在某些方面具備男子氣概。我想，他看出了這一點，便用這種方式呈現她的形象。她可以展現騎士風範、無所顧忌、像個男孩子一樣，而且帶有某種強烈的性格。若要問大家最喜歡誰，人人的答案都不一樣。有些人比較喜歡鍾楚紅，有些人喜歡葉倩文，有些人喜歡林青霞。她們三個一直想辦法要成爲三人之中勝出的佼佼者。「我一定要比你更好！」這對電影的品質而言是好事一樁。末了大家吃殺青酒的時候，她們三個一起跑到徐克身邊說：「謝謝你讓我們演出這部電影。我們決定要報答你——繼續跟你合作拍續集！」徐克說：「這很麻煩的！我可不想再跟三個女人一起拍電影了！」對徐克來說，和別人應對並不難，因爲他很清楚自己想做的到底是什麼。他誰也不偏袒，只想盡全力把每一個人拍出最好的模樣。

你也知道，香港電影向來偏重男演員。青霞想找到好劇本並不容易。以流行趨勢來說，在一九八〇年代初期，丑角主演的喜劇當道。醜男搞笑的片子在商業市場非常成功，也成了一大主流。接著從《英雄本色》（1986）開始，片商一窩蜂拍槍戰電影。女人在這類電影裡沒什麼好角色可演。所以我才認爲《刀馬旦》在那段時期稱得上是十分特別的電影，以三個女演員爲主角。一般人多半認爲不該由三個女演員領銜主演，因爲女星一向是陪襯男星的裝飾品。就某個層面來說，我認爲青霞非常幸運。她在從影生涯中得到好些非常重要的角色。她演過好幾個極爲耐人尋味的人物。《白髮魔女傳》裡的白髮魔女也是她歷年來相當重要的角色。

轉捩點

多年前，青霞在香港的時候，有人找她拍戲，她來問我的意見。她說：「你來當我的經紀人吧？」我說：「我不想當經紀人。我不在行。」經紀人得和每一個人應對，不論你喜歡還是討厭對方。而我只想跟我欣賞的人來往。我說：「我幫你是因爲我想幫你，也因爲我認爲你是我們華人世界一個十分獨特的明星。我不希望看到你做出錯誤的決定。我發自內心幫你，單純因爲我就是想幫，不是爲了求你回報。如果我沒時間，我會跟你直說。我並非不想承擔責任，而是我沒那麼多時間。

我想，她從影初期在臺灣拍了那些不怎麼樣的文藝片，當時眾人把她當作一個美麗的明星，如此而已。可是，後來她接演了一些角色，使大家改變想法，認爲她是有天分的演員。尤其是「東方不敗」，這是非常特別的角色，沒幾個女演員能夠勝任。當然，她絕對是偉大、優秀的巨星之一。

沒人料到《笑傲江湖之東方不敗》會成爲賣座片。在臺灣、韓國等地，票房都很可觀。我認爲「東方不敗」是非常有意思的角色。這部電影的拍法使青霞成爲很不一樣的演員。她在影史上得到獨特的地位。她當了這麼多年的大明星，人人衷心喜歡她。可是，要創造出這種情緒強度，必須要有非常特別的角色才行，「東方不敗」對青霞而言就是這樣的角色。我對她說：「別怕，這是你該演的角色。一個男人爲了追求更高強的武功造詣而變成女人；他對另一個男人產生的感情，還有他想稱霸江湖的慾望，都令他備受折磨。」這部電影假如沒有用心去拍，結果會一場糊塗的，對吧？不過我認爲拍出來的成果非常好。

青霞告訴我，她曾經在拍《笑傲江湖之東方不敗》時淚灑片場。她說，工作人員在她胸前裝了一根管子，拍胸口流血的場面。她曾經連續吊鋼絲兩小時。她說她並不想在片場掉眼淚，因爲這會讓她看起來很軟弱。她必須堅強以對，度過難關。她眼睛看著地上，一顆好大的淚珠突然落下來！她告訴自己：「好，到此爲止，我不該再拍電影了。對我來說，這負荷太沈重。」結果這部電影竟然大賣座，所以她後來又接了好多片子。

《笑傲江湖之東方不敗》以後，青霞變得炙手可熱。當時我心想，她已經不是十八歲的小女孩了。我建議她：「你一定要好好利用這個時機。不用太擔心劇本。不會有人要你脫光衣服或是拍愚蠢的床戲。每個人都希望你繼續演和東方不敗差不多的東西。所以，你應該好好賺一筆，實際一些，因爲你已經不年輕了。一個人的演藝生涯不是天天都會發生這種事的，就你的情況來說，這個機會正出現在你希望它發生的時刻。」《笑傲江湖之東方不敗》票房告捷之後，她參加了一大堆相關活動，像是剪綵或拍廣告。到處都有人想找她亮相。所到之處，人人爭睹風采。

後來，臺灣BMG唱片公司找她出唱片。我認爲她在歌唱方面並不是最頂尖的。雖然她的確能唱，歌喉卻比不上演技。我們與唱片公司討論要怎麼樣讓青霞開口唱歌一事別具特色，因爲她擁有一般歌手所沒有的條件，可以善加運用。如果要她去當眞正的歌手，她的歌藝也許比不上頂尖的歌手。相反的，如果強調其他條件，讓她比別的歌手具有獨特性，這樣比較好。因此，唱片公司用了《笑傲江湖之東方不敗》的背景音效與對白，我認爲這個點子很好玩。結果唱片賣得很好。那是一種花招，但還不至於過火。唱片公司想搭電影的順風車大賺一筆。如果唱片因爲電影獲得大量曝光機會，對我們也有好處。所以我們同意了。

這段時間還發生了另一件事。我安排她替一本新的雜誌《東周刊》拍廣告。那是香港《東方日報》新推出的周刊，對方想用青霞打廣告。由於《笑傲江湖之東方不敗》相當成功，有一大堆類似的邀約找上她。青霞開始拍廣告後，演藝事業更多彩多姿了。

【《東周刊》曾於二〇〇二年十二月停刊，後於二〇〇三年秋季復刊。】

拍攝《新龍門客棧》（1992）期間，她出了點意外，被箭射傷眼睛。事發當時，我人在前往中國大陸外景現場的路上。我前腳一進機場，她正要離境，準備搭機回香港就醫。她的眼睛是那麼脆弱嬌貴，但她仍然表現得很勇敢。意外發生那一刻她心想：「噢，萬一我瞎了怎麼辦？」我下了飛機，這時她正準備登機。我們碰了面，兩個人都哭了！不過現在她的眼睛好好的。那部戲裡有兩個女性角色，一個是她，一個是張曼玉。我們對青霞說：「你想演哪一個就選哪一個吧。」她有兩個選擇，結果她挑了比較剛硬的那個角色。

她從影之初眞的紅得發紫，中期的知名度則是中等。能夠開創事業第二春，眞是一樁美事。她常常說：「我想報答徐克。如果他找我拍片，我一定爲他跨刀。」不過徐克一向不喜歡跟別人搶檔期。她拍了很多不怎

《新龍門客棧》(1992) 。左為梁家輝，右為張曼玉。© 思遠影業公司 Seasonal Film Corporation

麼樣的電影，但也無所謂。那段時間青霞瘋狂拍片，後來認識了Michael。兩人相識的時機非常理想。她拍了從影生涯最後一批電影之後，遇見了她所愛的人。

嫁給Mr. Right

我這麼說好了。她認識秦漢那麼多年，兩人分分合合，卻一直沒有嫁給他。這之中必有某些原因。你認識一個人很久，不知爲何一直沒有與對方結婚。很多人遇到這種事。也許是命運不對盤吧。然後，你忽然遇見別的人，而且你想結婚。我認爲，青霞一直有意結婚，在她的想像中，她要嫁給對的人。這個想法就是關鍵所在。她的想法太傳統了。我認爲她必定愛過秦漢，但不知怎麼搞的，時機總是不對。接著她又認識了別人，一個對的人。於是她和Michael決定結婚。

噢，那場婚禮非常好玩。感覺很溫馨，因爲她的家人、高中同學、香港友人全都到場。氣氛十分感人。當時還引起一陣大騷動，因爲港臺兩地的記者跟蹤我們，所有人便搭一輛大巴士，前往Michael【在舊金山】的住處。青霞已經準備妥當，我們等她的高中同學到來，可是她們還沒出現。我們中國人有個傳統，結婚的時候會鬧一鬧新郎，新郎到了新娘子的房門口，女方的親友上前擋駕，不讓他進去，除非他一一達成眾人的要求。他得表演五十樣把戲，秀這個秀那個的。我問青霞的妹妹麗霞該怎麼鬧新郎。我說：「好傢伙，我們一定要鬧他個夠。」青霞說：「不要啦！」我說：「你只管美美地坐在房間裡就好。」我們把新娘的房門鎖上。

徐克玩遊戲可是很認眞的。婚禮現場安排了攝影師，新娘房間裡外各有一個。房裡的攝影師出了房門去外頭拿東西之後，徐克就鎖上門說：「不行，你不准進來。現在誰也不准進來。」然後我們要求Michael回答一大堆問題，像是講出十部青霞拍過的電影、列出十個他想娶青霞爲妻的理由。大夥兒鬧他，跟他討紅包，這是傳統習俗。我們鬧了好久，一直把Michael擋在房門外。沒多久，青霞擔心地說：「別玩了啦，他累了。」我說：「我告訴你，全部的人都在外頭，你不必急著趕到祭壇前面，所以就大大方方遲到吧！」就是要讓新郎緊張不安，時間也越拖越晚！至少我們鬧了這一段，眞的很好玩。

婚禮是在屋子的後院舉行的，用很多鮮花布置，美麗極了。他們鋪了一個戶外走道。青霞請我擔任翻譯，因爲婚禮是由一名美國牧師主持，而現場有很多來賓是華人。那是一場非常甜蜜的婚禮。非常甜蜜。他倆在法律上是以西式典禮成婚，婚禮過後，所有人進屋，參加一場傳統的中式婚禮。新郎新娘向雙方家長奉茶。新人先向Michael的母親奉茶，再向青霞的父母奉茶。青霞的媽媽很激動。Michael說了很貼心的話，言簡意賅。他說：「爸爸、媽媽，別擔心，我會照顧青霞。」噢，他這番話令我好感動。每個人都開始掉眼淚，場面非常感人。他的話簡單明瞭，表示他會負起責任。他說：「別擔心，從今以後，我會照顧她。」大家都哭了。**【她說到這裡，雙眼又湧出淚水。】**

接著大家在後院享用午餐，我們都去找青霞聊天，畢竟她是大明星嘛，這天又是她出閣的大日子。所有記者都在外頭等著。我們提議：「讓記者進來拍幾張照片，然後就請他們離開。這樣大家都開心。」於是青霞改變心意，讓記者進門拍照，拍完後記者統統離開了。午餐是西式的，大家換上輕便服裝，輕鬆自在，舉杯祝賀。晚上安排的是壽司大餐，賓主盡歡。

選擇性息影

其實，青霞拍《笑傲江湖之東方不敗》之前跟我商量過，她有息影的念頭。她說，看著銀幕上的自己，她覺得這是天底下最自然的事情。她這一生懂得怎麼做的事情，也就這麼一樣而已。後來，拍完《滾滾紅塵》，她說：「沒有好劇本了。我想我應該息影。」我勸她說：「我認為你應該尊重你出身的行業。你來自電影圈，也從中獲得很多好處。有些人嚷著要息影了，沒多久卻又復出，我很不欣賞這種做法。你無事可做的時候，犯不著說自己要息影。萬一又冒出個好劇本怎麼辦？你需要做的就是精挑細選。你不該去做你不想做的事情。你應該明白告訴對方你不喜歡那個角色。你沒必要說你已經息影了，你要耐心等待。如果沒有好劇本出現，自然而然就息影了。」後來徐克說，拍完《新蜀山劍俠傳》後，他手上有一張青霞穿一身紅的照片，一直刺激著他的創作靈感。照片裡青霞的造型驅使徐克替青霞構思一個拍片計畫。這個構想花了好多年。後來徐克告訴青霞，他有部片子想找青霞拍，如果她有意願，就開始動工。如果她沒興趣，也沒關係。青霞和那麼多導演合作過，卻總是擔心這個操心那個。跟徐克合作拍了好幾部電影，起碼每回的成品都很不錯。於是她同意接演《笑傲江湖之東方不敗》。後來，她在兩年半之內又拍了十六部電影！

我認為，在青霞的想法裡，她結了婚之

林青霞在《新蜀山劍俠傳》（1983）的紅衣造型

後就不會再拍電影了。原則上她並不排斥接戲，只要是好電影就沒問題。不過從現實面來說，人結了婚，生活安定下來，也有了孩子，人生整個都不一樣了。這時很難有再度工作的念頭，除非是相當令人信服的計畫。青霞從來沒說過「我再也不拍電影了」這種話。她從沒這麼說過。

現在她覺得生活很安定，很平靜。她不再尋尋覓覓。以前的她一直在生命中、在她自己身上尋找什麼，而且需要支柱，需要靠山。她總是東奔西跑，四處爲家，從未眞正把心定下來。如今她眞的定下來了。她正在她的人生中扮演另一種非常特殊的角色；爲人妻母，我認爲這兩個角色她扮演得很好。她喜歡待在家裡。現在她有個家要打理，所以得待在家裡，讓一切正常運作。我覺得這對她是好事。

現在她有她的生活，我也有我的生活。她過得很好。假如她過得不好，我會掛念，會打電話給她，不過我一點兒也不擔心她。過去兩年，我四處旅行，今年二月才回到香港，稍微安頓一下。從那時起，我們有空就打電話聊聊。有時候她會打給我：「你在哪兒呀？我在中環，沒事兒做哩。」我們碰面，喝茶聊天。這樣很好。

她是我眞心珍惜的朋友之一。在職場上有很多朋友，總在工作場合才見面。但青霞不只是職場上的朋友，更是私底下的朋友。即使我們不再合作拍片，我們的感情仍然很好。我不會說我跟她的友誼是世間少有，可是我會說，如果你碰上了這樣的友情，你會眞心珍惜。

8 楊凡

【楊凡是編劇兼導演，在香港影壇有「浪漫魔術師」之稱。他時常在雜誌發表文章，也替人編舞、作曲，代理發行法國影片，更是頗負盛名的攝影師，在時尚與人像攝影方面特別出名。林青霞告訴我，楊凡幫雜誌拍過她的全家福照片。她說，我可以和楊凡聯絡，他可以提供一些照片，搭配我在一九九七年寫的文章。隔年，我到香港訪問楊凡，地點在他的辦公室。一九九九年我又訪問了他一次。】

永遠的明星

我第一次見到銀幕上的林青霞，是在一個放映《窗外》的私人場合，那是她的第一部電影。導演宋存壽放給我們看的。當時他帶了《母親三十歲》和《窗外》兩部作品。看完《窗外》後，在場的人一致認爲，林青霞會成爲最受歡迎的明星之一，因爲她的模樣十分清新脫俗；她的表演，她的一切，在在有別於當時所有演員。在場每個人都印象

林青霞與楊凡攝於香港（1999）© A. Tetsuya

深刻。那是我第一次看見她；當時她還沒紅起來，甚至《窗外》也尚未在香港上映。

我第一次見到林青霞本人，是她的第二部電影《雲飄飄》在香港上映的時候。我沒跟她說上多少話，她也不認識我。那時她還是個小女孩。直到一九七七年她來香港拍《金玉良緣紅樓夢》時，我們才又再度碰面。當時我是攝影師，替她拍了一些雜誌封面和海報。電影拍攝期間，我又見到她一回。我記得劇組要求她把額頭兩側的頭髮剃掉一些。我在一九七七年她剃髮前後替她拍照，一共拍了兩次。

當時我替《明報周刊》拍攝所有的封面與海報。我得知林青霞來香港時，心想：「哇，我想給這個中國銀幕上最耐人尋味的人物拍照。」我打電話給她，記得那時她母親也一道來香港。青霞的母親非常疼愛女兒，青霞愛吃大閘蟹，於是她母親在她拍照之際把大閘蟹溫著，然後剝殼剔肉給她吃。青霞的母親眞的很愛她。這就是我對青霞最初的記憶。

從前青霞在電影圈的時候，一直是最炙手可熱也最受歡迎的明星。青霞曾經和我聊起多年前的往事，憶起可能是她從影生涯中最低潮的一段時間。當時她二十五、六歲，心思不在工作上，於是她去了美國，待了一、兩年。可是在香港，很多仰慕她的人從沒想過她會有低潮期——我們都知道有個超級大明星就要到香港來拍《新蜀山劍俠傳》了。多興奮啊。她自己不曉得她令我們所有人興奮期待呢。我們一直把她視爲高貴的明星，她是遙不可及的。這些年來，在大家的心目中，她像是葛麗泰·嘉寶，是中國的大明星。我總視她爲明星，而不把她當平常人看待，所以，我和她喝茶的時候，彷彿是跟

撩人風情 © 楊凡映室 Yonfan Studio Co. Ltd.

葛麗泰・嘉寶在一起似的！

你瞧瞧這張照片。**【他給我看相簿裡青霞的人像攝影】**很多人不喜歡，我個人非常喜歡。我認爲這跟其他照片很不一樣。即使過了二十年，她臉上依然有著當年的風情。我認爲人們把她當成明星，而不僅僅是演員。

在她婚前，我們只是偶爾合作，所以見面的時候，總是很客氣，彼此問候，不過我們對對方很友善。比方說，有時候我們會打打麻將。我記得尊龍來香港的時候，我找不到人一起打牌，便打電話給青霞。那時她正在拍《笑傲江湖之東方不敗》。她告訴過你這件事嗎？她隔天得起個大早，但是因爲牌局一直拖延，結果她整晚沒睡。可是，隔天她拍的那場戲，最後竟成爲她在全片之中最美麗的鏡頭，令人難忘。

那時候，即使我跟她一起打了很多次麻將，卻沒有成爲很好的朋友。我們有時候會一起工作，曾經替大陸的廠商拍廣告，像是化妝品。一直到她婚後懷孕，我們的感情才變得比較好。我們又成了牌搭子，對彼此也更了解了——我們在彼此的個性裡發現美好的獨特之處。

現在我們是非常要好的朋友，無話不談。我在她身上找到非常棒的特質；她是很聰明的女人。非常有智慧。人有時候也許聰明，但不見得有智慧——我認爲青霞相當有智慧，常常令我望塵莫及。

我認爲，她甚至比以前更美麗了，因爲現在她有更多時間用愛灌溉她的家庭、她的女兒，還有很多慈善事業。她的愛展現出來了。在我看來，一個人散發出愛的時候——不見得是女人——整個場面的氣氛、整個世界都不一樣了。她身邊的所有人，也令她變得不一樣。她對朋友、家人、很多事情的關心，勝過關心她自己。在此之前，我以爲很多明星必定自私自利，以求維持名聲地位。但現在，她超越了那些空泛的東西。她心中有愛，讓她比以前當明星時還要受人尊敬。

青霞有堅強的意志，她自有一套別人影響不了的價值觀。例如，大約七年前的時候，我在替她拍照時告訴她：「你有眼袋，應該去弄掉。這不是什麼大手術，很簡單的。」她說：「不要，我不想做手術。有眼袋就有眼袋嘍。」她不願意做美容手術。可是卻有謠言說她做過隆乳手術。我認爲這種說法是出於嫉妒。我不相信她隆過乳。

青霞跟秦漢在一起的時候，秦漢正在拍我執導的《祝福》（1990）。我記得在電影首映之前，我們一起去機場接青霞。她和秦漢一同出席首映會。那時她才剛剛在大陸拍完《滾滾紅塵》。我常常見到她與秦漢一起出現。我認爲他倆很登對，可是我從未與他倆私下往來，因爲那時我是以導演的身分與秦漢共事。跟那麼多演員合作拍片，倒不見得一定會跟他們交上朋友。現在青霞和我是朋友，因爲我不再與她共事了。後來我跟她老公也成了朋友。很多事情都跟過去不一樣了。

九〇年代初期武俠片大行其道，那段時間我一直沒跟青霞碰面，因爲她接了一大堆電影，忙得不可開交。後來她開始跟Michael約會，當時我對此事不是很清楚。不過我覺得青霞是非常傳統的女孩子；她可以談戀愛，但論及婚嫁的時候，她只想結一次婚。她就是這一型的女人。我在不同的場合見過Michael好幾回，沒有一次是與青霞有關；我認爲Michael很低調，也是很細膩的人。所以，我看到他們結婚的消息時，我衷心希望他們幸福美滿。他們夫妻倆我都認識，我認爲他們是一對佳偶。

《美少年の戀》（1998）

我並未正式「邀請」青霞替這部電影擔任旁白，因爲我們是朋友嘛。我不太記得詳細經過了，但我想應該是我拿劇本給她看的時候聊到了旁白的事。她說：「你怎麼不找我做旁白呢？」我說：「好啊，你想不想做？」於是她友情跨刀，爲本片獻聲。錄出來的效果很美。意外的是，很多人問我旁白是誰。青霞是自願幫忙的，還要我別把她的名字列在演職員表，於是我沒有向別人提起她的名字。不過，有些朋友看過這部電影之後都說：「旁白是誰呀？是張艾嘉嗎？」因爲大家認爲張艾嘉的聲音和演技都很好。我說：「這個嘛，你們自己去猜吧。」青霞擔任旁白的表現好極了，因爲她的聲音表情非常豐富。我自己不敢說，但人們說林青霞的最佳演出就是《美少年の戀》。非常美，非常感人。

當初，青霞告訴我她的聲音很不錯，我說：「什麼？就連你的電影裡也沒用你自己的聲音呢！」她說：「讓我試試。」於是我答應她。普通話聽起來比廣東話優美，有如音樂。基於這個理由，我才以普通話作爲本片旁白的語言。爲什麼要用女人的聲音呢？因爲我喜歡希臘悲劇，而這部電影講的是一齣發生在人間的插曲，女聲旁白彷彿呈現某個女神從雲端往下看的感覺。我認爲女人的感情比較豐富，應該會比男人更喜歡這種故事。還有，電影名稱我用了日文，因爲本片是浪漫悲傷的愛情故事，主要演員個個俊美，就像日本少女漫畫一樣。

【在《美少年の戀》中，一個名叫Cindy的男妓有句臺詞是「Habade」。我聽青霞和她的朋友們講過好幾次。】你問我Habade是什麼意思？那是一群密友之間的暗語。青霞的女兒愛林二十一個月大的時候，很愛聽「生日快樂歌」。因爲那時她還很小，唸不全「Happy Birthday」，只會說「Habade」。從那時候起，青霞和她的一掛好友就把「Habade」當作打招呼之類的用語。我的副導演林文才在片中飾演Cindy，他聽見我跟青霞講話時用了「Habade」，就在拍片時用上了。

青霞從未說過她已息影。如果她出來拍戲，鐵定是出於熱愛。電影本身必須夠特別，不能只是普通的片子。若劇本合適，而且假如她也願意回來拍電影，那麼我認爲現在的她已經夠成熟，任何角色都能演。如果此事能夠成眞，那就太棒了，因爲她現在很放鬆。我想，帶著從容的態度做事，就能得到最佳表現。在我看來，現在的她是那種非常輕鬆、非常寬容的人。當然，工作的時候，你得維持巔峰的狀態，必須非常努力，特別是在電影圈。

有一段時間我曾想找青霞合作拍片，我們討論了一陣子，卻從未實現。我記得那次是在新世界酒店與她共進午餐，聊起一起拍電影的構想。過去，所有美麗的女演員都曾在我的電影中演出——我與鍾楚紅合作兩次、與張曼玉合作三次、與張艾嘉合作一次，卻從沒找林青霞合作過。

【一九九七年九月，楊凡獲法國頒贈「榮譽軍團騎士」（Chevalier de la Legion d'Honneur）頭銜。林青霞出席了頒贈儀式。】那是法國總統授與我的榮譽。當時我知道青霞正在歐洲旅行，於是我問她：「我要去法國總統府領一個獎，你願不願意到場，替我增添艾麗榭宮的光輝？」她在巴黎多待了一個星期，只爲出席那場頒贈儀式。我非常感謝她，因爲那場儀式是爲我舉行的，很多知名人士都會到場，譬如皮爾・卡登（Pierre Cardin）。如果能有香港來的大明星蒞臨會場，替我的家鄉增添一些光彩，那麼非她莫屬了。於是青霞便在巴黎留了下來。爲此我非常感激。

你可以說我像其他人一樣，一直仰慕著林青霞。她的仰慕者有幾百萬人。一個擁有魅力的人，不論她美或不美，人們總是會說：「噢，她美得像林青霞一樣。」林青霞意味著美麗與典雅。她已經成爲傳奇人物了。會說「喔，她就像鞏俐一樣美」的人比較少。你懂我的意思嗎？林青霞的名字總是被人提起。這非常不可思議，因爲我認爲，從以前到現在就只有一個林青霞。所以，你可得把這本書寫得很好才行！

【二〇〇一年楊凡執導《遊園驚夢》，林青霞再度獻聲擔任旁白，並未列入演職員名單。】

9 張叔平

【張叔平是亞洲影壇相當優秀的服裝設計師、整體視覺設計師、電影剪接師，曾獲頒多種獎項。他與林青霞的交情不限於專業領域，私交也很不錯。當我提起他們兩人的友誼時，林青霞給了我張叔平的電話。五天後，我便得到採訪他的機會了，時值一九九八年四月。二〇〇一年，我又做了一次訪問。】

現代美容

一九七〇年代，我曾在兩部電影擔任副導演，後來去加拿大念電影。學成之後，我回到香港當服裝設計師，做了一年之後，成了電影整體視覺設計師（production designer）。區丁平是我的同學嗎？不是，但我們曾是同事，在同一家織品設計公司共事過。

我和林青霞合作的第一部電影是《愛殺》。我負責整體視覺設計和服裝設計。我認識她之前，她的電影我沒看過幾部。其實，那時候我根本不喜歡臺灣電影。我認得她的名字和臉蛋，可是一直沒機會和她來往。我見到她本人之前，大家都告訴我，林青霞是個大明星，我大概沒辦法要求她配合什麼或穿什麼衣服。我說：「我會努力試試看。」我們頭一天見面的時候，我想是在舊金山或洛杉磯吧，我說：「你能不能試穿這件？能不能試穿那件？」她一一配合，人很和氣。後來我問：「你能否脫掉胸罩？」她說：「好的。」所以我認爲她很好溝通，雖然別人告訴我她是個大明星、不能指使她之類的。我替她製作了所有的行頭。因爲導演譚家明要求全片帶有一種特別的色調，於是我準備了所有東西，首先就是所有的戲服。

爲什麼不要她穿胸罩呢？因爲女人不穿胸罩是當時的潮流，這樣會使衣服線條很柔和。那時流行的顏色很鮮明，像是紅色和橘色。當時我感覺到，沒有比這更合適、更令她增添性感風情的點子了，我想著要來點不一樣的。那個時期的臺灣電影都很拘謹，銀幕上人人衣著光鮮得體。青霞聽了我的想法沒有反對，未置一詞。製片人告訴我，不可以直接叫她脫了胸罩。可是我試著問了她。多年以後，青霞說：「噢，那時候你多驕傲啊，很少張開金口。」她說當時我一副指揮她的樣子。不過她還是配合了，而且我們也變成很好的朋友。

我們在舊金山替她剪了頭髮。髮尾齊長，毫無層次，樣子很鬆散，並不是高雅端莊的風格。我很喜歡。感覺比較自由，比較動感。衣服很柔軟，她的頭髮會擺動……非常輕便。在此之前，我對她的印象是她很拘謹，全身上下都很生硬。我想改變她。在我

《愛殺》(1981) © D&D Limited

的設計下，她沒上什麼妝，整張嘴卻塗成鮮紅色。起初她很不喜歡紅唇配白衣，她覺得太俗氣。我必須說服她接受這樣的造型。白色的洋裝，配上鮮紅的唇色，妝很淡很淡，我認爲這樣很不錯，非常寫實生動。她不知道我們的布景顏色很鮮明，比方說牆壁是藍色的。她一直不知道我們會用紅、藍、白三色。這部電影幾乎都在舊金山與洛杉磯兩地拍外景。青霞在片中的造型很摩登。由於她在臺灣文藝片裡的模樣很保守，我們想把她改造成現代女性。

電影海報是我設計的。內容很簡單——只有青霞一人，和電影名稱「愛殺」二字，紅藍二色。海報不怎麼樣，可是青霞很美。【《愛殺》是第一部令香港影壇認定，整體視覺效果在製片過程中具有重要地位的電影。根據香港電影資料館在二〇〇一年舉辦的展覽，紅色代表愛，藍色代表殺害。】我也不曉得，不過譚家明喜歡紅色和藍色。

順便一提，我很喜歡日本電影。有個電視臺曾經連續一個星期每晚十二點都播放日本電影，我每天都準時收看。我看了很多六〇到八〇年代的日本片。我喜歡小津安二郎的電影，大島渚的部分作品我也喜歡，像是他早期的作品，一直到《感官世界》(1976)以前的作品。我們在洛杉磯拍《愛殺》時，《感官世界》正在一個小型日僑社區放映。導演譚家明和我每天晚上十二點半去報到。沒錯，每天晚上都去看。我們日復一日看《感官世界》，直到我病了爲止。我們是在晚上拍戲，白天我睡得很少，還得去看電影，看完了又接著拍電影。四天之後我就生病了。後來我們跟青霞說：「有一部日本片不錯。」我們並沒有告訴她那是一部情色電影，只說那是很不錯的電影，她應該去看看。有一天她找了一個女性朋友去看，看完回到片場，她氣炸了！「你們怎麼可以騙我！整間電影院全是男人，只有我和我朋友兩個女人！眞是太恐怖了！」

東方天使

《新蜀山劍俠傳》是我進電影圈後做的第一部古裝片。大家都以爲我無法勝任，因爲我只做過時裝片。片子開拍了，我心想，導演徐克找遍全香港的美術指導，卻還是不滿意，才找上我。即使我從未做過古裝片，徐克仍信任我的天賦與能力。

他們給我看很多國畫的圖片，要我把瑤池仙堡內部做得像敦煌石窟一樣。實際地點我不太清楚，大概是在西藏中部或某個地方吧。壁畫上有很多飛天仙女，就像是東方文化裡的天使。假如你仔細觀察，會發現牆壁上全覆蓋著浮雕。那些仙女的上半身是裸露的。你說青霞不會願意做那樣的打扮？她有我替她打理造型呀！我倒是不擔心。於是我們試著設計出類似那種形象的造型。非常輕柔。**【我給他看一本雜誌，封面是林青霞身著《新蜀山劍俠傳》中的戲服造型。】**那時她好年輕，也很瘦。

我們花了一個星期的時間，從早到晚試驗好多種髮型和服裝，看看在青霞身上效果如何。徐克很挑剔。這部電影對他而言是很新的東西，所以我們試衣服、試髮型，一試就是好幾個星期。在我到任之前，他已找過其他美術指導做了好幾個月。最後敲定的造型就是這樣子**【他指著雜誌封面】**。我們帶了不少髮飾，最後只用了其中一款。製片在這些髮飾上花了很多錢，所以青霞問我爲什麼只用一款。那時的她很年輕，不需要太多裝飾品。

一九八三年，《國際城市》雜誌以林青霞當年在《新蜀山劍俠傳》中的扮相為封面。

拍片時是夏天。當時片場沒有空調設備。光是待在現場就很難受了，假髮又有點重。青霞整晚都戴著假髮，根本沒辦法睡覺。她只能稍稍移動腦袋，然後打個盹。此外，鋼絲也令她很不好受。雖然她穿得不多，但因爲氣溫高，加上假髮和鋼絲，想必很難受。不過這個扮相很有效果。感覺很好。而且她的架式很不錯。她曉得怎麼擺姿勢。

《夢中人》的造型突破

我記得她爲《夢中人》把頭髮剪得好短而掉眼淚。她不介意留短髮，但長度只到太陽穴令她難以接受。頭髮剪得太短，太陽穴那一帶看起來會有些泛青。她不喜歡。髮型設計師把她頭髮剪到那麼短之後，我們倆整整三天沒講話呢！

在拍秦朝那一段的戲分時，她沒有化太多妝，只上了粉底和唇膏。秦朝的服裝是非常特別的。我費了很多心思才做出與書中描述一模一樣的衣服。非常接近眞正的秦朝服飾，只有質料不同，因爲很難找，再說我們也沒有足夠的經費。戲服裹在身上的模樣和方式都很獨特，卻很逼眞。那時我眞的很想做出完全符合史實描述的東西，因爲我們拍《新蜀山劍俠傳》的時候，所有東西都是憑空創造出來的。我想嘗試做一些實在逼眞的東西。

劇中回到現代那一段，青霞的角色是職業婦女，她穿紫色格紋衣和紫色褲襪。我嘗試在色彩方面創造出某種特質，而非日常衣著的色調。有那麼一絲絲跳脫出日常衣著概念。後來加上一件黃的【駝色】外套，然後一直到片尾都是全身黑。導演區丁平和我講好了，色彩和燈光要隨人物情緒和劇情逐漸變化。那次合作經驗很愉快。青霞、區丁平、金燕玲、周潤發和我，彼此是非常好的朋友，所以拍電影的過程很開心。感覺上不像在工作，比較像是天天去參加派對。

【我說林青霞曾提到和周潤發在片中的親熱戲，她說拍這場戲時有些困難。】困難？也許她只是不太自在吧。因爲她沒有太多拍親熱戲的經驗，需要一些時間調適。我們並未要求她暴露太多，只希望她在沒有脫掉衣服的情況下表達出情緒和情慾。如此而已。關於怎麼反應、怎麼活動肢體，我給了她一些建議。我記得，當時的副導演關錦鵬和我還實地演練，表演周、林二人該怎麼在地板上翻滾、該滾到哪裡、情緒該怎麼慢慢帶出來。

青霞拍《愛殺》裡的吻戲時非常不安。她要求清場，只有導演譚家明、我、攝影師留在現場。攝影師說，他需要助理在一旁幫忙對焦。青霞說：「不行。」所以由我負責對焦。最後現場只有三個男人，包括演員張國柱，爲的就是拍這場吻戲。青霞身上裹著浴巾，一直圍到這裡。**【他指著腋下部位】**那只是一場吻戲，卻是青霞第一次拍成人風格的親熱鏡頭。《夢中人》有一段熱烈的纏綿場面，而徐克的電影很少有親熱鏡頭。我想，這是她第二次拍親熱戲吧。這回她穩健多了，因爲她沒有要求清場。

裸背鏡頭嗎？從某方面來說，青霞是很保守的女孩子。她相當緊張，可是我認爲拍完親熱戲之後不會有問題，因爲我們彼此很熟，她曉得我們不是在拍什麼下流的情節。我們絕對不會要求她正面全裸，只要求她背面全裸。她很信任我們。後來就容易多了。最後一場戲裡，她得和周潤發來一段長吻。那場戲很好拍。天空下著雨，是眞正的雨。

當時是冬天，天氣很冷。她沒有時間多想什麼，只希望趕快拍完，就可以回家去了。

爲林青霞的不同角色設計造型

拍《笑傲江湖之東方不敗》的時候，余家安是我的助理。我只替主要演員設計戲服，余家安負責二線演員的造型。「東方不敗」的戲服帶有一絲東洋味，因爲片子一開頭是講日本武士。「東方不敗」的帽子形狀和腰帶絕對看得出受日本風格影響。重要的是，我們得讓青霞看起來像個男人，而且是很俊美的男人。徐克認爲她演女角已經演夠了。我們要嘗試做一些介於男人與女人之間的東西，塑造出一個外表非常俊美、亦男亦女的人物。這部電影也是青霞的轉捩點。

【由於「東方不敗」一角反應熱烈，林青霞不得不一直接演同樣類型的角色。這些電影之中，有一部分的人物造型設計是由張叔平負責，包括《絕代雙驕／正宗絕代雙驕》（1992）、《六指琴魔》（1994）和《火雲傳奇》（1994）。】

每次我都做了一些改變，但他們要的其實是同樣的東西。雖然我稍加修改，但基本上全是「東方不敗」的模樣。青霞應該做徹底的改變，然而大家要的是和「東方不敗」類似的造型。我沒有想出其他的變化，只在顏色或形狀上做了些許更動。實際上，這對青霞來說不太好，因爲同樣的東西看多了會膩。短短一年半之內她拍了十三部古裝片。我跟你說，香港電影圈就是這樣，一旦某部電影大賣，人人跟拍，直到同類型電影宣告死亡爲止。我得想個辦法改善這種情形。

在《滾滾紅塵》，我擔任主要演員——包括林青霞、張曼玉與秦漢——造型的美術顧問。當時我沒有時間承接所有工作，原因是什麼我不太記得了。我想，青霞會希望由我爲她設計造型——包括髮型、化妝、服裝。我的時間很有限，也沒去看外景場地。其餘演員的造型設計由張西美一手包辦。她在香港有工作室，所以我負責的部分是在她那兒完成的。張西美曾親赴中國大陸的外景場地查看。

《新龍門客棧》裡大部分角色的服裝造型是我設計的，但我沒去大陸。有一部分的棚內場景在香港拍攝，我也設計了一些布景。我把「龍門客棧」的圖樣寄去大陸，工作人員在沙漠拍攝現場按照我的圖搭景。我想當時他們只給我兩、三星期的時間設計服裝，結果我花了一個多月才完成。這是古裝片，所以我需要比較長的準備時間。我必須考據文獻，因爲劇情背景設定在明朝。我設計了每個人的造型，從東廠大太監到士兵一應俱全。樣品設計出來以後我得先讓人試裝，所以才會花了那麼多時間。

說到《暗戀桃花源》（1992），我負責的是電影版，而非舞臺劇版。【然而「表演工作坊」網站資料顯示，張叔平是林青霞在舞臺劇版的造型設計。】這部戲對青霞而言很不一樣。我對她說：「何不試一試？試試看到舞臺上演戲，這是不同的訓練。」她必須天天參加排練，體驗到很多劇場才有的鍛鍊，像是呼吸與放鬆。我覺得這樣很好。賴聲川是非常優秀的導演。舞臺劇結束後，電影版開拍，杜可風擔任攝影師。杜可風跟我認識很久了，我們倆合作無間。我們不必講太多話。我確實認爲賴聲川保守了些，不過在我看來，全片的視覺設計只是表面的部分，我有能力提供他要的東西。要我配合沒有問題。我們在意見上有些分歧，不過，因爲這是賴聲川的第一部電影，我心想，何不就讓他去做他想做的東西？

我記不太清楚大夥兒是何時決定要拍《射雕英雄傳之東成西就》的，我想應該是一九九二年的聖誕節之前吧，當時王家衛發現他無法如期拍完《東邪西毒》，趕不上九三年春節的檔期。爲此，我們先拍了喜劇版本來應付。那時我忙著做《東》片，所以只擔任《射》片的服裝造型與布景設計的指導。我想，從頭到尾大概只花了一個月多一點的時間就設計完成。你說他們只花了八天就拍完《射》片？這我不清楚，也許是吧。事實上，《射》片是以諷刺手法模仿一部粵語老電影。在那部老電影中，演員都穿得像印度人、波斯人什麼的。我不曉得爲什麼。《射》片中的所有人事物色彩都很鮮豔，因爲這是賀歲片。《東》片的色調接近大地色系。相反的，《射》片使用明亮的顏色，大明星們的演出誇張又瘋狂。

【我手上正好有幾張《東邪西毒》的媒體宣傳照，拍攝時間是一九九二年十一月三日。我拿給張叔平看。林青霞身穿棕色戲服。】這些只是做做樣子的照片。我們沒有用在電影裡。那時得應付媒體，於是我做了樣品，只用來宣傳而已，因爲我不喜歡讓大家事先知道我會在電影裡做些什麼東西。我不想在片子上映前讓服裝曝光。通常我和王家衛合作的時候，我們絕對不發布任何照片，直到全片殺青爲止。等片子準備上映了，才讓所有照片亮相。所以你拿的這些照片不是電影實際上的造型。我想我們在片中某個鏡頭用過這件戲服，應該是接近片尾的時候，一場雨中的戲。可是這無關緊要，因爲那不是劇情的一部分。**【我告訴他，林青霞說她在威尼斯影展看《東邪西毒》時，不**

記得有這場雨中的戲。】她大概不記得了，因爲我頭一回在威尼斯看片時，也沒看到這場戲。我好擔心。

多半時候，我設計服裝是從頭做起的。有時我甚至先做布料，或者從一片布料得到靈感。每次過程都不一樣。我只替主要演員設計服裝，其他的由另一位設計師做，所以我必須和對方討論一番。有時不會交換意見，因爲對方看得出我做的是什麼東西，我也理所當然認爲他曉得要做什麼東西。如果我替整部電影做視覺設計，我會天天待在片場。不過，如果我只負責服裝，便不會天天往片場跑，只在更換新戲服時才到場。在香港，以前的作法是由整體視覺設計師包辦服裝與布景，並雇用助理幫忙。如今電影公司試圖把整體視覺設計與服裝設計區分開來。不過，服裝造型的風格還是整體視覺設計師說了算。

【《東邪西毒》剛開拍時有四個女演員（林青霞、張曼玉、劉嘉玲、王祖賢）和四個男演員（張國榮、梁家輝、梁朝偉、張學友），但最後剪接完成的版本並沒有王祖賢。這八人也同時主演《射雕英雄傳之東成西就》，由王家衛的友人劉鎮偉執導。魏紹恩所著《四齣王家衛，洛杉磯》指出，這些明星在服裝造型上也暗中較勁。】

不不不，大家都對服裝沒意見的，他們並不在意，很信任我。兩部片子的戲服幾乎一樣，沒有太大不同，只是下水洗過，比較皺。青霞的服裝帶點兒紅色，張曼玉也是。大家穿的戲服很像，髮型也是。我想做比較自然的東西，因爲我們相信那個時代長時間旅行的人，不會像徐克的電影人物一樣乾淨又體面。徐克的電影人物造型有一定的模式，個個儀容整潔、服裝華麗。古代的人從甲地趕往乙地，恐怕要花上一年半載才到得了，不可能纖塵不染的。如果你寄封信，大概要半年對方才收得到。古時候的公共衛生也不太好，所以人的身上是不可能那麼乾淨的，除非家境富裕。

王祖賢的戲分剪掉了。其實那些戲拍得很好。可是片子開拍兩個月後，被迫停工將近一年。我們請她回來繼續拍，但她毫無意願。她的戲分拍得很細緻，非常美。

王家衛和我天天討論劇本。我們討論劇情的過程中，我便能精準掌握他要的是什麼。就算他常常修改，我還是很欣賞他的作風。這對電影本身有好處。他可能天天更動劇情。如果他改了東西，我便試著因應配合。我喜歡這種方式。即使是現在拍《春光乍洩》（1997），我們也天天改東西。我很習慣了。我也可以做更改的。可能今天用一套戲服去拍，然後我跟他說我不滿意，明天能不能重拍一次？我的想法會改變，一天到晚變來變去的。

演員在心理上很難調適這種修改劇本的情形。不過我認爲，我們修改的理由是想做出有原創性的東西，對不對？所以必須不斷修改。我們不曉得什麼才是最好的；可以多方嘗試，然後從中挑選。我想，演員也有辦法自我調整去配合這種拍片方式，因爲無論如何，演員有所改變是好事。每個人都一直試圖做出新的東西。今天你可能是演姊妹，明天你可能是演人家的媽媽。你是可以改變的。有何不可？對演員來說是很好的。人人都想從自己身上找出最棒的東西。

【那些沒用到的畫面下場如何，我很好奇。】去年**【一九九七年】**我們本想把它補回去，可是儲片室把我們存放的底片搞丟了。我們有意把一刀未剪的版本放進光碟版，然而那些片段找不到了。王家衛非常生氣。我們還有很多林青霞在《重慶森林》（1994）裡的畫面，想要加以剪接一番。我們手上還有另一個沒用上的故事。**【我提到，林青霞的角色一開始被設定爲女演員。】**對，我們拍了很多鏡頭，只是抓不到聲音。聲音不見了。香港是很沒有條理的地方。儲片室的人以爲，都四年過去了，我們不會想保留那些片段，就把它扔了。他們沒地方放。去年我們想到可以把其他沒用到的畫面加以剪接，然後轉檔燒成光碟，就可以保留下來。即使底片壞了或怎麼樣，我們可以用光碟保存下來。

林青霞的電影作品，我最喜歡的是《東邪西毒》，不過她本人沒那麼喜歡，她比較喜歡《笑傲江湖之東方不敗》。其實，《東邪西毒》是很簡單明瞭的電影，如果她有耐心再看一次就好了。我認爲本片可以一看再看。上星期電視上播放《東邪西毒》，我又看了一次。

【張叔平說《東邪西毒》是很簡單明瞭的電影，我相當詫異。】這是概念很單純的片子……想辦法再看一次吧。整部電影講的就是愛情。不同層次的愛情。我說它很簡單明瞭，因爲總歸一句話，唯一重要的是：如果你愛我，就告訴我。我只需要你說出這句話，即使是個很單純的念頭。什麼是愛？你老了以後，愛沒有任何意義。愛情不再熱切，也就是說，人人都明白，每個人必須關愛他人。如此而已。

《重慶森林》與林青霞的婚禮

《重慶森林》上映的時間比《東邪西毒》要早，但是比《東邪西毒》還晚開拍。王家衛手上沒有太多資金可以給《重慶森林》用。所以他必須先拍《重慶森林》，再把《東邪西毒》完成，送去參加威尼斯影展。我想，林青霞並不喜歡她在《重慶森林》裡的造型。從頭到尾戴著墨鏡，沒有哪個女演員會喜歡的。這對她是很大的挑戰。我們試圖給她一些獨特的東西去表現，一個神祕的角色。你一直看不到她的眼睛，除了一個一閃而過的鏡頭——或許有一秒鐘吧，而且模糊不清。我認爲效果很好。大家都喜歡這部電影，可是她本人沒那麼喜歡。她覺得沒有適合的角色給她演。

【我告訴他，林青霞曾說，在「重慶大廈」拍戲的過程很可怕。】是有一點兒可怕。不過應該還好。青霞非常、非常敬業。導演叫她怎麼做她都照辦，就算是在重慶大廈、街道或地鐵裡面也一樣。我們要求她走來走去，她相當敬業，也很沈著，從不情緒化。有時候，別人叫你做這做那的，你會生氣。當時她穿著高跟鞋在大街上跑，有一次還摔跤。我們嚇壞了，因爲那可是彌敦道哩，街上行人來來往往。然而她只是笑著站了起來。她說：「沒事的，我身上有很多肥油啦！」她人實在很和氣。或許她心情很好吧，因爲當時她在談戀愛，顯得比較平靜、穩定。【魏紹恩在書中提到，《重慶森林》拍片期間，邢李㷧會去探班，削蘋果給林青霞吃。】Michael從沒到過片場，但我記得我們一起吃過飯。青霞想讓我見見他。後來她告訴我，她想嫁給他。我認爲應該是她生日派對【一九九三年十一月三日】上的事。那次Michael幫她辦了一場生日晚宴。她邀我赴宴。氣氛很好。

我去參加她的婚禮。我們一起選了一套晚禮服，不是那件結婚禮服。她的結婚禮服是香奈兒（Chanel）的，我們另外挑了亞曼尼（Armani）的藍色禮服。我記得那時我人很疲倦，因爲我正在剪接《重慶森林》和《東邪西毒》。我搭機去舊金山吃喜酒，一路上都在睡。吃完喜酒，我就在客廳的沙發上睡著了！我睡了一整天。兩天後我回到香港，繼續剪片子。不過那場婚禮很好玩。

王家衛教了我很多東西。王家衛、杜可風和我之間溝通良好。我們三個人在創作方面的特色很相近，也非常尊重彼此。【張叔平除了擔任美術指導與服裝設計，還負責剪接。】我剪接的第一部電影是《旺角卡門》（1988），但我沒把自己的名字列進演職員名單。只是好玩而已。後來我在《阿飛正傳》（1990）裡也分擔一小部分剪接工作。事實上，我頭一次掛名剪接師的電影是《重慶森林》，其他剪接作品還有《東邪西毒》、《墮落天使》（1995）和《春光乍洩》。我很喜歡做電影剪接。其實，我喜歡剪接勝過整體視覺設計，因爲剪接與電影本身的關聯性更強。那才是眞正在「製作」電影。你設定電影的步調、情緒還有一切元素。整體視覺設計牽涉到電影的表面形象，只有這樣而已，觸碰不到電影本身。我和王家衛合作的時候，我們通常會在每天開拍之前討論劇本。接著我會主動加一些東西進去。我很清楚他要什麼，他也知道我會做什麼，接下來要剪接就很容易了。我們討論電影的風格，然後達成共識。所以我知道電影最後會變成什麼樣子。

我爲什麼不當導演？因爲責任太重大了！我喜歡替別人做事。青霞老是在講，如果我眞的執導她演的電影，我要求什麼她都會照辦。不過我們一直沒有機會用這種方式合作。我導過一些歌手的音樂錄影帶，只要兩、三天就拍完了。噢，你手上有兩支林青霞的音樂錄影帶吧——一支她穿古裝戴墨鏡，另一支則是她穿黑色連身衣、外罩藍色軍用風衣。拍第一支的時候，我們向徐克借了《笑傲江湖之東方不敗》的戲服，再加上其他配件，創造出不同的風貌。爲什麼要戴墨鏡？只是好玩而已。第二支音樂錄影帶很性感。她完全信任我的安排。我告訴她要穿戴什麼行頭，她完全同意。她不介意在杜可風和我面前穿得清涼一些。我有沒有試圖發掘她的性感風情？有的。拍這兩支錄影帶時，攝影機（由杜可風掌鏡）是貼著她全身上下在拍的。我們在臺灣拍這兩支音樂錄影帶和照片，因爲《笑傲江湖之東方不敗》的電影原聲帶是由臺灣BMG公司製作。我負責設計CD封面。

【張叔平還有個工作是室內設計師。我以爲林青霞婚後曾請他裝潢住所。】這個嘛，其實沒有。一開始我們嘗試重新設計，可是後來他們找別人做了。不過我的確替張國榮的餐廳和住家做過室內設計。我真的很喜歡室內設計。我和一個朋友合夥開了室內設計公司。年紀慢慢大了，做太多電影是很累的。現在我只替王家衛的電影效命，一年大概一、兩次吧。做電影很花時間；拍完一部電影大約需要四個月，剪接要花三、四個月，所以沒辦法接其他片子來做。太累了。我寧可做室內設計。不必熬夜工作，也不必一大早爬起來開工。可以有上下班時間。那樣子對我比較好。

與林青霞爲友

拍完《夢中人》，青霞和我一直到《笑傲江湖之東方不敗》才再度合作，不過私底下我們多次相約飲茶。那時她住新世界酒店，我住尖沙咀，就在附近。我們倆的邏輯思考非常接近。有時她會到我住的公寓來，事先也沒通知，兩個人天南地北地聊，聊完她就回去了。也許她在感情或工作方面有煩惱吧。通常她來了以後就跟我聊聊天，放鬆一會兒，然後走人。有時她甚至一早九點鐘就上門了！她在香港孤單一人，需要找人說說話。我是很好的聽眾呢！有時我幫不上什麼忙。他們要的就是一個傾聽的對象。他們不是眞的需要建議，而是想抒發怒氣或挫折感，想釋放某種情緒。她一邊在講，其實很清楚自己打算怎麼做。在這種時刻，就算你想提供建議，他們也聽不進去。所以我只管聽就是了。

有時我也以朋友的身分替她做造型。如果她需要出席像是香港電影金像獎之類的場合，她會請我提供時尚方面的意見。然而她又是個性很強的人。假如我說這件不錯，她會去買另一件。她說：「我爲什麼每次都要聽你的？」她很有個性。有時不爲了什麼特定場合一塊兒去逛街，她卻不聽我的意見，故意去買另一樣。青霞這個人很有意思。她說：「如果我老是聽你的，我就沒有半點兒個性了。」不過，遇上非常正式的場合，她還是會聽我的意見，兩人結伴去採購行頭。

整容手術嗎？她很怕開刀，甚至好多年來都不敢穿耳洞。我告訴她，如果她穿耳洞，我替她買首飾配件時也比較容易。但她一直不肯。我說：「你戴的是很貴的耳環。不能用夾的，會掉。」她結婚之後才去穿了耳洞。其實她的性子十分固執。她相信她自己。一旦她有了想法，你說什麼她也不會聽。她的個性非常、非常強，意志十分堅定。我認爲她沒做過拉皮手術。我知道她有用某些中藥療法，不過那不是什麼整容手術。

隆乳嗎？沒有，從來沒做過。我們合作第一部電影《愛殺》時，她很年輕、很瘦。不過那時她的上圍已經很可觀了。這事兒沒人知道。在她演的臺灣文藝片裡，你是看不到的。

【我想知道，在張叔平與林青霞成爲好友的過程中，她是否在某些方面有所改變。】有的，她變得比較有自信。她「長大」了，但態度、基本個性並未改變。她這個樣子我很喜歡。不像某些演員，成名之後就變了。他們的態度有了改變。那種改變從來沒出現在青霞身上。她是「成長」。如果有什麼事情令她覺得不妥，她會打電話問我的意見。「不做這種事，會不會不妥當？」她確實懂得如何內省，不想傷害別人。她做人處事很和善。即使是現在，大家視她爲過著好日子的有錢人了，她也不會充氣派、勢利眼。從來不會。

我們總覺得彼此很像。如同鉄屋女士您一樣，我們都是很堅持的人。心裡想要什麼，無論如何都會去嘗試。我們必須這麼做。青霞和我在這方面很類似。她知道，如果我想要什麼東西，那麼別的事情都不重要了，我會盡力去達成心願。在表演方面，她非常努力去做她心目中對的事情。她十分講究。例如服裝。每一樣東西必須完美無缺，好讓她能穿出去演戲。她絕對要求舒適。如果戲服某個地方太緊，她就沒辦法好好演戲。所有物品必須完美舒適。如果她的情緒不受任何打擾，演起戲來就不會有問題。

青霞很敬業稱職。她不介意嘗試各種角色。她每每喜歡嘗試不一樣的東西，有時嘗試過頭了。我認爲，如果時機來臨，她會想回來拍電影的，只要碰到非常好的時機、好導演和好的劇本。我想，她需要一些大格局的東西，也許是跨國合作的拍片計畫。

我替她統籌《美麗佳人》雜誌【一九九七年八月號】的拍照事宜時，她的體重略有上升，所以我們得挑一些具有遮掩效果的服飾。我總是跟她說：「即使你結婚了，還是得保持身材呀。我們永遠都覺得你是美麗的。別令大家失望。」

10 賴聲川

【林青霞只演過一齣舞臺劇，就是賴聲川的《暗戀桃花源》，時值一九九一年。隔年的電影版她也參加演出。她在兩個版本中飾演的都是「雲之凡」這個角色。賴聲川成立「表演工作坊」劇團以來，一直是領導臺灣劇場發展的劇作家兼導演。臺灣的國家電影資料館協助我安排訪問賴先生，一九九八年十月，我到他在臺北近郊的辦公室進行訪問。】

學習飛翔

我出生在美國華盛頓特區。父親是臺灣派駐的外交官。我的童年在美國度過，十二歲那年回到臺灣。後來我又去美國，在加州就讀柏克萊加大研究所。一九八三年我唸完戲劇博士學位，同一年返回臺北，開始在國立藝術學院教書。隔年我成立自己的劇團「表演工作坊」，至今已經十四年了。

我們最受觀眾喜愛的戲碼之一是《暗戀桃花源》。一九八六年首次公演，在劇場界算是一齣相當特別的作品。那一年就有人找我拍電影版。不過那些都是很商業本位的人。他們嗅出這齣戲有利可圖。「這是現成的東西。找一架攝影機，說不定只花兩天的時間就拍完了。」我說：「等一等，你們說的東西根本不是我想把這齣戲拍成電影的內容。我認爲這可能是最難改編成電影的舞臺劇之一，因爲所有的劇情都發生在同一個舞臺上。」

五年後，我們終於決定把《暗戀桃花源》拍成電影。我跟我的老友杜可風和其他很多朋友商量過後，大家都說：「好呀，贊成。」後來我們思考演員陣容，林青霞馬上出現在我的腦海。巧的是，徐克在林青霞面前替我們美言了幾句，當時青霞正在拍徐克的片子。【我猜想，徐克當時正在拍林青霞的電視專輯《林青霞寫眞集珍藏版》。】徐克和施南生夫婦多次告訴林青霞：「要是賴聲川找你去演戲，你一定要答應。他們劇團的人很清楚自己在做什麼，而且不會害你臉上無光的。」諸如此類的美言。林青霞很快就答應了。她看過劇本後，說自己邊看邊笑，不過看到結尾時有點感傷。

我想先讓這齣戲重回舞臺。演舞臺劇對青霞而言不容易。我要把整齣戲的架構拉大，讓其中產生許多連貫性。所以，基本上這齣戲的演員必須進入各自的角色，一直停留在角色裡。這是我的第一部電影，我不必擔心演員的問題。青霞必須上臺演戲，可是在此之前她一輩子沒演過舞臺劇。然而她很信任我們。她早早來排練場報到，練習發聲技巧。她非常認眞，沒有要求任何特殊待遇，因爲她很尊重其他演員。

賴聲川攝於臺北（1998）© A. Tetsuya

大塊 LOCUS 文化　**讀者服務卡**

謝謝您購買本書！

如果您願意收到大塊最新書訊及特惠電子報：

- 請直接上大塊網站 **locus**publishing.com 加入會員，免去郵寄的麻煩！
- 如果您不方便上網，請填寫下表，亦可不定期收到大塊書訊及特價優惠！
  請郵寄或傳眞 +886-2-2545-3927。
- 如果您已是大塊會員，除了變更會員資料外，即不需回函。
- 讀者服務專線：0800-322220；email: locus@locuspublishing.com

姓名：______________________　**性別**：□男　□女

出生日期：_____年_____月_____日　**聯絡電話**：______________

E-mail：______________________________________

您所購買的書名：____________________________

從何處得知本書：1.□書店 2.□網路 3.□大塊電子報 4.□報紙 5.□雜誌
6.□電視 7.□他人推薦 8.□廣播 9.□其他

您對本書的評價：

(請填代號 1.非常滿意 2.滿意 3.普通 4.不滿意 5.非常不滿意)

書名______ 内容______ 封面設計______ 版面編排______ 紙張質感______

對我們的建議：____________________________

____

____

____

廣　告　回　信
台灣北區郵政管理局登記證
北台字第10227號

10550

台北市南京東路四段25號11樓

大塊文化出版股份有限公司　收

地址：　市　鄉／鎮　路　段　巷　弄　號　樓

縣　市／區　街

（請寫郵遞區號）

《暗戀桃花源》在一九九一年重新搬上舞臺演出。【九月二十五日於臺北國家戲劇院首演】那次重演一票難求。一九八六年首次公演時，門票全部售罄。《暗戀桃花源》搬上舞臺至今【譯注：指一九八六年與一九九一年的兩次公演。該劇後於一九九九年、二〇〇六年又各重演一次。】一直是座無虛席。一九九一年這回還有林青霞助陣，很有趣，而且十分奇妙。首演那天，連當時的總統也進場來看戲呢。總統的大駕光臨卻給我們帶來很多困擾。你不能只給他兩張票，你得送他五十張票。可是，在一票難求的情況下，怎麼可能白白送人五十張票呢？眞的很傷腦筋。

這次重演花了兩個月排練，對我們劇場工作人員來說很稀鬆平常。我們構思一齣新戲時，會花比較長的時間創作，再和演員一起用三、四個月的時間排練。《暗戀桃花源》是舊戲重演，七月下旬開始排練。青霞覺得排練是很激烈的活動，從熱身開始，到訓練呼吸和聲音。過去，她在電影中從未用過自己的聲音，所以我想這是觀眾頭一回聽見她眞正的聲音。【港臺電影以往的慣例是在後製過程中配音。我向賴聲川提起，《無情荒地有情天》（1978）是林青霞頭一次在電影中用上自己的聲音。】噢，那部電影我看過。典型的賺人熱淚通俗劇。其實我是在美國看的。怪了……眞奇怪。青霞沒跟我提過配音的事。我問過她，她說電影公司從沒用過她自己的聲音。你知道嗎，那部電影不太像是同步錄音的作品。【從專業角度來看，那部電影沒有達到應有的水準。】反正我有個印象，沒人在電影裡聽過她眞正的聲音，即使有人聽過，也是少之又少。聲音是我們想好好表現的部分，因爲她的嗓音很好聽，咬字非常清晰，但是聲音不夠開。身爲舞臺劇演員，她這樣沒辦法把聲音傳得很遠。如果你上舞臺去演戲，卻沒辦法像其他演員一樣把聲音傳得很遠，那就好比斷了翅膀，無法飛翔。與她同臺演戲的演員如果有意蓋過她，其實是可以利用這一點的。當然啦，沒人想在這方面占便宜，不過我們的確花了不少時間讓她練習發聲。

還有，她的角色戲分不重，卻不好演。【《暗戀桃花源》講的是兩個劇團誤打誤撞，同時在一個劇場彩排——一個劇團演的戲碼是《暗戀》，另一個劇團演的是《桃花源》。青霞的角色是《暗戀》的女演員。】《暗戀》的最後一幕難度非常高。那場戲沒辦法教的。你只能讓演員自己消化理解，這是我們的作法。我們給她很多空間去發揮。我太太丁乃竺是第一個飾演雲之凡的人，這個角色是她創造出來的。我們沒有給青霞任何壓力，讓她自己鑽研這個角色。青霞眞的很喜歡「雲之凡」。隔年，電影版的《暗戀桃花源》開拍了。

化身劇中人物

青霞與我年紀相當。我們的生日只差幾天。我念大學的時候她已經成名。她在臺灣拍的電影，我看過幾部。在我的印象中，她是個美麗的女明星。由那個時代的劇本和整個電影工業的建立模式來看，你實在不能要求太多。當時拍出來的東西沒有太多不同之處。主角不論是林青霞，或是林鳳嬌，或是甄珍，其實並不重要。那個時期外貌姣好的女演員很多。電影公司在同一類的故事上頭做變化。有時候，身爲大學生的我們會奚落、嘲諷整個電影工業。當然啦，現在時代不同了。那個時代我們受戒嚴法規範，凡事都有限制。所以我們了解箇中原因何在。不過我們絕不會成爲影迷。我們不可能迷上她的電影。正因爲如此，好多人問過我一個問題：「你爲什麼選林青霞？」對我來說，其中邏輯很直接。我認爲重點在於她的臉孔，那張代表我們那一代人的臉孔。我想，原因就這麼簡單。就爲了她那張臉。我不會選其他人。

關於這個人選，我的確問過朋友的意見，他們覺得青霞沒什麼演技。他們認爲，林青霞過去從未被要求去發揮演技。你也曉得，她是意外踏入電影圈的，沒有人給她眞正的訓練。林青霞是靠自己的腦筋撐過來的。她從來沒接過任何一個像《暗戀桃花源》裡的「雲之凡」一樣、必須從細節展現內在情緒的角色。朋友們說，由我自己決定吧。我與各路演員共事這麼多年，唯一要搞清楚的就是她對舞臺劇抱持的態度。如果她的態度很好，我就可以打包票，剩下的一切可以交給我們。我們可以讓她看起來很出色。對於她飾演這個角色，很多人各有不同的感受。

我們花了很多時間做人物性格的描繪。雖然電影與劇場表演有很多共同的元素，其實兩者的差異還是很大。在劇場表演，你需要用比較大的格局去塑造角色。電影表演要擔心的則是畫面。過去，林青霞有完整的電影演出經驗，一天可以軋幾部電影。有專車接送她去各地出外景，她不見得必須時時掌握電影劇情的進展。基本上，每一部電影做的是一樣的事情，你懂嗎？她的髮型化妝不必有太多改變。她只要到片場報到，背好臺詞，再加上他們不用她自己的聲音，她可以用很小的聲音唸臺詞。就算詞兒講錯了也無所謂。這是眞的！所以，青霞爲了演出《暗戀桃花源》所做的一切，是她以往絕對沒有體驗過的要求。我要說的是，原本她可能會因爲演出這麼多的角色而精神分裂，然而她找出了一種因應之道，那就是讓角色透過她去發聲說話，而不是她本人進入角色。所以，這位影壇天后，這位超級巨星林青霞，是臺灣電影工業建立的模式與她在這個環境工作的方式所製造出來的產物。我的意思是說，我會記得當年在美國看過的電影中，林青霞飾演的角色叫什麼名字嗎？當然不記得。可是我知道在銀幕上演出的人是她。她演過的角色那麼多，可是我一個也記不得了。那是因爲她從來不必轉換自己、進入角色。可是，《暗戀桃花源》不一樣。我認爲她與徐克的合作也讓她開放自我，去演一些與早期典型的純眞角色大爲不同的人物，以前她只要當個美麗的女人就夠了。在《暗戀桃花源》裡，她必須化身爲比眞實年齡還要年輕的人物，也必須有超齡演出，所以這是很大的挑戰。

代表國家的臉孔

電影版在一九九二年一月到二月在基隆拍攝。基隆是個港市，在臺北的東北方。爲什麼選基隆？因爲我們在那邊找到可以長期租借的劇場，我想大概租了六個星期左右吧。在臺北，幾乎不可能找到可以租這麼久的場地。沒人會把這麼長的檔期給你，特別是劇場。就像臺北大多數的劇場一樣，基隆那個場地是公營的。從臺北開車一小時左右就到了。

電影開拍時，青霞有了轉變。很大的轉變。舞臺上的一切，對她而言都很新奇。她客氣有禮，沒有任何要求。在電影的世界裡，她回到原來的架式。她是明星。她知道自己要什麼。可是在劇場裡，她不知道自己要的是什麼。她信任我們去替她找出她要什麼。電影拍攝期間，她擔心自己的髮型、戲服，她會說：「這樣行不通的，我們得改變一下。」她眞的很注意每個小細節。這點我很欣賞，因爲先前在舞臺劇版的所有排練過程中，我們已經針對這個角色做過最重要的討論了，這就是我要先推出劇場版的原因。後來她有點兒像是片場的指揮官，因爲其他演員泰半沒有拍電影的經驗，或者經驗很有限。

【林青霞在片中飾演年輕的「雲之凡」，令人難忘的畫面之一是她坐在鞦韆上回眸一望。我告訴林青霞，那是她在全片中最美麗的鏡頭。她說：「導演告訴我，無論如何我就是得美美的。」】她一定要很美麗才行。還有，攝影師【杜可風】和我花了很多時間討論，想辦法營造出那一刻，因爲那個鏡頭必須是最美的一個。我們覺得自己的責任是要讓她呈現前所未有的美麗。就這樣。我們只有這個目標。我們有沒有成功，留待影迷去判斷。爲什麼？因爲這個角色就是象徵失落的美好。其實，它象徵的是一整個時代、歷史、個人情感與中國大陸。對於華人觀眾而言，她這個角色是個非常複雜的象徵。那可能是一開始我們想到找她飾演「雲之凡」的原因之一。她非常能夠代表中國。我想問的是：「你會選擇哪一張臉代表中國？」不是共產黨統治的中國，這部電影裡的中國指的是一九四九年國民黨統治的中國。幫我找出一個能代表那段時期的臉孔。你會說是鞏俐嗎？不，我不認同。你明白我的論點嗎？很難找出另一張臉的。林青霞是我的第一選擇。那是我們衷心的期望。【我提到，杜可風和張叔平是林青霞經常合作的對象，她一定覺得很自在吧。】沒錯，她和杜可風、張叔平共事非常自在。杜可風一直是我的好朋友，但當時我還不認識張叔平。其實張叔平是杜可風找來的，因爲他倆是老搭檔，不僅拍電影，也拍廣告。所以，青霞知道有人會好好照管她的美貌。那對她來說很重要，我想所有人都明白這一點。

【爲了扮演年老的「雲之凡」，據說林青霞特別仔細觀察賴聲川的母親。】青霞很快就在我母親身上發現某些她能用在這個角色上的東西。總而言之，那次合作經驗非常愉快。我們沒有碰到任何困難。我盡我所能去挑戰她，因爲劇場的一切對她都是十分新奇的體驗。我不想嚇她，但我的確在尋找她會回應的挑戰。現在回想起來，劇場對她而言是一次豐富的學習經驗。對我來說，我找出方法，指導她做到不同於以往表演經驗的事情，這也是一種經驗。在劇場演出必須全神貫注，因爲演壞了不能重來。你不能叫攝影機暫停，因爲根本沒有攝影機。她在非常自然的情況下接受引導，進入劇場表演的世界。她的聲音一直無法拉到與其他演員同樣的水準，除此之外我認爲她的表現很好。後來我們開始拍電影，場面完全改觀，很多表演元素變成由她掌控。她打理自己的髮型、化妝，一切自己來。求好心切，她變得很挑剔。

碰到同一幕必須多拍幾次的時候，因爲她是電影演員，每一次她的表現都很完美。我有很多不同種類的畫面和攝影角度可以選擇。她的能力沒有問題，有問題的總是畫面大小，或是燈光，或是其他的東西。我們在拍這些鏡頭**【林青霞回眸一望】**時，這對她來說是小事一樁。我大爲驚嘆。我說：「眞是專業到家了。」她很清楚要用什麼方式、在什麼時候動作。這是劇場演員不懂的東西。這是一種祕訣。電影演員必須有能耐在一段極其壓縮的時間裡觸發動作，而劇場演員習慣自己找出步調去演完整場戲。這是隱藏在青霞身上的東西，隱藏在她的職業表演

《暗戀桃花源》（1992）© 群聲出版有限公司

生涯裡。

【電影版裡有好幾個林青霞回眸的畫面。除了公園那一段之外，年老的「雲之凡」去醫院探望她當年的情人「江濱柳」，病房裡那場戲非常感人。】噢，對，那是全劇非常重要的時刻。我指的是情緒上很重要的一刻。那一幕結合了過去發生的一切，甚至是舞臺上另一齣戲的一切。你曉得，舞臺上有兩齣戲——《暗戀》與《桃花源》。最後一場戲很長，大約七分鐘，兩個老人坐著講話。那是一段很美的對白。雲之凡拎著一個禮盒坐下，兩人還是有些迴避對方的眼神。江濱柳問：「你什麼時候看到報紙廣告**【譯注：報紙的尋人廣告】**的？」雲之凡說：「今天。」接著雲之凡頓了一會兒，又說：「登出來那天就看到了。」江濱柳說：「我不知道你一直都在臺北。」雲之凡說：「我也不知道。」他倆繼續聊著，雲之凡說：「你住哪兒？」然後他們彼此訴說這些年各自住過哪兒，搬到哪兒，現在又住哪兒。於是觀眾漸漸明白，這兩個人一直住在同一座城市，卻沒有相見的機會。後來雲之凡終於明說，當年自己如何從中國大陸取道滇緬公路經香港來到臺灣。其實這是我岳母的故事。說完之後，雲之凡起身說她得走了，因爲兒子正在外頭等她。幾句臺詞，透露了很多訊息。

最初我拍這場戲時，心想，咱們就把攝影機架在那兒，讓演員去演就好。我還想甚至不要中斷拍攝去拉特寫，保持劇場的模式就好。最妙的是我真的把最後一場戲留到最後才拍，因爲我想擁有完整的拍片感受。事實上這是一次很複雜的拍片過程。我們只剩三大捲膠捲，只夠拍四次。所以我給演員壓力。其中一次被音效破壞了，很令人喪氣。多訂一些膠捲當然可以，但我們一直很謹愼配合膠捲的庫存量，剛好那時碰到農曆新年，膠捲得花兩個星期左右才能寄到臺灣。所以沒辦法加訂。按好萊塢的標準，這很荒謬。在好萊塢，你想用多少膠捲、多少時間都行。怎麼能用數量有限的膠捲去拍這麼重要的一場戲呢？應該沒有上限才對。我們拍電影的時候，膠捲很省著用。本片拍攝預算不到一百萬美元。對大多數人來說，這是不可思議的數字，再說，本片可是請到一位大明星呢。

在臺灣拍電影，得跟演員達成某種協議。比方說你要找林青霞，她若不是純粹看在錢的分上，就是她眞的很想演，不在乎價碼多少。我認爲臺灣的情形是這樣的。

並不是我說和林青霞簽約她就會來演，事情可沒那麼容易。舞臺劇的經驗的確對她在電影的表演有幫助。她下了很多功夫。不僅表現得很好，更融入了整齣戲。我想，臺灣的觀眾要了解這一點可能不太容易，因爲林青霞就是林青霞。她的整體形象是固定的。把她擺到任何地方，她都是林青霞。所以，有些人無法同意我剛才的說法。從專業角度來看，她絕對是融入了整齣戲。這就是我要的東西。

即使林青霞不帶任何一絲大明星的心態來到我們劇團，而且也並未要求任何明星待遇，我們仍得照顧到她的隱私與安全。這給劇團帶來一些困擾，因爲她的影迷總是守在附近。我們把所有排練行程全部移到國家戲劇院，這樣一來她也能在很安全的情況下回家，進停車場或電梯時不會遇上麻煩。國家戲劇院就像個大迷宮，一般人進到裡面搞不清東西南北，也不知道排練室在哪裡。所以我們就利用這一點想了辦法。當然啦，我們有找人給她帶路。這樣，就解決了原先的困擾。倘若我們找的是以往在臺北租的排練場，就會在欠缺封閉性的環境下排戲。隨便哪個人都可以走進來。我們不希望這種狀況發生。在臺北不太需要擔心有情緒不穩定的人冒出來，不像美國，影迷可能會做出過於激動的行爲。我們只是擔心排練因爲她而受到干擾。我們很謹慎，不想讓她覺得劇團是在利用她的知名度。有的人或一些劇團也許會在請她跨刀後不斷讓她在媒體曝光。那不是我們要的東西。我們要的是拍一部好電影、演一齣好戲。我身爲導演，有太多事情令我分身乏術。我以爲她會是我的煩惱之一。結果我根本不必掛慮她的問題。

【我問，她排戲會分心嗎？】這個嘛，有時我看得出她心情不太好，可是她會想辦法自己處理這種狀況。我從不過問演員的私事。我認爲這對大家的合作關係比較有好處。有時她並未進入排練的情緒，但她很快就排遣過去，因爲她是專業演員。我認爲她了解狀況，而且工作以外的情緒不會存在超過幾小時。更不可能一下子消失好多天不見人影。我曉得她有心事，但如果她不說，我也不會硬要去打探什麼。我不是那種導演。

【賴聲川在一九九二年以本片於第五屆東京影展獲得青年電影競賽銀櫻獎。】

不受囚禁的豹子

在我看來，林青霞處於一個應該探索拓展的節骨眼兒上。我覺得她眞的是在某種封閉的環境下培養而成的明星。她幾歲踏入影壇，十七歲嗎？那是一個人還不曉得自己想做什麼的年紀。十七歲就進入這樣一個要求很多的行業，實在太過年輕了。所以，她受到某種保護。她長大成人的過程的確受盡保護。我認爲在我與她合作的那段時間裡，她的人生歷練仍然受到很大的保護。我懷疑，在感情生活與私生活方面，有某些時候，她是仿效演戲時處理情緒的方式過日子。她從飾演的角色中得到線索。我是這麼猜想的。

一開始與林青霞合作時，我覺得她的表演經驗眞的不多，深度也不足。我內心一直記著這一點。我願意說我是和一名許多人眼中身經百戰的女演員合作。然而，在我心裡，我會說她的表演經驗很有限。她從未接受過專業的表演訓練。於是，我把眼光放遠一點，說她是個非常平凡的人。然後，我會說這個人很有熱誠。她滿懷熱誠，慷慨大方，樂於付出，心地善良。我喜歡她。我在她身上看到正面的特質，但我會說，身爲人，她內在的潛力沒有受到開發。她擁有超級巨星的地位，我想沒有人能與她並駕齊驅。我的意思是，她可以做的事情比現在多更多。只要她從自己身上發掘出更多東西，去發掘自我潛力、發掘她對大家可以產生何種意義，她便能爲其他人做各式各樣的事。她有這分心思。我認爲她只是沒有機會探索這塊領域。眞的，她可以去做各式各樣的慈善工作、社會工作。她肯定會擁有不同的生活。

第一次見到林青霞時，我覺得她是個很緊張的人。我想，我們的劇場經驗教導她如何放鬆，對她的確有幫助。她天生就緊張兮兮的。由於她的整體生活形態很隱密且受限，她需要找個方法放鬆。她現在過得比較輕鬆了嗎？聽到這個好消息，我很高興。我認爲，我們的合作告一段落時，她整個人放鬆很多。至少我感覺到全然的信任。你知道嗎，她信任張叔平，信任杜可風，也信任我。不過這分信任是在專業領域上。她曉得我們了解她身爲演員的需求。此外，身爲凡人，她自己身上有許許多多可以探索的東西。怪的是，一旦在這種環境之下成了大明星，你的人生沒有更開闊反而更狹隘。這不是很怪嗎？現在她當媽媽了，這鐵定會改變她對世界的觀感。我想她可以開始探索更深層的內在世界了。

【我告訴他，成龍曾以「困在籠裡的豹子」形容林青霞。】形容得很精確。她當然是受困在牢籠裡的人物，不過我的形容方式與成龍略有不同。我想我會稍做補充——我認爲她不知道自己是頭豹子。我要說的是，她擁有好多潛力。我認爲，她不明白自己是豹子，不知道牢籠其實並不存在。她是自由自在的，豹子做得到的任何事情她都可以去做。

演員的挑戰

她只是個偶像嗎？我當然不會這麼說。她有表演能力，只是從來沒人期望她會演戲。所以，對於那些說她不會演戲的影評人，我會反擊說，從沒有誰要求她會演戲。去看看那些導演曾經要求她、挑戰她的電影，你會發現她的確有達到要求的能耐。至於她有多少能耐，可以另外討論。

【我提到，她在拍《暗戀桃花源》之前主演了《笑傲江湖之東方不敗》。】是的。她跟我們說了一些趣事，譬如工作人員是用什麼方法讓她在海裡看起來很有架式。其實，一九九一年十一月二十一、二十二日，我們在香港文化中心大劇院演出《暗戀桃花源》的時候，青霞正在拍攝《笑傲江湖之東方不敗》。那部電影改變了她的形象，改變了她的外貌，不過她表演的品質沒有變。她在專業層面的潛力增加了。從藝術方面的成長來看，她需要一些眞正有挑戰性的角色。她可以勝任的。一個禮拜之前我才跟楊德昌聊過。他問起四十歲的女演員，我們聊到林青霞。像楊德昌這種要求很多的人，選項實在有限。人到中年、外型美麗又眞正出色的女演員，這樣的人選能有多少？青霞眞的占了很好的市場缺。她自己不明白這一點，可是她的確處於有利的位置。

作爲一個演員，我認爲林青霞很有天分。我想，這天分有很多部分是獨一無二的。這些天分停留在「潛力」的階段，因爲仍有很多可以化爲實力的空間。《暗戀桃花源》是她少數幾次接受挑戰的表演經驗，但往後的導演可以繼續向她提出挑戰。她可以復出，繼續以硬底子演員的身分接戲。有很大的潛力可以開發，很多生活的經驗可以運用。她現在仍處於不甚成熟的階段，應該加以培養。否則正如我所說，永遠也不會有多少挑戰加諸在身爲演員的她身上。她只要維持漂漂亮亮的模樣就好。如此而已。

林青霞走紅時正値國語通俗劇情片的全盛時期，要她接受適當的表演訓練是沒什麼道理可言的。她根本沒時間。我不知這次演出對她的表演能力有無幫助，因爲臺灣電影工業已然成型，所以別去接受什麼訓練比較好。如果受了表演訓練，演員會對導演、劇本等等要求太多。我認爲，當初她的作法就是聽命行事。倘若能重新來一遍，她極有可能在踏入影壇之初就接受過適當的表演訓練了。然而，回顧她的從影生涯，就算她受過表演訓練，也沒有好的作品給她演。

我絕對願意再度找林青霞合作，這點沒有問題。下次合作，我會對她提出更多要求、更多挑戰，因爲她也到了眞正想重新出發的年紀，當然她不是非得復出不可，所以復出條件必須是她非得證明自己是個演員。你碰到她的時候，請代我們劇團跟她打聲招呼，並轉達再度合作的意願。

【一九九一年，《暗戀桃花源》舞臺劇版在臺灣好幾個城市演出，並赴香港、紐約、舊金山、洛杉磯等地公演。林青霞僅於臺北國家戲劇院以及香港文化中心大劇院兩地的場次登臺演出，其餘場次則由蕭艾演出。「表演工作坊」官方網站提供的中英文資料略有出入。在鴻鴻與月惠合著《我暗戀的桃花源》一書中，蕭艾提到：「我們在國家戲劇院演出時是這樣安排的：今天青霞登臺，明天就輪到我登臺；我演日場，青霞就演晚場。」從該年九月二十五日至二十九日之間，共有五場晚場與至少一場日場。

我與林青霞在二〇〇二年四月最後一次訪談時，曾向她問起此事。她不太記得自己到底演了幾場，不過她的確記得自己從未演過日場，而且臺北有一個晚場她因故未能登臺。所以，我認爲林青霞在臺北演了四場，在香港則確定演了兩場。】

11 于仁泰

【一九九七年四月，我爲了于仁泰的第一部好萊塢作品《五行戰士》（1997）訪問他，當時他在環球電影公司進行該片的影碟轉檔工程。于仁泰與其他香港「新浪潮」導演不同；他不是電影科班出身，過去在美國主修商學。于仁泰在電影圈的第一分工作是《跳灰》（1976）的執行製片，後來就專職製作電視節目與電影。一九九三年，于仁泰執導《白髮魔女傳》，公認是這類電影的傑作之一。聊著聊著，話題終於轉到我想和他討論的主題。】

新風貌：《白髮魔女傳》

黑澤明的電影我統統喜歡，就是那種老派的電影。所以我才要求和田惠美女士爲《白髮魔女傳》設計戲服。當時香港有很多記者取笑我。他們覺得我瘋了。「你要拍中國傳統武俠電影，卻找日本人替你做服裝設計？」不過我認爲這是正確的決定。我要讓這部電影呈現全新的風貌，從燈光、攝影角度、美術指導都有所不同。其實這是我老婆的建議，因爲這是我頭一回拍武俠片。

徐克拍過很多古裝武俠片，這類型的電影已經走下坡了。可是我很喜歡《白髮魔女傳》這個淒美的愛情故事，打算把它拍成電影。我老婆說：「如果你想拍，就得拍出不一樣的東西。」即使故事情節沒有太大不同，對觀眾而言卻是耳目一新的電影，氣氛情調也不同。我老婆說：「何不去請和田惠美？她會帶給這部電影截然不同的全新風貌。」我不認識和田女士，但我有她的地址。於是我帶著劇本和筆記去了一趟東京，敲了敲她家大門。她來應門，我問：「你願意替我這部電影設計戲服嗎？」【和田惠美告訴我，于仁泰事先打了電話給她，她說：「好啊，我有興趣。」結果隔天于仁泰就出現在她家門口，令她大吃一驚。】她說：「你打算何時開工？」我說：「下個月。」於是她來到香港，而且從沒踏出旅館房間一步！整天埋頭苦幹，努力工作。她總是說：「這是港式作風。」【和田惠美與張新耀在一九九四年，以本片獲得第十三屆香港電影金像獎的最佳服裝造型設計獎。】

我運氣很好，東方電影公司非常支持我，容許我搭建一組美麗的布景。由於本片是在夏天開拍，常常下雨，我們決定在室內搭建所有的場景，唯一的外景地點是新界的林地，其餘部分統統在室內拍。那時我們在香港島找不到夠大的攝影棚去搭布景，於是去了新界，向政府租了一片地，自己蓋攝影棚。我們在這上頭花了不少錢。

青霞在《白髮魔女傳》的表現非常好。我們是很好的朋友，彼此認識很久，但在此之前從沒機會合作拍片，因爲我以前沒拍過古裝電影。香港曾有一陣古裝片熱潮，青霞在古裝片的表現很不錯。她說：「你不想做跟別人一樣的東西。反正你也不曉得古裝片怎麼拍。你只懂得砰砰砰【槍聲】。」我找她談《白髮魔女傳》時，她說：「你是認眞的嗎？」我說我是認眞的。我告訴她，我要找和田惠美幫忙。青霞很興奮，說這樣應該拍得出新的味道。青霞非常幫忙。我們每天長時間工作，因爲拍攝時間只有兩個月。當時是夏天，戲服又重又熱，所以我們只在晚上拍，好讓演員舒服一些。

你能想像嗎？我們每天下午五點開工，直到隔天凌晨五點才收工。我們試著在白天睡覺，卻睡不著。一開始我兼任製片人，所以白天必須打電話聯絡事情，根本沒時間睡。這種狀況維持了連續兩個月。

我老婆三個月沒見到我，因爲我在片場附近的旅館落腳。我們租了一輛貨櫃車停在片場附近的山坡地，剪接器材都在車上，我們就睡在裡頭。每拍好一場戲，趁著鮑德熹**【鮑德熹以《白髮魔女傳》贏得一九九四年第十三屆香港電影金像獎最佳攝影獎】**打燈的時候，我火速衝進貨櫃車，和胡大爲一同剪接。鮑德熹把燈架好以後，我回片場繼續拍。瘋狂地趕。胡大爲也幫我導了一場戲，就是一群少年爭食饅頭的戲。那場戲由鮑、胡二人合導，同時我跟第二組攝影師拍攝張國榮和林青霞在森林裡打鬥的場面。眞是瘋狂。

我們沒有用太多特效。全是利用攝影技巧，非常基本的攝影技巧。我們沒有太多資金，便運用鏡子、風、煙霧、蒙太奇手法，以及不同的攝影速度。有人以爲我們用了很多電腦特效，事實上沒有。我們負擔不起成本。所以我們只得想很多辦法騙過觀眾的眼睛。我總覺得電影是一種幻象，不必太過逼眞。如果觀眾能跟著戲中人物的情緒走，你就算過關了。

信任

我可以挑戰尺度到什麼程度，而不會讓作品淪爲三級片或廉價的鹹濕場面，那道界線非常模糊。這方面我很小心。我認爲張國榮和林青霞幫了很大的忙，因爲他們倆非常入戲。那些畫面並不是演員一到片場、立刻上戲就能拍出來的。我們先討論一番，看看能拍到什麼程度。大家都很投入。

我當初以爲，要求青霞去拍火辣辣的親熱戲會是一大難事，因爲她從來沒演過那種劇情。那場戲在晚上拍，所以到了傍晚五點左右，鮑德熹、張國榮和我一起去敲了敲青霞化妝間的門。青霞見我們三個站在一塊，就知道有事要談。她問：「什麼事這麼重要啊？」我們把其他人全請了出去，然後我說：「我們得拍這場親熱戲，我覺得我們可以這樣子拍。」我以爲她會堅持不拍，沒想到她說：「好啊。」居然這麼容易就說服她。接著青霞說：「我告訴你們，第一，我認識你們很多年了，我了解你們的工作。你們不會把這場戲拍成廉價的鹹濕畫面。再來，我知道德熹會把光打得很美，我也知道國榮不會占我便宜。有我對你們的信任做基礎，你們怎麼要求我都會配合。」我進一步說明細節之後，對青霞說：「就按你的情緒去演吧。」我準備了兩架攝影機去拍張國榮與林青霞。我讓那兩架攝影機一直拍一直拍，讓他倆在鏡頭前發揮。結果拍了一整夜。拍得太美了。我在小螢幕上看我們拍出來的東西，心想：「成功了。」張國榮很好玩，他老是戲弄林青霞說：「想不想再來一次啊？咱們明天再拍一次吧。」青霞說：「不要。我拍夠了。實在太冷了。」那池水是眞的冷，即使我們加了熱水還是冷。我把

于仁泰（左）與鮑德熹攝於美國洛杉磯環球電影公司片場（1997）© A. Tetsuya

一條熱水管接進池底，結果水溫還是很低。雖然當時是夏天，整夜一身濕淋淋的捱到凌晨五點，還是覺得很冷。

我認爲，當導演必須安排親熱場面的時候，男女演員眞的得信任導演，這樣才演得好。所以，信任很重要。我完成剪接之後，馬上放給他們看。「你們覺得怎麼樣？」他們說：「噢，很好。非常好。」我說：「青霞，這可是你的一大突破呢。」她答道：「這是第一次，也是最後一次。」青霞實在太美了，那一段戲太令人讚嘆了。多有女人味兒，多華麗，多高雅啊。

忍受痛苦，追尋愛

【我告訴于仁泰，另一場戲也令我印象深刻。林青霞飾演的「練霓裳」一心想脫離魔教掌控，和張國榮飾演的「卓一航」長相廝守，因而遭受魔教成員凌虐。她握著一顆滾燙的石頭，顯示她的決心。】那一幕她所傳達的訊息是：「愛就是一切。我必須這麼做。所有肉身的痛苦都不算什麼。」這之中有很強烈的意念。遺憾的是，卓一航沒有那分力量。我的意思是說，即使是在《夜半歌聲》（1995）裡，你不覺得男人比女人還軟弱嗎？我認爲，在非常惡劣的情況下，女人比男人堅強得多。我老婆就是如此。她比我堅強許多。在情緒方面，我承受不了痛苦，她卻承受得了。就算是生理方面也罷，碰到一丁點兒疼痛我就喊：「唉唷！流血了！」可是我太太以前動手術也不喊疼。

有時候，我覺得舉頭三尺之處似乎眞有什麼存在。如果你信上帝，你便受祂支配。等你到了某個年紀，祂會把你推進某個領域，你會對別的事物更加敏感。你曉得我在電影圈是怎麼起步的嗎？一九七九年，有部電影叫做《救世主》，那是我導的第一部電影。當時我二十多歲，只想拍砰砰砰的槍戰。我要怎麼讓電影具有可看性？就靠槍枝、爆破、一切暴力場面。那時我不想處理有關愛情的題材。我九個月大的時候得過小兒麻痺症，長大以後，我擔心自己出門跟女孩子約會時得跛著腿走路。我想在自己的電影作品裡排遣我的挫折感。後來我結了婚，有了愛我的妻子。於是我漸漸不再害怕接觸愛情的題材，不過我沒把握能否把愛情溶入電影裡。能有鮑德熹、張國榮、胡大爲和我太太這樣的人爲友，實在很幸運，他們永遠比我還了解我自己。拿青霞來說，我問她：「你覺得我做得到嗎？」她一定會說：「你當然做得到。」

【一開始，《白髮魔女傳》裡的「狼女」練霓裳一角是找楊紫瓊來演。】沒錯沒錯。

當時楊紫瓊有兩部電影的檔期相撞，她必須去拍許鞍華執導的《現代豪俠傳》（1993），和張曼玉、梅艷芳合演。所以我相信冥冥之中眞的有誰在支配我的命運。當初一切條件都跟楊紫瓊談好了，結果她突然告訴我：「我沒辦法拍了。」於是我找上老朋友林青霞。可是那時我在資金方面有些問題，東方電影公司也有些意見，因爲他們覺得林青霞的票房已經下滑了。我說：「不，我認爲林青霞是最理想的人選。」他們說：「她年紀太大了。」我說：「不會的，我跟你們保證，你們看到拍出來的片子時會說，哇，她好美。」

本片在香港很受歡迎，在歐洲也頗受好評。兩天前，鮑德熹到環球影城附近的錄影帶出租店。有個時髦的美國女人向櫃檯人員問道：「我想找《白髮魔女傳》。你們有嗎？」所以我想這部電影應該很流行吧。

【《白髮魔女傳》在一九九三年第三十屆臺灣金馬獎拿下最佳改編劇本、最佳電影歌曲兩項獎，在一九九四年第十三屆香港電影金像獎贏得最佳攝影、最佳美術指導、最佳服裝設計三項獎。】

純商業：《白髮魔女傳2》

《白髮魔女傳》一推出【一九九三年八月】，東方電影公司就說：「來拍續集吧。」我說：「不行，太快了。我連劇情都還沒想好呢。」我的剪接師胡大爲有意執導續集。我心想，這樣也好，因爲我已經筋疲力竭了。而我負責照管預算和安排製片事宜。續集必須在十二月推出。可是當時已經八月了，連劇本都沒有！我們也不曉得林青霞或張國榮能不能參加演出，結果他們沒辦法接演。後來我們得知，林青霞可以軋個幾天，張國榮也有幾天空檔。所以續集裡年輕一輩男女演員的戲分才會這麼吃重。我們是倒著拍的。眞是瘋了。其實我對成果有些失望，可是我還能怎麼辦？我沒有太多選擇。基本上，這齣續集純粹是出於商業考量的決定，並不是基於任何藝術方面的動機。只有結尾部分是由我執導，林青霞和張國榮都入鏡了。他們對我說：「你得親自拍這齣續集。」我眞的很疲倦，但我還是拍出來了。

【美國地區讀者若有興趣，泰盛娛樂公司發行了《白髮魔女傳》的美國版DVD，內附于仁泰的幕後訪談。】

12 杜可風

【杜可風是知名攝影師，多次和導演王家衛合作而得獎，他和林青霞在《暗戀桃花源》與《東邪西毒》皆有合作。雖然我在香港見過他好幾次，卻沒能請到他接受訪問。一九九八年十二月，他去洛杉磯爲攝影個展接受採訪，我終於有機會訪問到他。時間只有二十分鐘（而且他一邊喝酒一邊受訪），不過我設法在最後幾分鐘，問到他對林青霞的觀感。】

我和林青霞合作的第一部電影是賴聲川執導的《暗戀桃花源》，然後是《笑傲江湖之東方不敗》的音樂錄影帶之類的東西。說起林青霞，好比說起美國女星格蕾絲・凱莉（Grace Kelly）或瑪麗蓮・夢露。我甚至認爲你不能從凡人的角度去討論林青霞。因爲，就連我也認爲，她代表了我們這個世界期盼的美女典型。眞的。她自己也知道這一點。所以，我認爲我們無法從演員的角度去討論林青霞。她是我們所相信、尊敬、熱愛的象徵，是我們這個世界的美女典型。我們在《暗戀桃花源》共事的時候，我想她有三十七歲了吧，但她仍然非常美麗。

現在，假如你眞的想聊這個演員，我認爲她的第一部電影《窗外》是她最好的作品。那部片子眞是奇妙又出色。你看過沒？噢，你有影碟呀。我可以跟你買嗎？

林青霞代表我們這個時代的美女典型。我是說，在我心裡，當代這一段中國歷史所謂的美，指的就是她。她完美無缺。鞏俐不一樣。鞏俐那一型擁有某種「氣」，某種能量。鞏俐比較善於表演與傳達。可是，若要說到美的典型，什麼樣的美是人人都樂於推崇的，那就非青霞莫屬，這實在太美妙了。能夠維持這樣的美眞是令人驚歎。她是我心目中的格蕾絲．凱莉。

【我很好奇杜可風在《重慶森林》參與了多少拍攝工作，因爲演職員表裡把劉偉強與他都列爲攝影師。】大部分是劉偉強負責的。「重慶大廈」的戲分幾乎都是由他掌鏡。我負責的部分大概只占全片的百分之十五吧，因爲當時我正在拍另一部電影，關錦鵬導的《紅玫瑰白玫瑰》（1994）。我從上海回到香港，拍了一部分的《重慶森林》，但青霞的部分多半是由劉偉強拍的。

青霞在《東邪西毒》裡的表現如何？我認爲，這對青霞來說是很不一樣的電影。不過，這是她從影晚期的最佳作品之一。在那之後，她眞的覺得**【拍電影】**很乏味了。

【我告訴他，我正在尋找《暗戀桃花源》的音樂錄影帶。】沒錯，那是我的作品。只花幾個鐘頭就拍好了。我手上沒有。那是臺灣的滾石唱片公司製作的。我想，如果賴聲川沒有，那麼滾石公司總該有的。去問問滾石吧。不過我有這張照片喔。【我身邊帶了他的攝影書《光之速記》。書裡有一些林青霞的照片。】如果你想要這張照片，我可以賣給你，收你一百萬元。沒錯，這是在拍《暗戀桃花源》音樂錄影帶時留下的影像。

13 羅卡

【羅卡先生是電影史專家，也是香港電影資料館的節目策劃。他自稱並非研究林青霞作品的專家，不過，針對一九七〇年代的臺灣電影在香港上映情形，以及林青霞的從影生涯，他提供了個人的概略觀點。他建議我去找許鞍華和嚴浩，並提供兩人的聯絡電話。以下訪問是在一九九八年四月所做。】

從一九七〇年代初期到中期，臺灣電影在香港很受歡迎，臺港影壇也合作了許多影片。他們把膠捲進口到臺灣，在臺灣拍片。片子拍完了，再把底片帶到香港沖洗，因爲費用比較低廉，又不課稅。兩地演員也常有交流。香港電影以動作片和喜劇片爲大宗，臺灣出品的主要是通俗電影和劇情片。那時候的香港人比較愛看動作片和喜劇片，不過臺灣的通俗電影總有市場。臺灣的通俗電影之中，瓊瑤電影非常受歡迎，每部新片在香港上映至少一週。後來香港電影水準提升，到了八〇年代，臺灣電影便很少在香港上映了。

一九七三年夏天，林青霞的第一部作品《窗外》轟動香港。現在超過四十歲的香港人，當時幾乎都看過這部電影。林青霞成了少女偶像。不過我有個印象，她一直到主演《金玉良緣紅樓夢》以後才大紅大紫。**【據陳清偉所著《香港電影工業結構及市場分析》指出，《金玉良緣紅樓夢》在一九七七年的香港票房紀錄排名第七（港幣2,089,886元）。這是林青霞的作品首度登上香港年度票房前十名。】**《金玉良緣紅樓夢》是舊片重拍，主要針對年輕一輩的觀眾，風格比較現代。《金玉良緣紅樓夢》在香港大賣座，據我所知，本片曾經在電視上播放；在電影院下片後曾在邵氏的放映室私下爲林青霞的友人放映。

從七〇年代晚期到八〇年代早期，香港的「新浪潮」導演流派出現了。林青霞與這些導演合作以前，她在我們心目中的形象一直是少女偶像明星，一如六〇年代的蕭芳芳。「新浪潮」導演破除了她不食人間煙火的形象，讓她變成摩登、實際、獨立的女子。影壇首度嘗試改變林青霞形象的作品是譚家明執導的《愛殺》，但票房不盡理想。片中她飾演一個比較成熟的角色，有心理層面的深度與複雜的個性。

後來，徐克執導的《新蜀山劍俠傳》把林青霞的形象徹底轉換成現代女性。《新蜀山劍俠傳》是古裝片，卻是具有濃厚現代色彩的幻想之作。徐克持續爲林青霞創造出不同的形象，像是女扮男裝或女打仔。她很適合古裝片，不顯老。她似乎永遠不會老。看看《笑傲江湖之東方不敗》就知道，拍那部片子的時候她已經過了三十五歲。可是沒人會去想她的年齡。

她也擅長飾演孤傲、虛幻的角色，帶點兒神話的味道。由於華人有反串的傳統，中國戲曲與電影裡常有女扮男、男扮女的情形，觀眾看林青霞在《笑傲江湖之東方不敗》裡的演出，並不覺得怪。那部電影很受年輕觀眾喜愛。他們思想西化，對林青霞不男不女、性別不明的角色十分著迷，甚至認爲亦男亦女、裝扮成異性是一種時髦或流行。時機非常好。當時有一股林青霞熱潮，雖然沒有持續太久。在這波熱潮中，徐克有重要的影響力。

林青霞的知名度，幾乎不下於當年林黛在中港臺三地受歡迎的程度。我認爲，林青霞的名氣比林黛還要大，只是少了一絲傳奇色彩。林青霞在徐克、許鞍華、嚴浩的作品中扮演不同的角色。在《重慶森林》裡，她

戴著墨鏡假髮，依然能表現情緒。她不是只有美貌而已，她也會演戲。更甚者，她是個大明星，超級大明星呢。

14 許鞍華

【許鞍華是香港「新浪潮」導演之一，以《女人四十》（1995）獲得第十五屆香港電影金像獎最佳導演獎。林青霞主演的《今夜星光燦爛》由許鞍華執導。許鞍華婉拒了我正式的採訪邀約，但她建議改以電話簡單受訪。時間是一九九八年。】

我頭一回找林青霞合作是在我爲第一部導演作品《瘋劫》（1979）籌備期間。我想找她演主角，但她婉拒了。《瘋劫》是懸疑驚悚片，即便林青霞當時是臺灣影壇的當紅女星，我仍認爲她非常適合演《瘋劫》。【該片由張艾嘉、萬梓良、趙雅芝主演】

一九八七年，我再度邀請林青霞，主演《今夜星光燦爛》。她說她願意和我合作。於是我把劇情大綱告訴她，稍後又寄上劇本。我們花了好幾天討論劇本，她給了我一些建議。

她是很敬業的人。她同意把頭髮剪得很短，而且在不靠化妝輔助的情況下把劇中角色從十八歲演到三十八歲。拍裸背鏡頭時她非常合作。她對一同主演的新人吳大維多所提攜，後來吳大維獲得第八屆香港電影金像獎的最佳新人獎。《今夜星光燦爛》是他的第一部電影。青霞對其他演員和工作人員非常友善，所以片場氣氛就像個大家庭一樣，可惜身爲導演的我無福消受；我在現場忙得不得了。

林青霞能演的不只是一般劇情片的角色，虛擬的人物她也能演。《笑傲江湖之東方不敗》就是典型的例子。她是該片成功的關鍵。過去她在影史上舉足輕重，至今依然如此。我認爲，林青霞在我們的電影工業仍有很重要的地位。

15 嚴浩

【嚴浩與林青霞合作的電影是《滾滾紅塵》，該片在一九九八年第二十七屆金馬獎拿下最佳電影、最佳導演與最佳女主角等八個獎項。一九九八年，我在電話中訪問嚴浩。】

林青霞在臺灣演的電影我並沒有全部看過，但我是她的忠實影迷。所以，我只要想出可以拍成電影的故事，總希望能找林青霞當女主角。拍《滾滾紅塵》的時候，我的夢想終於實現了。在我們合作拍片之前，我跟她並不是很熟。有時我在某些聚會場合碰到她，彼此會打聲招呼。不過有一天，我在臺灣一家飯店地下室遇到林青霞，她步出健身房，朝我走來。我們打過招呼後，我問她有沒有興趣主演我的電影，她說：「好啊。」眞是一次戲劇化的巧遇！

她先讀了劇本。接著我聯絡徐楓，表示林青霞對某個劇本有興趣，我正在找人監製。徐楓看過劇本後，接下了製片的擔子。那是一九八九年年初的事。劇情要表達的概念大部分與女作家張愛玲的一生有關，講的是女人之間的友誼。劇本花了大約三個月完成。我請作家三毛擔任編劇，因爲故事背景發生在中國大陸，而非香港，所以編劇必須會說普通話。我也需要女性的觀點去詮釋女人之間的友誼，這是本片很重要的一環。所以我把我的概念告訴三毛，請她寫成劇本。

我選了秦漢飾演漢奸的角色，因爲我認爲他有演技，外型條件也夠，對角色的年齡變化亦能勝任。我把劇本寄給他，他同意演出。當時秦漢與林青霞在眞實生活中是一對戀人。戀人在電影裡飾演情侶，兩個角色之間自然會有一種親密感，對電影本身很有幫助，這是眞的。他們倆都是專業演員，拍戲時不會分心。當然啦，有時他們也會在片場吵架。如果兩人抵達片場之前有過爭執，大家都看得出來。不過，只要一站到鏡頭前面，兩人便專心演戲，拍片過程從未受到他們倆私事的影響。

一九九〇年，我們去中國大陸出了兩、三個月的外景。大陸官方對於我們的拍片工作並未太過刁難。拍電影總會碰到一些麻煩事，不過除了那些麻煩，該片拍攝過程很順利。

對我來說，與林青霞共事是很愉快的經驗。她樂意合作，也提供了不少點子，像是劇中人物的姿勢和一些小動作。我們討論了很多東西。拍電影最重要的是演員與導演之間要充分溝通，這樣才能彼此了解。如果彼此了解得不夠，就拍不出最好的東西。

有些人說她是個不會演戲的花瓶，至少到我們推出《滾滾紅塵》之前，影壇是有這種說法。這些人看過《滾滾紅塵》之後，對林青霞的觀點有了改變。她成爲金馬影后並不令人意外。雖然她早期在臺灣的作品主要是通俗電影，但是就表演能力來說，劇情片與通俗電影之間並無不同之處。她是會演戲的。

林青霞在《笑傲江湖之東方不敗》表現極佳，引發一陣武俠片熱潮。她飾演的「東方不敗」與過往的形象完全不一樣，需要比較誇張的表現，給觀眾留下了深刻印象。

如果我必須以演員的角度去形容林青霞，我會說她是個敏銳的方法演技派演員，而且美若天仙。她本身就是影史的一部分，又很善解人意，不論對待其他演員或幕後工作人員，都相當體貼。她以和善的態度對待每一個人，與她共事過的人沒有哪個不喜歡她的。我希望她未來會復出。

16 王晶

【王晶是香港最成功的導演之一。然而很多人對他的評價不是很高，因爲他的作品商業氣息濃厚。經過本次訪談後我才明白，與其説他是個導演，不如説他是個生意人。林青霞的作品中由王晶執導的是《鹿鼎記II神龍教》（1992）和《追男仔》（1993）。以下訪談在一九九七年四月於王晶的辦公室完成。】

你訪問到林青霞啦？那麼你很走運，因爲她平常不太願意接受採訪。現在她專心當好媽媽去了。我拍《鹿鼎記II神龍教》時找林青霞來演，因爲那時她因爲《笑傲江湖之東方不敗》大受歡迎，於是我們在《鹿鼎記II神龍教》裡加了一個類似的角色，與男主角周星馳演對手戲。當時那眞是個絕妙的點子。【但《笑傲江湖之東方不敗》是一九九二年六月在香港上映，《鹿鼎記II神龍教》緊接著在同年九月上映，我問王晶何以能夠事先看到《笑傲江湖之東方不敗》？】我們的製片之一是向華強，農曆春節期間他在臺灣看到部分內容後跟我提起。徐克是我的朋友，於是我在《笑》片於香港上片之前，就先在徐克的電影公司「電影工作室」看過了。其實我從徐克、程小東、林青霞那邊，把所有招數都拿過來了！我拍完《鹿鼎記》後馬上接著拍《鹿鼎記II神龍教》，同時也拍《城市獵人》（1993）。早上我在邵氏導《鹿》片，下午則去嘉禾拍《城》片。

雖然林青霞不是喜劇演員，她在本片和很多喜劇演員合作，正如她與梁家輝在《追男仔》裡的合作。有個出資拍攝《鹿鼎記II神龍教》的臺灣商人，我形容他是教父級的人物，他有能耐網羅許多明星參與同一部電影。選角方面他幫忙不少。

在我看來，林青霞在事業經營方面不是個聰明女人。她沒有把自己包裝得很好，所以得不到她應有的待遇。我是這麼想的。有時候女演員曉得怎麼包裝自己，獲得的待遇便超出她們應得的範圍。臺灣女孩子有很多種，有聰明的也有傻傻的。也許林青霞比較接近後者吧。她沒有好好打理自己的事業。

十七、舒琪

【舒琪是香港影評人、導演兼影片發行人。他並未與林青霞合作過，但《重慶森林》與《東邪西毒》的國際行銷事宜由他負責。我在一九九七年訪問舒琪時，請他談一談這兩部電影與林青霞。】

《東邪西毒》是同步收音的電影。大多數演員上戲時講的是廣東話，林青霞講普通話。王家衛拍了一大堆毛片，放在片庫裡。我告訴過王家衛，他應該用那些毛片發行光碟。他可以把所有沒用上的毛片整理成光碟。也許不會是劇情完整的電影，但至少可以看到不一樣的版本。

王家衛拍電影，基本上是沒有劇本的。他邊拍邊寫。我一直都很注意《東邪西毒》的拍攝過程。片子拍了三分之一後，我開始看每天拍出來的毛片。當時我看到很多楊采妮的毛片。她好像是演人質吧，或是盜匪，有很多武打場面。但王家衛突然改變想法，所有毛片棄而不用，重拍楊采妮的戲分，成爲後來上映的版本。我看了重拍的毛片，問剪接師哪兒出了問題。楊采妮的角色變得毫無能耐。後來我才明白她演的是完全不同的角色。王家衛就是這麼拍電影的。

在《重慶森林》裡，起初林青霞演的是一個息影的女演員。王家衛在飯店房間拍，差不多拍了七到十天。據王家衛說，他有意把整個段落都在房間內拍出來。我不表同意。林青霞的檔期很趕。他必須在特定時間內拍完她的戲分，因爲她的婚期已訂，所以進度不能有任何拖延。拍片最快的方法就是省去演員化妝的時間，所以林青霞戴假髮和墨鏡，全部用手持攝影技術去拍。後來她還在「重慶大廈」內走來走去。的確拍出效果了！

我記得，《東邪西毒》本應在一九九三年農曆春節前拍完，並於春節檔期在香港上映。電影在一九九二年十月或十一月開鏡，拍了三星期後，或甚至不到三星期吧，王家衛發現他不可能趕得上春節檔期。於是他把整個計畫暫時擱置，讓劉鎮偉進駐片場，用同樣的演員陣容趕拍《射鵰英雄傳之東成西就》。演員對王家衛必定有矛盾的感覺——他們喜歡演王導的片子，卻得忍受他把眾人的時間行程攪得一團亂。我沒有參與製片。他們預算用完了，就找我處理影片發行事宜，如此一來可以透過賣海外版權的方式取得更多資金。我不曉得拍片預算有多少。我猜至少三千萬港幣【約四百萬美元】吧。這在香港影壇來說是很大的數目。

我很喜歡林青霞。她令人著迷，她的美貌與《笑傲江湖之東方不敗》裡的角色很相配。至於演技方面，當然她不是個糟糕的演員，但她的美貌已經成爲她的一部分。如果我以導演身分和她合作，不免會考量到她的美貌。這是難以避免的，可說是一種限制。要她去演個很普通的人物，實在令人難以想像。很多導演找她演戲，純粹是看中她那張臉蛋，而非她的演技。即使你希望她在演技方面有所發揮，由於角色發展受到限制，到頭來她得到的仍是單一面向的角色。

她是很棒的共事對象。
我和她共事的經驗愈多，
我對她的認識、對電影的發現也愈多。
她總是創造出豐富的可能性。

四、徐克專訪

「美」的延伸

鐵屋彰子◎
徐克◇

【徐克自一九七九年推出第一部電影《蝶變》以來，一直是香港影壇備受尊崇的電影工作者。不僅如此，他也是在林青霞從影生涯後半期將她打造成「女神」的第一推手。十年之間兩人一共合作七部電影。一九九九年四月，我終於有機會在徐克的辦公室採訪他。】

◎：在你與林青霞合作之前，你對她有何印象？

◇：她是在臺灣演通俗劇情片走紅的。呃，我這個年紀的人不愛看那種電影，但人人都知道她，因爲她太有名了。知道林青霞、也看過她的電影的人何其多，我也是其中之一。一九六九年我去美國德州唸書。我搬去紐約之前，從沒看過任何林青霞的電影。當時我認爲臺灣的通俗電影時有進步。我去戲院看她的電影，一來當作娛樂，二來也可觀察亞洲的變化。那些電影只要買一張票就可以看兩部，有時候是動作片搭配通俗片。所以我去一趟戲院就能看到各種元素集合在一起。那時我看了幾部林青霞的片子，得到的印象與你現在對她的觀感完全不同。她只是個銀幕名人、一個象徵著銀幕明星是什麼樣子的人物。要定義她這個人很難，因爲她是林青霞。那時我們講起她，會說：「林青霞是個美女。」信不信由你，那時我們能說的只有這一句。我返回香港後從未想過找她合作……至少剛開始沒有。

你知道嗎，我從未眞正想過要和這個我看過她很多電影的人合作。後來，我突然想到《新蜀山劍俠傳》（1983）需要一個美女加入演員陣容。非常漂亮的女藝人有誰？我不曉得該上哪兒去找，於是我快速瀏覽我的記憶，發現林青霞就是典型的、不可忽略的美女。在此之前她從未拍過動作片或武打片，於是我打了通電話【到美國】給林青霞，她說她會考慮。我們的合作是這麼開始的。

◎：聽說當時你們花了至少一星期來決定林青霞在片中的造型？

◇：拜託，何止一星期。我們花了好長的時間去磨，因爲她的造型一直無法敲定。我們嘗試不用傳統的髮型。就這樣我們試了又試、想了又想，花了好幾個月。她抵達香港前，我們已經想過要如何用前所未見的方式設計她的髮型。等她人到了香港，我們才發現大事不妙，因爲我們仍然拿不定主意，不曉得該怎麼讓她展現截然不同的風貌。每天她跟我們一道窩在試衣間，披上各式各樣的布料，絞盡腦汁爲這個角色構思造型。有一整個星期，我們就站在一旁看著她披掛各式衣料，直到最後大家同意，造型才定。

◎：在香港的DVD版裡有一小段幕後花絮，是林青霞排練吊鋼絲的情形。你們拍攝這種畫面之前會花多久時間排練？

◇：說起來還眞糗，因爲整部電影都是人物飛來飛去的場面。拍攝輕功鏡頭的最佳方法就是吊鋼絲。每個人都要——不管是大明星、替身，還是臨時演員。我們在明星身上安置鋼絲以後，也不曉得該如何處理各人的反應。例如，翁倩玉受不了我們給她穿在身上的鋼絲衣。林青霞在這方面比較好商量。她眞的非常合作，非常認眞。這方面我從來不必擔心她。我曉得有時穿鋼絲衣眞的很痛，還得吊上吊下、飛來飛去，全得吃苦頭的。排練的時間也比較長。我們必須把每一件事物安置妥當，保證演員的安全，而且，有時「安全」並不是拍電影的重點。拍電影講究的是表演，要有能耐在銀幕上創造出神奇的效果。我們花了很多時間才決定演員吊鋼絲時要怎麼演戲。你得飛來飛去，回到地面站穩之後再演下去。這是我們替她想出來的新東西。她以前從來沒拍過動作片，這與她過去的經驗完全不同。

◎：她在城堡拍療傷的戲時，架式很出色。那是精心設計的動作嗎？

◇：在我們進片場拍攝之前，我送她去跟一個敦煌舞老師上課。敦煌舞蹈和一般舞蹈很不一樣，青霞練熟了那些手勢舞步。其實，我們就是想把這種特色加到

徐克，攝於香港（2000）。© A. Tetsuya

青霞的角色上。拍攝期間，青霞在擺動那些姿勢時還滿有樣子的。

◎：美國版的影碟有很多鏡頭是電影版裡沒有的。像是元彪回到他住的村莊，發現村民無一生還，就好比電影《星際大戰》（1977）的情節，還有他在現代時空下住進醫院的情景。

◇：那些不是我拍的，他們有人重拍過。我甚至不曉得有這些畫面存在，應該不是存放在香港吧。

◎：片中有一小段是林青霞展現邪惡的一面，也就是血魔僞裝成瑤池仙堡堡主的段落。那一段雖然很短，卻是我們頭一次看到她演反派。是你的構想嗎？

◇：是的。基本上我認爲美是可以延伸的。美可以出色到令你認爲反派也很吸引人。你瞧，這的確使人認眞思考美麗到底有何意義。美是很有吸引力、很具誇耀性質的東西。你也許很清楚這個東西很壞，然而這壞東西卻充滿吸引力。這就是我們所謂的美。

◎：預告片裡把林青霞稱作「中國最美麗的女人」。那是她首度被人冠上這個稱號。

◇：身爲中國最美麗的女人，壓力其實很大。我跟你說，她代表著六〇年代，其實那是你我的年代。在我們的電影史上，從六〇到九〇年代，有一號不能不提的人物，那就是林青霞。如果把她去掉，六〇年代就不存在了。

◎：可是她演的不是六〇年代的電影，而是

七〇年代的。

◇：她從六〇年代、七〇年代、八〇年代一直跨到九〇年代。很難相信吧。

◎：但她的第一部電影《窗外》是一九七二年開拍、七三年上映的。

◇：哦，是七三年嗎？這樣啊。我怎麼老覺得她是六〇年代的人呢？**【徐克對林青霞的銀幕印象，似乎往前延伸到她出道之前的年代了。】**

◎：她去美國之前，主演了很多臺灣的通俗劇情片。然而在她接演譚家明的《愛殺》（1981）與你執導的《新蜀山劍俠傳》之後，香港所謂的「新浪潮」導演紛紛想找她合作。你知道原因何在嗎？

◇：她是當時的大明星。所有導演都想找魅力超群的明星拍片。林青霞就是那種會令導演說出，「我要想辦法在我的電影中創造出不一樣的林青霞」這種話的人。這對所有導演而言是一項挑戰。

◎：其中最成功的就是你了。

◇：是啊，我運氣不錯。

事在人爲：《我愛夜來香》（1983）

◎：你和林青霞合作的第二部電影是《我愛夜來香》。你也是演員之一。爲什麼不是擔任導演？或者，你是否參與編劇？**【他與妻子施南生在英文版的演職員表掛名「整體視覺設計師」（Production Designer）。中文版裡常用的「策劃」**

多英譯爲「副製片人」（Associate Producer）。】

◇：我參與編劇，也導了一部分。我的名字沒有列在導演欄，但我的確擔任部分內容的導演。其實，林青霞的戲分多半是我導的。本片可說是搞笑版的《北非諜影》——我們用喜劇的角度去思考《北非諜影》。

◎：她在本片也有武打場面。她有替身，但有些場面似乎是她親自上陣。

◇：她親身演出不少武打場面。

◎：在她赴香港發展之前——我的意思是指她從美國回來以後——她在臺灣拍過一些B級電影。那些角色的形象是否影響了她在你電影中的特質？

◇：以導演的身分而言，我從來不覺得有這種問題。你知道嗎，人總認爲自己最優秀，必須成爲指揮大局的人。只有那些拿錢出來的人【我不確定他指的是觀眾、投資人，或兩者皆是。】永遠抱著一種想法：以前拍過的東西，我們就不能重拍。我們卻不信這一套。我們永遠相信「事在人爲」這句話。一切從我們手中開始。有個東西做得不錯，我們便繼續做下去；有個東西做得不怎麼樣，我們就想辦法改善。我們從不認爲，如果這個人過去的成績不怎麼樣，我們就完全不考慮跟他合作。我們從不這麼想。

三姝同臺：《刀馬旦》（1986）

◎：你們合作的第三部電影是《刀馬旦》，

這是我個人最愛的一部。編劇是杜國威，但我想你應該也對劇情提供了不少意見。

◇：其實，我當初的構想是要拍一部描述中國舊時代的故事，主角是北京戲園子裡的一個女角，因爲我認爲，女人家置身於清一色男性的表演團體，是很有意思的事。而葉倩文具有某種反面的性格。我認爲日本有很多眞正的藝術家，像是詮釋女性角色的歌舞伎男演員，對吧？所以對我而言，那是他們表現道德觀、價值觀的一種方式，他們把這些事物看得很重要。若是深入研究藝術，會發現藝術與文化是類似的。我想讓藝術與一般人的日常生活產生關聯。我把這種清一色男性的劇團視爲某種形式的舊社會價值與道德觀壓迫。於是，我們開始寫劇本，講這個京劇女演員的故事。接著，其他主要人物一一冒了出來。不過我有些遲疑，因爲我不曉得該怎麼處理這三個人物才好。該讓哪一個做主角呢？同時我非常擔心，說不定這三個女演員都不願意演配角。我沒看過哪部電影有三個女主角的。我說，咱們試試吧。於是這部電影就這麼開始籌畫了。

◎：你當初在寫劇本時，是否有過「這個角色該給葉倩文，那個該給鍾楚紅，另一個該給林青霞」這樣的想法？她們三人立刻答應下來嗎？

◇：我打電話到美國找林青霞時，煩惱得很。當時她好像是快結婚了還是怎麼樣，我忘了。總之有什麼事情正在進行吧。有人告訴我：「你不該打給她，因爲她現在有些麻煩事兒。」我心想，如果我不打這通電話，她就不知道我的計畫了。於是我打給她。我說：「我有個拍片計畫，這個角色對你來說會有些不熟悉。你的外型可能會像個男人，但其實你是女人。這個角色差不多就是這樣。可能要把頭髮剪短，穿男裝。」林青霞問：「這是什麼樣的角色呀？」我說：「呃，我不想把你這個角色設計成革命家，但她是個激進派，在某方面十分大膽直率的女人。電話上講不清楚。不如你回來一趟吧。」人人都認爲青霞是個大美女，除此之外沒有其他形容詞。大家從未把她與這種角色連在一起。後來，這三個女人終於同臺演出。在此之前，找三個女人一起演戲是我這輩子沒有過的經驗。那是一次全新的體驗，非常有趣。她們在片場聚集時，三人之間有一股張力，下了戲也一樣。我們拍攝之前先安排了讀劇，這是林青霞以前沒做過的事。

◎：噢，對，她跟我提過這件事。這是你的點子嗎？

◇：對，因爲我認爲這三個人物之間應該有所關聯。以前，我們只要把劇本寫好即可，從來不曉得演員事先看過劇本沒，演員也不確定自己是否了解劇情。考慮到這一點，我非常希望所有演員都能坐下來讀劇本，討論劇中人物。

以前的情況更克難，有時我們甚至沒有劇本，或是只寫了幾頁，就說：「好，咱們來拍吧。」而他們（演員）根本不了解劇情，不了解劇本中每一件事情的內容、地點、過程。他們只拿到一小段劇情大綱，大夥兒就根據那分大綱開拍，自己發想場景與人物。現在方法完全不同。跟以前不一樣了。

◎：當時很少有人做這種事吧。

◇：嗯，當時沒有人在讀劇本的。我之所以認爲有此必要，是因爲我記得有一次某個演員說：「我的臺詞不像其他角色那麼多。」我問：「你爲什麼要那麼多臺詞？」對方答：「因爲臺詞少感覺這個角色不重要。」我說：「哎，你忘了電影是視覺、聲音加上劇情組成的。臺詞不是最重要的。如果你那麼想要臺詞，我會給你一大堆，但是這樣很不切實際。」

◎：演員之間會有某種競爭或對抗氣氛存在，這是當然的。

◇：對，這也在我的意料之中。不過，拍電影不只是競爭而已，還有更有趣的部分。我從中得到很多靈感。我看得出演員其實對他們拍的電影非常在意。然而我在片場會越來越不討人喜歡，因爲人人都以爲我不是站在他們那一邊。最後每一個演員會說同樣的話：「沒錯，你的偏見很深，又很主觀。你把比較多的心血放在其他角色上。」眞好玩。

那一年眞的很有意思。《刀馬旦》是在一九八六年拍的。我們沒有太多可以派上用場的男演員。男演員大多是喜劇演員。同時，女演員的發揮又很有限，多半只是在鏡頭前晃來晃去。我心裡想，爲什麼不用這些女演員去拍一部眞正出色的電影，讓她們做一些令人矚目的表演呢？《刀馬旦》的構想就是這麼產生的。

◎：片中有好幾場戲我很喜歡，刑求那場戲令我印象深刻。那場戲把林青霞拍得很美。劇情很殘忍，但她的模樣美極了。你是刻意把她拍成那樣嗎？

◇：我拍那場戲時，很多人議論紛紛，猜想我拍它的原因何在。我說，如果觀眾在那場戲裡看到林青霞受苦受折磨，會讓觀眾覺得很靠近她。你會在突然之間覺得與林青霞很親密，因爲你知道她承受的是什麼樣的苦痛。她的模樣就像是承受著莫大的疼痛。即使全片殺青之後，大家仍然議論紛紛。「你爲什麼要拍？」我到現在仍然覺得那場戲對林青霞的角色是必要的。我想，那個角色若少了那場戲，衝擊便不存在了。我眞的不想用幾句臺詞帶過刑求的部分，不想透過人物的對話描述她吃了多少苦頭。我想親眼看到她身陷刑求過程的畫面。可是你知道嗎，那場戲的處理方式並不血腥暴力，因爲本片不想拍得很陰鬱。對於威脅恐嚇只是輕描淡寫，下筆不重。那場戲我們打的是金黃色的光，拍攝角度很美麗、很柔和，不帶險惡的意味。我們捨棄了那些醜陋的暴力行爲，只表達出一種脅迫感。那場戲就是這麼拍的，帶有雙重意義。人們說，我拍那場戲也許是因爲，情緒上的威脅很搶眼。但到底有沒有商業考量並不重要。重要的是那場戲非拍不可。

◎：我看過那部電影很多很多次。我注意到有些連貫性的問題。例如在最後一組連續鏡頭裡，演員逃到屋頂上躲避祕密警察追捕，他們的服裝前後不一。最初的構想可能比我們現在看到的版本來得長。你是否剪掉了一部分？

◇：嗯，製作過程有些問題，因爲當時很趕。所以也許有連貫性的問題。沒錯，的確有這方面的問題。

◎：片尾播放演職員表時，出現葉倩文與祕

密警察對打的場面，但電影本身卻沒有這場戲。爲什麼？

◇：噢，對，的確如此。原因很複雜。理由之一是葉倩文怕高，我要求她拍一場武打戲。我們才拍了一天，我就曉得情況有多糟糕。她哭了，感覺很不舒服。於是我暫停拍攝。原本她應該擺出一副天不怕地不怕的兇狠模樣才對。我了解到這不是她能演的東西，所以沒有拍下去。

◎：你是否想過要拍續集？

◇：想過，但如今不太可能。她們三個都已嫁做人婦，各自過著幸福的生活，完全不想重返銀幕。這也許是一種福分。你曉得嗎，拍電影好比對自己下詛咒。那是永遠不會結束的痛苦，一天到晚提心吊膽、失意洩氣。

支配與受支配：《驚魂記》（1989）

◎：接下來你和林青霞合作了《驚魂記》，你擔任製片而非導演。這是一部希區考克式的電影。這部電影是怎麼產生的？

◇：我一直很喜歡希區考克的電影，於是我想：「何不寫一部希區考克式的劇本，讓所有事件都發生在一間屋子裡？就這麼辦吧。」我們寫的劇本裡有四個主要人物。我發現，我們不但需要希區考克式的劇本，更需要一個類似希區考克的導演。這部電影很有趣，因爲它講的是人與人之間的關係，以支配的一方與受支配的一方當作基礎架構。在這個社會裡有一道規則：有些人支配他人，有些人受人支配，對吧？這四個主角扮演的是我們日常生活中非常普遍的人際關係。誰對誰擁有權力，誰又令人憎厭。某人何以身爲掌控的角色，又何以受到別人的掌控。到頭來我得到一個論點：這四個人其實是處於平等的基礎上。把他們放在不同的高度之後，再把他們放回原來的高度，會發生什麼事？整個劇情就是在講這一點。起初我們是朝希區考克的風格去做。劇中人物內心有很多思緒，總是處在危險邊緣，險境步步進逼，他們則試圖逃脫。其中一個女性角色的部分我重新寫過。後來我們找到攝影師鍾志文擔任導演。我跟他很熟，所以我認爲由他擔任導演很適合。我說：「我們把它拍成電影吧。」他便接下導筒。這部電影就這麼拍成了。

我很喜歡王祖賢飾演的雙胞胎角色，因爲劇中人都不知道她們是雙胞胎姊妹。雙胞胎之一回來對另一個復仇。我非常喜歡這個角色，但我認爲本片在這個部分沒有做得很成功。王祖賢沒有眞正嚇到人，而且觀眾並不明白，兩個女孩子不是同一人。

◎：這四個人物都不是正面的角色，令我非常驚訝。他們個個都有黑暗的一面。

◇：你瞧，社會就是如此，重點不在於人是好是壞，好壞也並非由個性而決定，但人人扮演著各自的社會身分。他們置身於某種身分地位，以求融入社會。如果你是主管，就得扮演主管的角色。如果你是祕書，行爲舉止就得像個祕書。然而沒有人想一直扮演這種角色。所以你不太可能會認同劇中人，譬如「這個人跟我一樣」或「這個人不像我」之類。你知道嗎，最後林青霞對其他女人說：「信任我，相信我。」在那種情況下，

《驚魂記》（1989）

你根本不可能會相信任何人。你被迫相信每一個人的時候，如何保有自我呢？

◎：林青霞在本片中的造型，比起其他的作品要來得性感得多。

◇：對。我們就是想把她所有的特色都派上用場。

英雄氣概與邪惡風華：《笑傲江湖之東方不敗》（1992）

◎：我聽說你爲《笑傲江湖之東方不敗》考慮了很長一段時間。爲什麼花那麼久的時間才決定要拍？

◇：這個嘛，第一個原因是沒有人相信那種題材可以放進電影之中。金庸小說拍成的電影向來不成功，改編的電視劇卻拍了很多。眞的很多。原著的篇幅是考量之一，而且人物非常多，故事結構也很複雜。《笑傲江湖之東方不敗》碰到一個狀況：當我說《笑傲江湖》這本小說可以拍成一部很出色的電影時，頗受質疑。這是我腦子裡最瘋狂的念頭之一。我跟你說，不只這樣，我還有別的點子。我認爲，這部武俠小說裡有個人物很有意思。此外，林青霞在《新蜀山劍俠傳》裡的角色在全片出現的時間很少，卻很搶眼，這點你也注意到了。我們替她製作那套紅色戲服時，就在那一刻，有個念頭閃過我的腦海，一個日後可以用得上的念頭。我發現，那套造型其實就是引發「東方不敗」的靈感所在。後來，有一天我說：「青霞，我想找你拍一部電影，片名叫做《東方不敗》。劇情很簡單。」她說：「什麼樣的電影？」「動作片。」「啊，我最不想拍的就是動作片！我不要再拍動作片了！」「這部電影不一樣。你要演一個男人。」「我演男人？好，我演。」我接著又說：「這個男人的聲音像男人，但那不是他眞正的聲音。還有，你演的這個男人，事實上是個想變成男人的女人。有點複雜。」她問：「我要怎麼配合？」「你什麼都不用配合。只要到片場來，進入角色就好。」這段對話催生了《笑傲江湖之東方不敗》。

我花了很長時間才考慮拍《笑傲江湖之東方不敗》，第一個理由是大家都認爲這種題材沒辦法拍成電影。第二個理由是原著作者金庸先生來找我，說：「徐克，當初我寫『東方不敗』時，不打算讓林青霞飾演這號人物。我希望是由某個『不像』林青霞的人來演。你這是錯誤的決定。」我說：「在我看來，這『的確』就是林青霞的角色。我認爲她相當合適。」他說：「我最初的概念不是這樣的。」我說：「那我該怎麼辦？我該找個男演員來演女人嗎？我知道該怎麼拍。這會是一部與眾不同的電影。」

第三個原因是，我們該怎麼去寫這個由男變女又變男的角色，和另一個男人之間的愛情故事？我找了三個編劇，他們三個都覺得壓力非常、非常大，因爲他們無法想像一個男人【李連杰飾】怎麼會愛上一個由男變女又變男的人。我對他們說，這其實很有趣。想像一下，你是李連杰這個角色，你從來就不知道這個「東方不敗」居然是個男人。你愛上了「東方不敗」之後，發現這人是男的，兩人卻有肌膚之親。結果怎麼樣？感覺一定非常詭異吧。你想像得到嗎？我就想像不出來。眞是有趣啊。

於是我們著手準備拍片。一直都很趕。時間永遠是問題。還有，要拍這種格局的電影，的確會擔心自己到底能按照原始構想拍到什麼程度，對吧？劇情裡有炸掉一棟宏偉建築【譯注：日月神教總舵】的場面。要有爆破，演員還得飛來飛去，講一些很艱澀的臺詞。要有英雄氣概，要有邪惡風華。要深不可測。我可以做到什麼程度？我做出來的東西跟我腦子裡的概念一模一樣嗎？這些在在困擾著我。你進了片場，拍一場武打戲，唸臺詞，殺人，然後悽慘又傷心。電影就是這麼拍出來的。

再者，本片是《笑傲江湖》（1990）的續集，我更換了所有演員陣容。這可是大事一樁。我說：「如果要換一個演員，就把全部演員都換掉。一個也不要留。如果只換一個演員，其餘不動，那麼第一集留下的劇情印象就太多了。觀眾可能會想去看第一集。」把演員全部換掉，我想這樣會比較好拍。兩集都出現的人物只有一個，那是個叫「藍鳳凰」的女孩子，由袁潔瑩飾演。

◎：你當初是否期待本片能開出票房佳績？

◇：我沒有抱任何期望。自從當了導演和製片人之後，我只專心拍電影。拍電影時心裡若想著要把它拍成大賣座的片子，會拍得很痛苦，心情會很糟。拍電影想拍得盡興，最好的方法就是別去想結果。

◎：你在本片僅掛名監製，但我想你應該導了很多場戲吧。

◇：沒錯。林青霞的戲分幾乎都是我導的。

◎：一九九七年我們在美國加州大學洛杉磯

分校碰面時，你曾說過，林青霞演的第一場戲是「東方不敗」變成女人，正在上妝。那是你拍的第一場戲。

◇：其實我有點兒忘了。我眞的忘記我拍的第一場戲是哪一場了。不過，開鏡的時候，第一場戲應該是在棚內拍的。其實呢，一開始我非常擔心，我不知道青霞要如何進入這個角色的情感，結果似乎沒什麼問題。

◎：有人說《笑傲江湖之東方不敗》指涉某些議題，主要是香港人對於九七大限的焦慮情緒。你當初拍這部電影的時候，是否思考過這個政治背景？

◇：香港的政治浪潮始於一九八〇年代。在此之前，香港人基本上是規避政治議題的。就連我們用的中學教材也一樣，對於共產主義、毛澤東的民族主義、中國何以存在幾千年等議題，皆以非常模糊的手法處理。到了八〇年代，香港人確切了解到，除了回歸中國統治一途，香港沒有其他路子可走。於是香港人開始學新的語言【普通話】，學著過九七大限之後的生活。突然間，人們不斷討論中國與政治話題。對我而言，大眾一夜之間學會如何討論政治話題，這是某種諷刺，就像是爲了即將到來的一九九七、這屬於歷史的一年，而試圖跟上某種時尚潮流。

事實上，我過去所有的電影都有隱藏的訊息，某個地方會有弦外之音，說明凡事都得考量到中國這個因素。在《笑傲江湖之東方不敗》裡，「東方不敗」代表某個能夠跳脫原有處境的人，作風大膽到驚人的程度。事情本該如此。可是，你知道嗎，原著小說是一部諷刺文化大革命的作品。信不信由你，這部小說主要是在影射文化大革命。小說的主線講的就是某個教派領袖【譯注：日月神教教主】的故事，所有教眾希望他千秋萬載、一統江湖——集武功、權力於一身，控制天下所有人事。這就是劇情大綱。當時我認爲本片非常有意義。我對電影中的角色懷有親切感。

◎：在《笑傲江湖之東方不敗》開鏡前，林青霞獲得演出賴聲川執導的《暗戀桃花源》一九九二年舞臺劇版的機會。我訪問賴聲川時，他告訴我，你與妻子施南生推薦林青霞參加該劇演出。以好友的立場而言，這似乎是個很好的建議，但身爲《笑傲江湖之東方不敗》的製片人以及電影公司老闆，你是否想過，若林青霞眞的去參加舞臺劇演出，你這邊的拍攝進度可能會受到影響？

◇：我一直是賴聲川的戲迷，非常喜歡他的舞臺劇作品。我一聽說他想找林青霞上舞臺，便很期待看到這齣戲。於是我說：「去吧，去演吧。」大家都很擔心拍片進度太過緊湊，我卻認爲這是可以解決的事。這不是問題。

◎：《笑傲江湖之東方不敗》的導演程小東在今年的香港電影節中提到，拍片期間他白天忙著導戲，晚上也沒得睡，因爲他和幕後人員整夜討論隔天的拍攝進度。怎麼會發生這樣的情形呢？

◇：像《笑傲江湖之東方不敗》這樣的動作片，在技術面永遠有一大堆東西要討論，也就是說，必須討論拍攝過程中可能會發生的問題。我們隨時都得針對拍攝進度作溝通。「噢，明天我們應該拍這樣子的東西」，或者「說不定下星期可以拍這場加進來的戲」之類的。這是常有的事。

◎：你是否知道林青霞在拍攝期間曾經受傷？當時你在場嗎？

◇：我不在場。你知道嗎，這種事情總叫我們提心吊膽。例如，我相信你一定看過或聽說過，有一場戲是拍林青霞以輕功在林間飛奔時，「東方不敗」的面具掉了下來。我們對這場戲做過很多討論。這場戲是用一根很細的鋼絲去拍的，所以我們討論過要怎麼做，絕對不能讓鋼絲傷到她的臉。有時候我們會花很多時間討論這種事情，防止任何意外發生。要是有個萬一，我們會覺得非常遺憾。我就是這樣子的人，不讓自己臉上露出擔心的表情，心裡卻有事情煩得要命。

◎：因爲沒有替身演員。

◇：她本人必須下水。我們從正面拍她，她必須置身水中，看起來才像水中爆破場面。嚴格說起來，如果沒有她的參與，我們是拍不出來的。如果不從正面拍，就能用替身。她從水中衝出來的那一幕是從正面拍的。

◎：王晶在他執導的《鹿鼎記II神龍教》裡對《笑傲江湖之東方不敗》諷刺了一番。你有什麼看法？

◇：那也是改編自金庸小說。我認爲可以拍得更出色。那不是什麼諷刺作品。我不知道他們爲何擺脫不了林青霞在《笑傲江湖之東方不敗》裡的形象。而且我想那部電影本來打算拍成搞笑喜劇，她的角色應該處理得更好一點。我認爲林青霞在那部片子裡的表現，不如在《笑傲江湖之東方不敗》一般出色。

◎：《笑傲江湖》拍攝於一九九〇年。後來《笑傲江湖之東方不敗》與《新龍門客棧》雙雙於一九九二年推出。這是否算是武俠片這種類型電影的復興呢？前述三部電影問世後，影壇出現跟拍的熱潮。

◇：是我自己想看這種類型的電影。我也是電影觀眾啊。我喜歡同時身兼製片、導演與觀眾這三種角色。我是眞的很想看到好品質的劇情片，而非老派的恐怖片。所以我現在正在拍這樣的電影。片中主角看起來很不錯，其他人物沒有四處奔逃，也沒有被鬼魂之類的東西嚇得魂飛魄散。

拍一部愛情電影吧：《新龍門客棧》（1992）

◎：接下來你和林青霞合作《新龍門客棧》。這是胡金銓的舊作新拍。有一本訪問胡金銓的日文書【《胡金銓：武俠電影作法》，山田宏一、宇田川幸洋合著，有中譯本在香港出版。】，胡金銓提到，你重拍此片並未經過他的允許。我想這說法對你並不公平。

◇：別人告訴我胡金銓的說法之後，我有意澄清此事，因爲他是我非常尊敬的人。我與製片吳思遠談過，請他針對胡金銓的說法發表一分聲明。我不論是拍《倩女幽魂》（1987）【這是李翰祥的舊作新拍】或其他電影，一定會與原作者討論。所以，胡金銓那麼說，眞的令我很難過。我眞的不想被視爲剽竊者。

事實上，我們作了很多改編。我很早就把劇本寫完了，吳思遠告訴我，有人【蔡子明，一九九二年四月十六日遇害身亡。】同一時間也在籌備《龍門客棧》的重拍計畫。他問我該怎麼辦才好？我說：「我有劇本。但你得去問問胡金銓的意思，這很重要。」他打電話給胡金銓，胡金銓跟他說沒問題。於是我說：「咱們開拍吧。」

當時我們的狀況不甚理想，因爲另一組人簽下了李連杰和楊紫瓊。我們則找了林青霞、張曼玉、梁家輝。對方的陣容網羅了武打明星，我們這邊的演員皆不擅武打。該怎麼拍呢？我說：「我們的版本是愛情故事。咱們把它拍成愛情電影吧。爲了求變化，要讓某個劇中人喪命。讓林青霞的角色死掉好了。張曼玉永遠得不到她愛的人。梁家輝浪跡天涯。當年的《龍門客棧》並不是出色的愛情故事，所以咱們開拍吧。」

開鏡沒多久，另一組的主事者【蔡子明】遭人槍殺。記者打電話給我，問我作何感想。我說我無可奉告。反正我從來也不覺得我與他有何瓜葛。我甚至沒有高興的感覺，但我並不生他的氣。我不知道此事，因爲我一直把全副心神投入這部電影，要讓它看起來盡善盡美。我從未想過要與另一部電影扯上關係。槍殺的事也令我很擔心，因爲當時我正在拍李連杰主演的《黃飛鴻之二男兒當自強》（1992）。情況混沌不明。我說，我不想再去想這件事了。我想把電影拍出來，而不是給自己找一堆麻煩。

◎：一九九七年我們在洛杉磯加大碰面時，你曾提到，《笑傲江湖之東方不敗》拍攝期間，你很掛念胡金銓的健康狀況。

◇：我很替胡金銓的健康情形擔心。我甚至暫停拍片進度，就怕他撐不過去。他找人背他上山【外景地點】，我可不想為了拍一部電影而鬧出人命。再說當時他的狀況的確很糟。他認為我正在做一件很過分的事，他的心情自然很不好。不過我是真的很擔心。我獨自走下山，一群狗跟在後頭虎視眈眈，我心裡想的是該怎麼處理這件事。他是我的偶像。我從中學時代就開始看他的電影。大家都在抱怨我們拍電影的方式。而我知道如果我真的停拍，會惹出一些麻煩。我不曉得該怎麼做才好，暗自希望我的對策對他來說不是什麼壞事。於是我說：「大家來當胡金銓的學生吧，學著用他的方式拍電影。導演欄會保留他的名字，我們退居副導演的位子。」我決定停工，此舉當然也招來不少罵名，於是我了解到，別人很少會從好的一面去看待這件事。但我很高興當初我做了停拍的決定。倘若當初繼續拍下去，不曉得會出什麼事。我不希望他在片場有個三長兩短、由我接下導筒。那樣一來太胡鬧了！但這個狀況很有可能發生，因為他心臟不好。還有，他吃很多藥。他常常服藥，多數時候都很疲倦。拍電影是很辛苦的，要花很多力氣，而且必須徹夜籌備大大小小的事。當時我人在香港，沒辦法趕去臺灣幫他。十天之後我去了臺灣，我得好好思考該怎麼處理這個狀況。於是我對胡導說：「對不起。我想，拍片進度必須先暫停下來。」我不能讓他知道原因出在他的健康狀況。我說，因為技術方面出了問題，只好暫時停工。除此之外，我告訴他我們會尊重他的心血，而且會儘快拍完，但眼前的狀況是技術方面碰上了難題。

◎：回到《新龍門客棧》吧，林青霞在敦煌出外景時傷了眼睛。這起意外事件對拍片進度有何影響？

◇：一團混亂。《黃飛鴻之二男兒當自強》的拍攝工作一結束，我就加入《新龍門客棧》。我們這邊正在做準備，另一組應該也要開始動起來才對，卻毫無動靜。很怪，不可思議。我對導演【李惠民】說：「來吧，快開工。一切都準備好了。演員的時間很有限，進度掐得很緊，我們得如期完工。」可是拍片進度卻一延再延。我們在等張叔平設計的戲服和布景。我不明白怎麼會這麼晚了還沒做完，不過對張叔平來說這也拖得太久了。當時我像個暴君一樣，心裡很洩氣。照一般情形來說，我們應該已經開工了才是，眼見這些演員所剩的檔期越來越短，我說：「惠民，你現在就得去大陸。我們的進度不能停下來，因爲現在應該拍香港這邊的部分，接著還得去大陸。你馬上就出發，到大陸出外景。我會在香港拍好所有『龍門客棧』室內場景的部分。」於是他們去了大陸，我留在香港。進度眞的很趕，兩頭拍戲的又都是同一組人。等我拍完香港這邊所有東西之後大約一星期左右，我就啓程去敦煌了。

到了敦煌，我在機場見到青霞，她正要搭機回香港就醫。我看著她，我說，這實在太誇張了。我該怎麼辦？然後我去了敦煌。我們還是得拍青霞的戲分，但她沒辦法趕回來，於是我們只好找替身。情況相當緊急。倘若她在現場，情況會順利得多。我在香港時跳過一些她的戲分沒拍，因爲時間不允許。我本來打算到了敦煌，再多拍一些她在「龍門客棧」內部的畫面，在敦煌搭的實景比香港那個小布景要好得多。沒想到，我的如意算盤打錯了。見到她的時候我說：「青霞，我能怎麼辦？這是命嗎？我什麼事也沒做錯呀。」然而還是出了狀況，就這樣發生了。

◎：這部電影有個場面是林青霞與張曼玉在浴室裡脫下彼此的衣物。我認爲那是由你導演的。

◇：那場戲很難拍。原本的構想是兩個瘋狂的女人試圖扯下彼此的衣服。我該怎麼說服林青霞與張曼玉脫掉衣服呢？在場每個人對這場戲都感到意外，等著看我要怎麼說服她們。我思考了一下。說不定她們不必脫光衣服，只要裡頭穿著泳衣之類的東西，或用替身去拍也行。我只要拍到她們的頭和背部就好了。有些鏡頭她們得親自上陣。不過這一串鏡頭拍起來很危險，因爲她們兩個必須扭來轉去的，隨時都可能扭傷腳踝。

◎：另一個令人難忘的場面是梁家輝與林青霞在樓上相遇的戲。

◇：對。要拍這種戲，你必須先愛上所有的角色。你得愛上梁家輝、林青霞和張曼玉。一旦你在乎這些人物，才會開始對他們的所作所爲有所感覺，對不對？假如我在寒冷的沙漠中旅行之後終於遇見心上人，把手放在他／她的臉上，我會覺得很溫暖。這是很感人的場景。其實我有過類似的經驗，那段經驗總令我露出微笑。不過那場戲我沒有拍得很好。我認爲我可以拍得更好。對劇情來說那是一筆很美好的潤飾。在劇本裡是用笛聲表現，但實際上行不通。那應該是即興之作，爲這兩個角色之間增加張力，結果並沒有拍出我要的感覺。

◎：在日本版與香港版兩種版本之中，演職員表裡列的攝影師不是同一個人。武打場面由程小東掌鏡、戲劇場面由李惠民拍攝，是這樣子的嗎？

◇：李惠民原本就擔任導演。由於拍攝進度緊迫，我逼他們北上敦煌出外景。我留在香港與另一個武術指導拍其他的戲分，李惠民與程小東去了敦煌趕拍其他場面。有些戲分是程小東拍的，有些是李惠民拍的。對電影工作者來說，沙漠如同地獄。那裡沒有水，除了沙塵之外什麼也沒有，於是他們打電話給我，說大家都快活不下去了。我告訴他們，繼續拍，拍到死爲止。

◎：你知道美國版的片長比原版短了約二十分鐘嗎？

◇：我想，美國版跟香港上映版本的片長一樣。爲了更符合放映需求，我把片長剪短了些。吳思遠在ＬＤ版本裡把剪掉的部分又放回去了。

偶像崇拜：《東方不敗之風雲再起》（1993）

◎：你與林青霞合作的最後一部電影是《東方不敗之風雲再起》。你是什麼時候決定要拍「東方不敗」的續集，而非《笑傲江湖》的第三集？

◇：雖然我想過要再拍《笑傲江湖》的續集，然而片商要的是「東方不敗」，因爲這個人物實在太紅了，像個搖錢樹。

我們的確拍了「東方不敗」的續集，那次經驗卻很糟。這部片子拍到緊鑼密鼓的階段之際，所有人都同時軋幾部電影。有時連導演也不在現場。大家都忙翻了。《東方不敗之風雲再起》竟然沒有結局，這令我非常詫異。此外，我們拍攝的時間也不夠。實在很糟糕。

◎：你曾希望「東方不敗」成爲偶像人物嗎？

◇：我覺得這個觀點很有意思。就好比李小龍，你懂嗎？以前有很多人外表有李小龍的味道，也模仿李小龍。類似的例子還有「貓王」艾維斯・普里斯萊（Elvis Presley）。林青霞的「東方不敗」成爲偶像的經過其實挺有趣的。人人都試著要模仿她。

◎：這部電影也有個出名的場景——「東方不敗」與王祖賢飾演的角色翻雲覆雨的親熱戲。你是那一段的導演嗎？

◇：不，那是程小東導的。其實我事先就把這段標明起來留給他導了。

◎：我知道賭博那場戲是你導的。這使我想起日本的黑社會（Yakuza）電影。你在成長過程中也看日本黑幫片嗎？

◇：我看得可多了，現在就可以模仿一段。就連最近的黑社會電影我也看過。裡面有很多賭博場面。只是我很擔心自己沒拍好。應該要拍得像「浪人」【沒有主子的日本武士】才對，但我被迫在很短的時間內拍出東西來。對於香港本地創造出的浪人服裝造型，我是存疑的。可信度有多高、「浪人」的形貌應該是什麼樣子、觀眾能不能接受，這些你懂吧？日本電影我看了很多，所以這些問題讓我很頭大。

另一面：「演員」林青霞

◎：林青霞現在是半息影狀態。

◇：她息影了。你說「半息影」的意思是？

◎：她從未說過自己已經息影了。如果有好的拍片計畫，她會考慮。

◇：但願那個拍片計畫會是我的構想。我也不曉得啦。我腦子裡有東西，但還沒有確定的樣貌。我認爲她現在過得很開心。她有女兒了，滿口女兒經。她住在有空調的豪宅。你要她出來風吹日曬、拍那些危險驚人的場面嗎？這我可沒把握。我不知道她是否準備好重出影壇了。

◎：你和林青霞合作拍片後，兩人成了朋友。你對她的轉變有何看法？

◇：在工作上，她是很棒的共事對象。我和她共事的經驗愈多，我對她的認識、對電影的發現也愈多。她總是創造出豐富的可能性，令我很想一直持續和她合作下去。麻煩就是這麼找上來的。她的挫折我看在眼裡，因爲她眞的非常努力嘗試。大多數時候，我試著緩和她面對工作時焦躁不安、過度小心翼翼的情緒。這可不是什麼愉快的差事兒。她需要放鬆，做些不同的事情，或許需要探索自我、發現自我的另一面。她結了婚，我很高興。她在感情世界可說是一路受挫。我之所以有這種觀感，是基於我與她始於七○年代橫跨八○年代一直到九○年代的長久交情。我太了解她了，所以我不想看到她孤單終老。因此當我聽說她要結婚了，我說：「很好，非常好。你找到老公啦。」我眞的認爲我可以發掘出更多的她、在她身上作各種嘗試。我有辦法讓她這麼做。有一件事情我從來沒做過，那就是讓她扮演普通人。我從未屬意她飾演尋常百姓。我總寧可讓她去演比較特別的角色。

◎：你是否認爲，林青霞的美麗使她無法成爲演技派？換句話說，倘若她不是這麼美，會不會更可能被視爲演技派？

◇：這兩者不能分開來談。她之所以能有今天的地位、能成爲大明星，那是因爲她有這副外表。所以她能夠躍上大銀幕。這兩件事情是綁在一起的，也因此才有林青霞這號人物。然而有時候人們會質疑，我們把林青霞從某種大家從來不認識的模樣改造成如今的風貌。我不明白。爲什麼要把一個人從本來應有的樣子改變成一個完全不同的模樣？你永遠也不需要把克拉克・蓋博（Clark Gable）改造成某個不是克拉克・蓋博的人，也永遠沒必要把亨佛萊・鮑嘉（Humphrey Bogart）或詹姆斯・狄恩（James Dean）改造成某個不是他們自己的人。爲何非得把林青霞改變成不是林青霞的人呢？我從來就不認爲，一個人的外表與演技是可以拆開來的。兩者應該是合在一起、是一體的。演員之所以躍上大銀幕，原因在於他們迷人、有吸引力，他們本人有能耐成爲銀幕上的角色。

◎：我與臺灣影壇人士談論林青霞時，除了賴聲川，其他人都說她只有美貌、實無演技。然而香港大多數人的想法卻不一樣，認爲她會演戲。

◇：我認爲，要看你有多了解她、認識她這個人多深，才有辦法判斷這一點。這麼說好了：如果你認識某個人到了一定程度，你會開始了解到，表演的那一面其實是永遠存在的。對於即將要去拍電影的演員而言，這個部分會是個性中永遠存在的潛在因子。和她這樣的人相處，你一定得挖掘出什麼東西來，甚至是她本人都沒意識到自己擁有的特質。別人要求你表演的時候，你便知道怎麼去表演了。但是，就算你是受過正式訓練的演員，你仍應深究這分潛在的表演特質，用這分特質作爲你的表演基礎——而不是以表演技巧或表演能力作爲基礎。因此我相信與林青霞這種人合作的最佳方式，就是你應該想像林青霞飾演一個只有她能演的角色。也就是說，一個美麗的角色，而不是把林青霞想成其他人物，因爲那些人物誰都能演。就連瑪麗蓮・夢露也曾試圖證明自己是優秀的演員。她演過一些乏味的電影，正因爲她嘗試去演一些並不接近她本人的角色，反倒使自己黯然失色。影史上這樣的例子太多了。好比某些明星——在此姑隱其名，都是男演員——他們努力表現出自己會演戲，到頭來接演的全是一些窮極無聊的片子。我總覺得，電影有魅力、有魔力，原因在於銀幕上的演員所擁有的特質。好比成龍，我從來不想證明成龍可以在沒有武打動作的電影裡展現演技。我爲什麼非得證明這一點呢？沒有用的。再者，很多人說過，拍劇情片證明這一點吧，我說，這麼做沒有意義。如果你請到李小龍合作，你會想讓李小龍穿西裝打領帶，證明他不必拳打腳踢也能演戲嗎？沒必要嘛。

◎：林青霞的作品，你最愛哪一部？

◇：《窗外》，她踏入影壇的處女作，相當強而有力。我在美國時看的。那部電影從未在臺灣上映。我記得當時她剛滿十八歲，在片中愛上了老師。突然間她在影壇嶄露頭角。人人都很詫異——林青霞到底是誰？

她的地位永遠存在：私底下的林青霞

◎：你認爲私底下林青霞是什麼樣的人？你跟她的交情非常好。

◇：我認爲，她的哲學氣息太濃厚了。眞的，她變得非常理性、非常仁愛爲懷，是個熱愛人類的人。從她身上，你可以看到什麼叫做關愛每一個人。還有一點很不錯，以前她拍戲的時候給很多人帶來困擾，這是我的看法啦。現在她也補償我們了，因爲她變得非常可愛，對我們每一個人充滿愛心。她看很多書，變得很健談。她是個很好的人。在我看來，有時她太過理性了些。她很疼愛女兒。我答應要替她女兒畫一本繪本，幫助她的女兒心靈成長。我希望她過得幸福快樂。不過我不太確定，假如她一直這麼過度理性下去，一陣時日之後會不會變得太「沈重」。

◎：她在電影圈的時候，是不是個難以共事的人？

《明天二十歲》（1976）© 謝震隆攝影

◇：她不難相處，只是非常情緒化。人變得情緒化的時候，處理事情時便不合邏輯、不帶理性。我自己也是非常情緒化的人。所以，兩個都很情緒化的人碰在一起會發生什麼狀況，我眞的很擔心。我們本來可能沒辦法共事，但重要的是我們兩人試圖以謹慎的態度對待彼此，因爲她可能會使性子，我也可能突然激動起來。

◎：以前她常常哭。

◇：對。以前我只希望她別那麼常哭就好。有時候我眞心想讓她快快樂樂的，她卻掉眼淚。這種情況往往發生在一日將盡的時候。她眼淚汪汪來找我，而我根本無能爲力，幫不了她。我說：「好啦，咱們先休息一會兒，過幾天再開工吧。」我曉得她不開心。一開始【指《笑傲江湖之東方不敗》拍攝期間】她不是很願意合作，因爲我們試圖在她身上做很多效果，譬如放假血啦、讓她頭下腳上做各種姿勢之類的。她說：「我眞的過氣了。以前我從來不曾做過這種表演。現在我竟然得倒栽蔥地演戲。」沒錯，對女人來說，這的確是很辛苦的工作，對一個顛倒眾生的女人而言更是折磨，對不對？你就沒看過英格麗・褒曼這麼表演過吧。伊麗莎白・泰勒、奧黛麗・赫本也不曾有過。所以我常常在想，我們到底爲什麼要拍這部電影。

◎：結婚之前，她的私生活也是起起落落。她的工作表現是否受到影響？

◇：有的。我認爲私生活的起伏曾經影響到她的工作。有些時候她過得不是很開心，我也不知道該怎麼讓她好過一些、不知道該說些什麼安慰她。這方面我永遠束手無策。我能做的只是祈禱，希望早日事過境遷。有時她不開心，因爲你可以想想看，一個像她這樣擁有很多發展性、又有如此出身背景的人，對於未來、事業、錢財與家庭等方面的確會有掛慮。我的意思是，這樣的人會比一般人更加脆弱。我不確定一般人會不會像她一樣脆弱。不過，身爲藝人，又是如此耀眼的明星，必定會對未來充滿擔憂。未來會冒出很多你沒料到的事情。從以前到過去這一陣子，我一直告訴她要放輕鬆，要享受人生。不過，除了這一點，我也沒別的好建議可以給她。後來，她終於遇到她認爲合適的結婚對象。我說：「勇往直前。去做就對了。我百分之百支持你的想法。結婚生子，建立一個平凡的家庭，然後你就不必擔心所有不快樂的事了。以後你的生命中會出現愉快的事。」

◎：她從未拿過香港電影金像獎。一九九○年她以《滾滾紅塵》贏得金馬獎影后。她在影壇的地位如何？**【林青霞在香港電影金像獎與臺灣金馬獎皆曾三度入圍最佳女主角獎。】**

◇：這麼說吧，希區考克是很偉大的導演，他沒拿過半座奧斯卡，然而他並不是與其他導演同臺競爭的人物，說什麼「我比較優秀」或「我比較遜色」之類的話。他是希區考克。所以這對我來說不是問題。林青霞的確有一定的地位，她不需要任何輿論或背書證明她仍在影壇屹立不搖。她的地位永遠存在。

◎：林青霞是什麼樣的人？

◇：哈哈哈……這是個非常有趣的問題。我

認爲她隨著時間一直在改變。即使是現在，我也不曾想過她會變成現在這副樣子。她是個完全無法預料的人。每回我見到她，她的改變總在我意料之外。在我的印象中，她無時無刻不在改變。事實上，我認爲她仍然在成長。我不是很想用這個字眼，因爲「成長」也許意味著她以前沒有任何長進，對不對？「成長」的說法也可能有這種弦外之音。不過，我每一次見到她，她總是變得不一樣。她眞的很關心她的孩子。你知道子女是如何影響父母的嗎？小孩子會長大。子女的改變是持續不斷的。我一定要親眼目睹她人生中的新成員未來會帶給她多少東西。大眾知道的是她身爲「明星」的過往。其實，這端賴你從哪個角度來看待。如今她做了母親。我認爲，隨著孩子們逐漸成長、發展，這個過程一定會爲她帶來顯著的轉變。

◎：林青霞還在臺灣拍片的時候，作家瓊瑤在她的事業上扮演舉足輕重的角色。她遷居香港工作之後，你成了她事業第二春的推手。她在銀色生涯之中的兩個不同時期，化身爲兩種截然不同的偶像。

◇：我這麼說吧，她永遠得想辦法讓自己不致成爲眾人注目和討論的焦點。我們能夠開誠布公呈現這些事情的時候，她立刻引起關注，因爲她是林青霞。影壇出現新生代女演員或女藝人的時候，人們會說，她的美貌如同林青霞。我們總是以她爲判斷美醜的標準。可是，她與大眾之間的關係又如何，則是一個大問題。

瓊瑤是知名作家，她也曾是她那個時代的傳奇人物。這兩個女人互爲搭配，成爲非常耐人尋味的組合。突然之間，林青霞和一個與我們的現實生活世界無關的領域產生了實際的關聯。我開始思考與林青霞的合作計畫時，我想到的是該如何令她與我們生活的這個世界產生關聯，說不定我們該做點兒什麼嘗試才對。可是你知道嗎，林青霞做這些事情比任何人都容易得多，因爲她是林青霞。這其實沒什麼神奇詭異的。如果你手上有成龍或李小龍這等明星，任何導演都會爲他創造故事，讓他成爲銀幕傳奇人物。我可以說，我相信林青霞也會是如此。我唯一眞正相信的是，林青霞應該具備獨創色彩，獨一無二。所以我才嘗試將她打造得獨一無二、與眾不同。我無法把她當作普通女人。我會想像她是我夢幻中的女人。因此，她永遠是我的想像世界中童話故事一般美妙的女人。【大笑】

附錄 **林青霞電影作品年表**

編號	中文片名	英文片名	上映年分
1.	《窗外》	*Outside the Window*	1973*
2.	《雲飄飄》	*Gone with the Cloud*	1974
3.	《純純的愛》	*Love Love Love*	1974
4.	《古鏡幽魂》	*Ghost of the Mirror*	1974
5.	《雲河》	*Moon River*	1974
6.	《純情》	*Pure Love*	1974
7.	《愛的小屋》	*House for Love*	1974
8.	《女記者》	*Woman Reporter / News Hen*	1974
9.	《青青草原上》	*Green Green Meadow*	1974
10.	《長情萬縷》	*Long Way from Home*	1974
11.	《煙雨》	*Misty Drizzle*	1975
12.	《女朋友》	*Girlfriend*	1975
13.	《雲深不知處》	*The Life God*	1975
14.	《熱浪》	*Hot Wave*	1975
15.	《翩翩情》	*Love of Pin Pin*	1975
16.	《在水一方》	*The Unforgettable Character*	1975
17.	《水雲》	*He Loved Once Too Many*	1975
18.	《小姨懷春／小姨》	*Little Sister-in-Law*	1975
19.	《長青樹》	*Timberzack / Evergreen Tree*	1975
20.	《愛情長跑》	*Run Lover Run*	1975
21.	《秋歌》	*The Autumn Love Song*	1976
22.	《金色的影子》	*The Shadow of Golden*	1976
23.	《楓葉情》	*Forever My Love*	1976
24.	《不一樣的愛／愛的蓓蕾》	*A Different Love*	1976
25.	《海誓山盟》	*Sea of Love*	1976
26.	《八百壯士》	*The 800 Heroes*	1976

27.	《狼來的時候》	*My Funny Intern / Hours of the Wolf*	1976
28.	《追球追求》	*The Chasing Game*	1976
29.	《明天二十歲》 *Twentieth Tomorrow/Tomorrow I'm Twenty*		1976
30.	《戀愛功夫》	*Love by Post / Kun Fu of Love*	1976
31.	《我是一沙鷗》	*I am a Seagull / Come Fly with Me*	1976
32.	《海天一色》	*The Beauty with Two Faces*	1976
33.	《異鄉夢》	*There's No Place Like Home*	1977
34.	《我是一片雲》	*Cloud of Romance*	1977
35.	《溫馨在我心／情朦朦霧濛濛》 *My Sweet Love/Love in My Heart*		1977
36.	《奔向彩虹》	*The Love Affair of Rainbow*	1977
37.	《幽蘭在雨中》	*Orchid in the Rain*	1977
38.	《金玉良緣紅樓夢》	*The Dream of the Red Chamber*	1977
39.	《月朦朧鳥朦朧》	*The Misty Moon*	1978
40.	《真白蛇傳》	*Love of the White Snake*	1978
41.	《處處聞啼鳥》	*Everywhere Birds are Singing*	1978
42.	《晨霧》	*Morning Fog*	1978
43.	《沙灘上的月亮》	*Love's Many Faces*	1978
44.	《綠色山莊／留下一片相思》 *The Story of Green House / Green Villa*		1978
45.	《無情荒地有情天》	*A Journey of Love*	1978
46.	《一顆紅豆》	*A Love Seed*	1979
47.	《成功嶺上》	*Off to Success*	1979
48.	《雁兒在林梢》	*The Wild Goose on the Wing*	1979
49.	《一片深情／故人風雨》	*Choice of Love / Deep in Love*	1979
50.	《情奔》	*By Love Obsessed / Love Running*	1979

51.	《難忘的一天》	*An Unforgettable Day*	1979
52.	《彩霞滿天》	*Love under a Rosy Sky*	1979
53.	《戀愛反斗星／一對傻鳥》 *Poor Chasers/A Pair of Silly Birds*		1980
54.	《金盞花》	*The Marigolds*	1980
55.	《碧血黃花》	*Magnificent 72*	1980
56.	《愛殺》	*Love Massacre*	1981
57.	《中國女兵》	*The Woman Soldiers*	1981
58.	《燃燒吧，火鳥》	*Burn Phoenix Burn*	1982
59.	《慧眼識英雄》	*The Switch / Hero vs. Hero*	1982
60.	《槍口下的小百合》 *Lily under the Muzzle / Lily under the Gun*		1982
61.	《紅粉兵團》 *Golden Queen Commandos / Seven Black Heroines*		1982
62.	《脂粉奇兵》	*Dreadly Angels*	1982
63.	《紅粉遊俠》	*Pink Force Commando*	1982
64.	《蜀山／新蜀山劍俠傳》 *Zu: The Warriors from the Magic Mountain*		1983
65.	《迷你特攻隊》	*Fantasy Mission Force*	1983
66.	《四傻害羞》	*Four Shy Guys / Four Shy Stooges*	1983
67.	《我愛夜來香》	*All the Wrong Spies*	1983
68.	《黑白珠》	*Black and White*	1983
69.	《一九八三大驚奇》	*Big Surprise of 1983*	1983
70.	《午夜蘭花》	*Night Orchid / The Demon Fighter*	1983
71.	《七隻狐狸／X陷阱》	*The Seven Foxes*	1984
72.	《情人看刀》	*Lover Beware / Be Careful Sweetheart*	1984
73.	《君子好逑》	*The Other Side of Gentleman*	1984

74.	《警察故事》	*Police Story*	1985
75.	《夢中人》	*Dream Lovers*	1986
76.	《刀馬旦》	*Peking Opera Blues*	1986
77.	《英雄正傳／英雄偶像》	*True Colors*	1986
78.	《旗正飄飄／烽火佳人》	*Flag of Honor / Phoenix the Raider*	1987
79.	《橫財三千萬》	*The Thirty Million Rush*	1987
80.	《奪命佳人》	*Lady in Black*	1987
81.	《今夜星光燦爛》	*Starry is the Night*	1988
82.	《驚魂記》	*Deception/Web of Deception*	1989
83.	《滾滾紅塵》	*Red Dust*	1990
84.	《笑傲江湖之東方不敗》	*Swordsman II*	1992
85.	《新龍門客棧》	*Dragon Inn*	1992
86.	《鹿鼎記 II 神龍教》	*Royal Tramp II*	1992
87.	《暗戀桃花源》	*The Peach Blossom Land*	1992
88.	《絶代雙驕／正宗絶代雙驕》	*Handsome Siblings*	1992
89.	《東方不敗之風雲再起》	*The East Is Red*	1993
90.	《射鵰英雄傳之東成西就》	*The Eagle Shooting Heroes: Dong Cheng Xi Jiu*	1993
91.	《白髮魔女傳》	*The Bride with White Hair*	1993
92.	《追男仔》	*Boys are Easy*	1993
93.	《黑豹天下》	*Warriors: The Black Panther/The Black Panther Warriors*	1993
94.	《白髮魔女傳 II 》	*The Bride with White Hair II*	1993
95.	《六指琴魔》	*Deadful Melody*	1994
96.	《新天龍八部之天山童姥》	*Dragon Chronicles the Maidens of Heavenly Mountains / Dragon Chronicles - The Maidens/Semi-Gods & Semi-Devils*	1994

97.	《火雲傳奇》	*Fire Dragon / The Fiery Dragon Kid*	1994
98.	《重慶森林》	*Chungking Express*	1994
99.	《刀劍笑》	*The Three Swordsmen*	1994
100.	《東邪西毒》	*Ashes of Time*	1994

客串演出

《鹿鼎記》	*Royal Tramp*	1992

未列名旁白

《美少年の戀》	*Bishonen*	1998
《遊園驚夢》	*Peony Pavilion*	2001

*代表從未在臺上映

其他紀錄

得獎記錄

1976　以《八百壯士》贏得亞洲影展影后頭銜。

1990　以《滾滾紅塵》贏得金馬獎最佳女主角獎。

入圍紀錄

1980　以《碧血黃花》獲第十七屆金馬獎最佳女主角提名。

1982　以《慧眼識英雄》獲第十九屆金馬獎最佳女主角提名。

1984　以《新蜀山劍俠傳》獲第三屆香港電影金像獎最佳女主角提名。

1986　以《警察故事》獲第五屆香港電影金像獎最佳女主角提名。

1992　以《笑傲江湖之東方不敗》與《絕代雙驕》
獲第十二屆香港電影金像獎最佳女主角提名。

有聲作品

《笑傲江湖之東方不敗》電影原聲帶（BMG唱片）

《暗戀桃花源》電影原聲帶（臺灣滾石唱片）

合輯《滾石九大天王之十二齣好戲》（臺灣滾石唱片）

合輯《*BEST OF THE BEST*》（香港華納音樂）

電視作品

《林青霞寫真集珍藏版》（*A Portrait of Lin Ching Hsia*）
（香港亞視，1991）

影迷網站

www.brigittelin.com

致謝

要是沒有Jeff Briggs與Susanna Modjallal兩位朋友不斷地幫我校對，這本書我大概寫不出來了。施南生也幫了很大的忙。我要特別謝謝林青霞和其他所有受訪者，包括和田惠美女士（Emi Wada），這些人不吝付出時間與我分享他們的觀點。

我要向臺灣的國家電影資料館黃慧敏小姐、林盈志先生和他們的同事致謝。他們設法協助安排訪談，並設法找到林青霞電影的著作權所有者，協調取得授權事宜；對於香港電影資料館的羅卡先生、何美寶小姐、陳彩玉小姐與其他人員，我要感謝他們提供的一切協助；還要謝謝Fumiko Osaka、Huang Wen Chun、Weng Yi Lin在翻譯方面的大力幫忙，以及林青霞好友陸玉清小姐的協調聯絡。

許多好朋友與僅有數面之緣的人士也是我要致謝的對象，在我撰寫本書期間，他們在很多方面幫助我、鼓勵我，我無法在此一一列出大名。特別感謝U&U Graphics INC.、John Charles、A.P. McQuiddy、Mariko J. Hirai與Kenny Yeung。另外，Paul與Takako Takaki的友誼與支持（香港），也令我點滴在心頭。

以下人士與機構提供珍藏照片卻不收任何費用，令我深深感激：郁正春、江日昇、楊鴻坤、楊凡、劉亞佛、學者國際多媒體公司、湯臣（香港）電影公司、思遠影業公司、怡人傳播有限公司、D & D Limited、中國電影製片廠。此外還要感謝東方電影公司、中影公司、表演工作坊、美亞娛樂資訊集團、星空傳媒發行製作有限公司、澤東電影公司，以及蔡榮豊、謝震隆、陳耀圻三位先生。

我也想對已故的Anita Mui道謝，她極力鼓舞我寫完這本書。

最後，我想向已故的叔父表達最誠摯的謝意，他生前一直盼著能早日看到本書完成。我要謝謝他一路以來對我的支持。更要感謝我的雙親，他們總是無條件地對我抱持信心。

國家圖書館出版品預行編目資料

永遠的林青霞= The last star of the East :
brigitte Lin Ching Hsia and her of films / 鉄屋彰子著; 栗筱雯譯.
-- 初版.-- 臺北市：大塊文化 , 2008 [民 97]
面； 公分. -- (mark；69)
ISBN 978-986-213-045-2 (平裝)

1.林青霞 2.臺灣傳記

783.3886 97002230

《旗正飄飄》（1987）© 中影公司

《滾滾紅塵》（1990），左為張曼玉。

電影宣傳照，約1990年。© 蔡榮豐攝影

電影宣傳照，約1990年。© 蔡榮豐攝影

房地產廣告，約1992年。© 蔡榮豐攝影

《新龍門客棧》（1992）© 思遠影業公司 Seasonal Film Corporation

《白髮魔女傳》(1993) © 東方電影發行有限公司 Mandarin Films Distribution Co. Ltd.

林青霞與作者攝於舊金山（1997）© A. Tetsuya